国家自然科学基金资助项目（项目批准号：71872174）

不同场景下
面向新零售模式的
供应链运作优化研究

姚建明等　著

经济日报出版社

图书在版编目（CIP）数据

不同场景下面向新零售模式的供应链运作优化研究 / 姚建明等著 . -- 北京 : 经济日报出版社 , 2022.12
ISBN 978-7-5196-1251-1

Ⅰ . ①不… Ⅱ . ①姚… Ⅲ . ①零售业－供应链管理－研究 Ⅳ . ① F713.32

中国版本图书馆 CIP 数据核字 (2022) 第 248838 号

不同场景下面向新零售模式的供应链运作优化研究

作　　者	姚建明等
责任编辑	黄芳芳
责任校对	王明明
出版发行	经济日报出版社
地　　址	北京市西城区白纸坊东街 2 号 A 座综合楼 710(邮政编码 :100054)
电　　话	010-63567684 （总编室）
	010-63584556 （财经编辑部）
	010-63567687（企业与企业家史编辑部）
	010-63567683（经济与管理学术编辑部）
	010-63538621 63567692（发行部）
网　　址	www.edpbook.com.cn
E - mail	edpbook@126.com
经　　销	全国新华书店
印　　刷	北京建宏印刷有限公司
开　　本	710mm×1000mm　1/16
印　　张	16.75
字　　数	231 千字
版　　次	2022 年 12 月第 1 版
印　　次	2022 年 12 月第 1 次印刷
书　　号	ISBN 978-7-5196-1251-1
定　　价	52.00 元

前言

近年来，随着移动支付技术、互（物）联网、云计算和人工智能技术的发展，我国传统零售行业的格局发生了颠覆性变化。在线购物冲击实体零售商的同时，也促使传统零售业做出转型，以消费者价值体验为核心，线上线下融合的新零售时代来临。新零售的“新”主要表现在由技术变革和需求变革共同驱动的对零售业全要素、多维度、系统化的创新与变革。一方面，技术变革拓展了传统零售的途径，线下体验线上购买、无人零售等购物形式逐渐深入人心；另一方面，需求变革意味着消费者的价值体验在买卖双方关系中占据着主导地位，倒逼零售企业借助大数据、行为分析等技术手段分析消费者需求偏好。

“新零售”模式的创新与变革的内容在不同阶段会呈现出不同表现形式。例如，当前新零售模式通常表现为数据驱动，而未来则可能是人工智能主导；当前新零售模式集中于多渠道融合和跨领域协作，而在未来新零售模式将趋向无界化；当前新零售模式的运作核心在于满足消费者体验需求，而未来可能更多地考虑消费者其他的心理需求。可以说，新零售模式改变了传统交易活动中的商业关系、利益关系、组织方式、经营形态、零售产出以及经营理念等多个方面。

消费水平的升级和信息技术的发展，驱动传统零售模式向新零售模式转变。一方面，新零售模式可以有效提升客户的购物体验，是重要的价值提升环节。显然，新零售模式效用的发挥，离不开后台商品配送和终端管理所需的供应链资源（协作成员）的支撑。如何整合不同类型的供应链资源，合理协调它们之间的关系，是核心企业向新零售转型或进行新零售供应链管理时必须面对的重要问题。另一方面，由于不同场景（如学校、车站、医院等）下，消费者的需求画像不同，核心企业如何根据不同场景下的不同需求模式整合与优化供应链资源是决定新零售模式能否给客户带来价值的关键。

本书的写作目的就是研究不同场景下新零售的不同需求模式，并在此基础上设计与需求模式相匹配的供应链资源整合优化方案。本书从新零售情景下的需求调研分析入手，与若干从事无人零售的企业建立了联系，如京东无人超市、小麦铺、每日优鲜、猩便利、果小美、友宝等，对消费者的需求偏好特征、行为特征等进行了深入的分析和探索，建立不同场景下无人零售终端的需求模式。进而综合运用数理统计、数据挖掘、模糊与随机规划、优化建模及仿生算法等进行研究。合理挖掘出不同场景的不同需求模式下，面向无人零售终端的供应链资源整合优化的关键因素，明晰因素之间的关系，建立量化表示机理；构建不同场景的不同需求模式下，面向无人零售终端的供应链资源整合的优化模型，搭建求解算法；完成资源整合优化机理、优化模型以及算法的实践验证，实现必要的改进。

通过对既有文献的梳理发现，针对新零售模式，尤其是无人零售模式的供应链管理属于当前零售领域的前沿问题，具有一定的新颖性；而且，既有研究中对于资源整合的研究多数是定性的探索，缺乏新的研究视角和研究思路。本书运用多种数理研究方法进行综合分析，从定量的角度对无人零售终端场景下的供应链资源整合优化问题进行分析，并从系统的战略层面和运作层面综合分析供应链资源整合的优化问题，试图使研究成果更为精准，实践的指导意义更强，给理论与方法的应用带来价值。因此，研究成果对于企业界在不同商业情景下推广新零售模式，便利消费者购物，提升消费者的体验价值等方面具有创新的意义。

本书探索了新零售模式在经济社会多个领域不同的应用情景，例如养老、医疗、农业现代化、社区团购等。既有动态情景，又有静态情景；既有社交情景，又有非社交情景……从这些多样化情景中的顾客差异化需求偏好入手，通过分析需求（消费者对购物体验的不同需求类型）与供给（新零售所能提供的服务及相应能力）的匹配性关系，探究出新零售供应链网络中各资源个体的关键因素，并以关键因素作为切入点实现供应链资源整合的量化分析。

同时，本书对于企业管理者的决策行为也进行了多个周期的动态探索，研究角度涉及供应链网络结构设计（选址）、供应链资源整合、供应链资源调度等，从新零售模式落地的前期准备阶段到实际运行阶段都有较为详细的探索和研究，并在此基础上构建整合决策优化模型，为相关企业、政府部门提供了有效的决策工具和思路框架。

本书内容分为四个篇章。第一篇（1—2章）是绪论，论述了研究的背景与意义，国内国外的研究现状、研究目的与内容、研究思路与框架等，这一部分内容是全书的总领和基础。第二篇（3—7章）是新零售模式下多场景供应链运作优化研究，共五个重点新零售应用场景，包括个性化养老服务平台、定制化旅游服务平台、可持续定制化服务平台、农业服务平台等。在这些场景下，供应链运作过程中主要面临着两个核心问题：一是供应链资源的调度问题，即通过对不同阶段任务的合理分配和灵活调度，来满足消费者需求，同时实现服务成本、服务时间的优化；二是供应链资源整合问题，就是将能被用于提升企业服务和生产水平的、有价值的、关键的资源整合到供应链网络中，并且这种整合通常是动态的。上述两个问题相辅相成，紧密相关。针对不同的场景，探究消费者的需求特征，进而挖掘出不同场景的不同需求模式下，面向无人零售终端的供应链资源整合优化的关键因素，明晰因素之间的关系，建立量化表示机理。最后根据不同场景下的消费者需求特征构建供应链资源整合和调度优化模型，并设计相应的算法来求解。

第三篇（8—12章）探索了无人零售模式下的供应链运作优化研究。作为新零售模式下应用前景十分广泛的新型业态，无人零售模式（例如智能零售终端、无人货柜等）开始在全球范围内广泛布局，其背后的供应链网络运作问题值得深入探索。第三篇针对无人零售终端的选址问题、供应链资源整合与调度优化问题进行了深入的探索，为无人零售相关企业的全周期决策提供了理论依据。最后，第四篇总结了本书的工作、创新之处和未来研究的展望。

本书的出版，感谢国家自然科学基金面上项目（71872174）“不同场景下面向无人零售终端的供应链资源整合优化研究”的支持。

在本书的撰写过程中，也感谢曾在中国人民大学商学院就读和目前在读的博士研究生。其中，第3章由杨扬博士撰写，第4章由李民博士（北京物资学院教师）撰写，第5章由博士生史贺赟撰写，第6章由博士生许灵靖元撰写，第7章由博士生单子郁撰写，第8章和第9章由锁立赛博士（天津财经大学教师）撰写，第10章由王墨竹博士（北京邮电大学教师）撰写，第11章和第12章由博士生刘畅撰写。全书由王墨竹、杨扬博士统稿。

感谢经济日报出版社的黄芳芳编辑对本书出版给予的大力支持。

姚建明

中国人民大学商学院

中国人民大学中国企业创新发展研究中心

2022年7月

目录

第四篇 总结

第一篇

绪论

不同场景下面向新零售模式的供应链运作优化研究是一个前沿的研究领域，是新零售领域研究中的重要问题。20世纪90年代，电子商务这一新型商业模式诞生了，在互联网技术的支撑下，素未谋面的买卖双方可以在网络上公平地进行各种交易活动。而随着电子商务的发展，社会经济模式的变革，不仅传统的实体线下企业在拓展线上渠道，纯线上的电商企业也逐步延伸线下业务，零售活动的范围愈加扩大，原本的纯线上、线下经营的边界已被打破，向线上+线下融合的方向发展，新零售的模式也由此逐渐形成。近年来，众多学者对新零售模式进行了相关研究。

商务部将“新零售”定义为以消费者体验为中心，以行业降本增效为目的，以技术创新为驱动的要素全面更新的零售模式。技术与资源的结合促进了各行各业与新零售接轨，催生了多种新型商业模式，改变着人们的生活，例如无人零售终端、新零售超市、无人超市等。新零售在改变顾客消费场景和消费习惯的同时，也对产品质量和流通环节提出了更高的要求。为了与新零售、新时代更好地接轨，面向新零售的供应链运作优化研究的重要性得到了学界和业界的一致肯定。本书从技术与管理结合的视角，发掘新零售供应链运作中的关键问题，并探索解决思路，提高运作效率，从而满足人们日益增长的差异化消费需求。

本篇是本书的先导部分，重点从本课题的研究背景与研究意义以及研究框架与技术路线角度，对本课题的后续研究进行基本铺垫。

1 研究背景与研究意义

1.1 实践背景

随着社会的发展和人们消费水平的升级，人们对商品零售模式提出了新的需求，驱动传统的线下和线上零售模式向新型零售模式（新零售）转变。商务部将“新零售”定义为以消费者体验为中心，以行业降本增效为目的，以技术创新为驱动的要素全面更新的零售模式。新零售的“新”表现在由技术变革和需求变革共同驱动的，对零售业全要素、多维度、系统化的创新与变革，这些创新与变革的内容在不同阶段会呈现出不同表现形式。例如，当前新零售通常表现为数据驱动，而未来则可能是人工智能主导；当前新零售模式集中于多渠道融合和跨领域协作，而在未来新零售模式将趋向无界化；当前新零售模式的运作核心在于满足消费者体验需求，而未来可能更多地考虑消费者其他的心理需求。可以说，新零售模式改变了传统交易活动中的商业关系、利益关系、组织方式、经营形态、零售产出以及经营理念等多个方面。

与企业的生产和服务转型理念相一致，新零售模式关注的核心焦点在于如何更好地为客户提供满意的和超值的商品零售服务。要实现这一目的，如何获取精准的客户画像（客户需求规律），有针对性地、动态地提供个性化的超强用户体验价值是企业做好新零售服务活动的关键。例如，五芳斋在端午节推出了个性化粽子定制服务，消费者可以根据个人喜好自由定制粽子的口味和风格，个性化程度完全取决于消费者偏好。显然，大规模标准化的生产方式难以满足消费者个性化和异质化的需求，因此，新零售模式下的生产和服务的方式逐渐朝着柔性化、定制化和灵活化的方向发展。众所周知，企业运行所需的各类资源都是蕴藏在其供应链网络之中的，各类新零售企业也不例外。如何准确把握不同场景下客户的需求特征，并以此为根据对各类供应链资源进行灵活的整合与调度，从而提升商品或服务的价值体验是新零售模式下供应链运作中面临的关键问题。

与此同时，在新零售模式推广的诸多实践中，无人零售终端日益受到人们的关注。基于当前互（物）联网技术、大数据技术以及智能云计算技术等支撑的无人零售模式，可以有效提升客户的商品零售体验，是零售链条中一个重要的价值提升环节。这是因为，无人零售可以方便客户进行24小时不间断购物，这对于某些具有特殊紧急需求的特定人群（如小孩、老年人、病人、孕妇、夜间加班者、交通工具中的旅客以及商务活动人员等）而言，具有更为重要的意义。另外，不同的无人零售终端类型（如无人超市、无人货架、自动售卖机等）可以方便地根据不同场景（如学校、医院、购物中心、车站、机场、公共场所等）下的客户需求状况进行差异化配给，方便地实现在不同场景下根据不同的个性化客户画像进行精准的商品配货和营销的定位。

尽管无人零售模式可以在某种程度上有效改善消费者的购物体验，但显然，该模式效用的发挥离不开后台商品配送和管理所需的供应链资源（协作成员）平台的支撑，如图1–1所示。

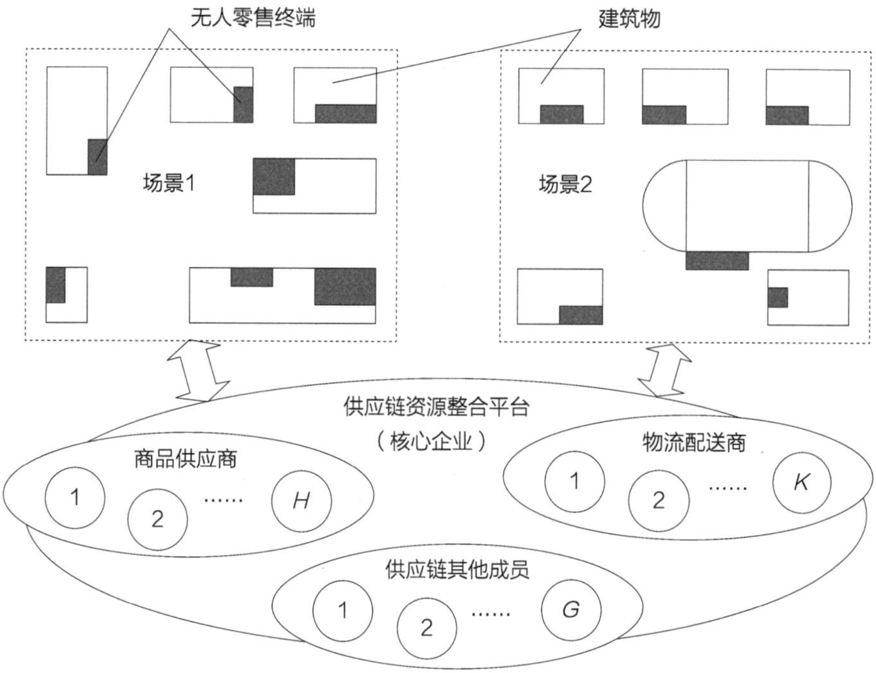

图1-1 无人零售终端的供应链资源平台示意

一方面，支撑无人零售终端的供应链平台所需的资源主要包括提供各类商品的供应商，负责向不同场景下的无人零售终端配送商品的物流配送商，以及提供信息或资金支持的其他供应链协作成员等。对于负责某一个或若干场景中无人零售终端管理的供应链核心企业而言，如何合理选择不同类型的供应链资源并理顺它们之间的关系，进而为某特定场景下的无人零售终端搭建一个合理、高效的供应链资源平台非常重要。这是实现无人零售终端日常商品配送、管理的前提条件。

另一方面，由于不同场景（如学校、车站、机场、医院等）下的零售需求不同，在不同场景下进行无人零售终端的管理（如配货、备货、预测等）必然面临着较大的差异。比如，在学校，当同学们体育运动完返回宿舍时，较多的同学会选择购买运动型饮料；而在非运动时间，可能同学们大多会选择其他商品进行购买。在学校上课时间，无人零售终端的需求量几乎为零，而在课间休息或课余时间，需求量则可能会出现井喷高峰。在机场或车站，由于人流量相对较为平均，如何保证无人零售终端商品的持续配货量则是需要考虑的重要问题。因此，如何保证无人零售终端按照不同场景下不同顾客的消费规律进行合理预测、灵活配货与备货无疑是进行无人零售终端管理的核心企业需要考虑的重要方面。显然，要实现这一目的，核心企业如何根据不同场景下的特殊需求整合与优化合适的供应链资源并协调好资源之间的关系，是做好后续无人零售终端商品配送调度优化的先导步骤，是决定无人零售模式能否给客户带来体验价值的重要环节。

1.2 理论背景

通过国内外相关文献检索分析发现，一方面，目前直接面向无人零售终端的供应链资源整合优化问题的相关研究较为有限，但部分文献已经对自助售货机领域的相关问题进行了研究，大致可分为三类。

第一类研究关注售货机的内部存货问题。如Sakai et al.（1999）研究了售货机内部存储空间的划分，通过模糊逻辑和多层回归模型来预测销售量，确定每个区域内应存储饮料的数量；Poon et al.（2010）设计了一套以GPRS和WiFi技术为支撑的，能够检测到售货机销售量以及内部缺货情况的实时系统，并提出指标来确定补货的决策，使得运输成本和缺货成本最小化等。

第二类研究聚焦售货机的销量预测问题。一种思想是找到影响销量的相关因素，并找到这些因素对销量影响的函数关系进行预测。如Sakai et al.（1999）采用模糊逻辑和多层回归模型来对售货机销量进行预测。另一种是获取售货机历史数据，通过历史数据的变化趋势来预测销量。如钱永渭和余世明（2011）采用BP神经网络实现了罐装饮料智能售货机销售额的预测，并通过隐藏层神经元和输入层神经元个数的确定以及训练算法性能的对比验证了所涉及模型和方法的可行性和有效性；洪鹏和余世明（2015）建立了一个ARMA模型，通过预测受制约销量来补偿实际销量以优化预测模型等。

第三类是围绕售货机研究成果最为丰硕的一类，主要关注售货机的运作层面，探讨售货种类、补货点、补货量以及最优的车辆配送和路径优化等问题。如Rusdiansyah and Tsao（2005）以带时间窗的周期性车辆路径规划问题为基础，以补货频率为自变量，综合考虑了售货机的库存因素，建立了售货机的绩效优化模型；Park and Yoon（2013）将缺货产品的替代品纳入考虑范畴，建立了一个过程模型来评价产品之间的相互替代性，在考虑替代性的前提下，对售货机运作的各项参数进行优化；Miyamoto et al.（2003）建立了整数线性规划模型和启发式算法来研究最优的商品种类数量和补货时间点；Francis et al.（2007）采用禁忌搜索的启发式算法，对售货机运作的灵活性和复杂性做出权衡等。

虽然上述研究没有直接涉及针对无人零售终端的供应链资源整合优化问题，但分别从不同的角度阐述了无人零售终端研究的必要性、运行中的独有特征以及运作层面的管理优化问题。特别是，已有学者明确提出不同场景下的零售终端需求的差异问题并进行了探讨。

例如，Tsai and Huang（2012）构建了二阶段模型来确定售货机的最优补货量：第一阶段，基于需求预测来确定售货机的需求量；第二阶段，考虑到一些不确定性因素（如天气等）来对需求量进行修正。同时指出，放置于不同地点的售货机对售卖产品的特性有不同的要求（如放在学校的售货机，面临的客户群体是学生。放在办公楼的，面临的客户群体是白领，两者的需求有巨大的差别）；而Lin et al.（2011）则综合利用多元启发式算法、聚类与分类计数以及数理统计等方法，为不同场景下有着不同属性需求的售货机选择合适的售卖产品进行优化。

一方面，这些研究成果不仅验证了本书提出的不同场景下无人零售终端管理中需要考虑的差异性问题，同时也为本书从供应链资源整合角度研究无人零售终端的管理问题提供了理论与方法借鉴。

另一方面，从供应链管理的角度看，虽然无人零售模式与供应链资源整合优化相结合的研究尚未拓展开来，但传统零售模式（包括自动售货机模式）与供应链管理相结合的研究已见端倪，主要集中在如下几个方面。

一类是研究零售模式下的供应链协调问题。如供应商与零售商之间的协调问题，包括供应商与单个零售商以及供应商与多个零售商之间的协调问题。比如早期Pasternack（1985）证明了适当的回购契约可以协调供应链；Dana and Spier（2001）研究了用收益共享契约协调一个供应商和一个零售商的供应链；刘春林（2007）研究了一个供应商和多个竞争型零售商构成的两阶段供应链系统的协调问题等；再如多个零售商竞争中由于不确定因素扰动（如需求中断、突发事件、成本扰动等）引起的供应链协调问题的研究，如Cao et al（2013）对需求和成本同时中断情形下一个制造商和多个竞争零售商的供应链协调问题进行了研究。曹二保和赖明勇（2010）、吴忠和等（2012）对两个零售商竞争下多因素同时扰动的供应链协调进行了研究等。同时，在这一领域，新零售模式背景下的供应链协调问题研究也日益受到重视。如方颉和杨磊（2017）针对生鲜零售供应链协调问题进行了研究，发现鉴于市场结构对运输费率十分敏感，生鲜企业有必要将线上线下市场规模比控制在合理范围内，并尽可能提高自身物流运输能力，降低运输费用等结论。

另一类是研究零售模式下的供应链风险管理及绩效评价等问题。如林强等（2011）在条件风险估值的风险度量准则下，建立了随机弹性需求条件下基于收益共享契约的供应链决策模型；Andy（2002）指出供应链成员企业的风险规避态度是影响其决策行为的重要因素；Bullinger et al.（2002）用SCOR框架对供应链进行了“自底向上”的绩效评价；

Kleijnen and SnaiLs（2003）结合供应链的特点建立了供应链平衡计分卡的评价体系；谭旭等（2015）从顾客满意度视角出发，探索了零售供应链协同绩效评价的新方法等。

还有一类是研究零售模式下的供应链运作优化问题。如赵川和张浩（2017）从系统动力学角度对连锁零售多级库存进行了优化与仿真研究；杨婷婷等（2017）针对消费升级的新经济时代背景下，通过对传统的供应链模式进行优化设计，提出了“互联网+供应链”的优化途径；Van den Heuvel and Wagelmans（2017）研究了零售供应链管理多周期利润最大化的优化问题，提出解决联合定价与库存问题的一个有效的精确算法等。

可以看出，上述研究基本囊括了传统零售模式下供应链管理若干方面的问题。同时，新零售环境下的供应链管理问题也逐步引起学者的重视，将逐渐成为新的研究热点。如徐广姝和张海芳（2017）从供应链逆向整合视角研究了“新零售”时代连锁超市发展生鲜宅配的策略。构建了由消费者、连锁超市、供应商形成的连锁超市生鲜宅配供应链的逆向整合概念框架，描述了连锁超市自有生鲜宅配品牌创建与虚拟“自供应”机制实现的整合路径。为连锁超市以及相关传统零售企业应对新一次业态变革探索了发展策略等。这些研究进一步说明了新零售模式与供应链管理相结合进行研究的必要性，这些都为本书研究的开展提供了理论与方法的参考和借鉴。

综上所述，理论上通过前述研究现状分析可知，当前这一主题的研究多集中在针对传统线下或线上零售领域的供应链管理，新型的无人零售模式下的供应链资源整合优化与配送调度优化的研究尚属于创新领域。传统的对于资源整合的研究多数是定性的探索。本书运用多种数理研究方法进行综合分析，从定量的角度对无人零售终端场景下的供应链资源整合优化问题进行分析，并从系统的战略层面和运作层面综合分析供应链资源整合的优化问题，试图使研究成果更为精准，对实践的指导意义更强，给理论与方法的应用带来价值。

当前，针对无人零售终端的供应链管理属于新零售领域研究的前沿问题，具有一定的新颖性，因此，研究成果对于企业界推广新型无人零售模式，便利消费者购物，提升消费者的体验价值等具有创新的意义。

2 研究框架与技术路线

2.1 研究目标与研究内容

本书旨在研究不同场景下面向新零售模式的供应链资源整合优化问题，并在此基础上设计与不同场景下的新零售需求模式相匹配的供应链资源整合方案。其中几个主要的研究问题是：（1）不同场景下新零售模式的消费者需求模式分析；（2）不同场景的不同需求模式下，面向新零售的供应链资源整合优化的关键因素研究；（3）不同场景的不同需求模式下，面向新零售模式的供应链资源整合的优化模型建立及求解算法研究；（4）实践验证及改进。上述主要研究问题的具体阐述和彼此关联关系如下。

一是不同场景下，新零售的需求模式类型及数量的合理界定。前述可知，本研究的第一个问题是如何合理把握不同场景（如学校、车站、机场、医院等）下的新零售需求模式上的差异，进而对新零售相关业务环节的管理（如需求预测、供应链资源整合、配货、备货等）进行差异化的操作。因此，需要对不同场景下新零售的需求状况进行调研和分析，并总结出若干不同的新零售需求模式。然而，一个不可回避的问题是，现实中的新零售场景很多，每个场景下又有地理位置上的差异以及需求时间上的差异。对任何新零售场景而言，任何一种布置位置、需求时间以及其他方面因素搭配的不同，均会产生不同的需求模式。因此，在实际研究中，如果去考察每个场景下可能出现的任何一种需求模式，项目将不具有可行性和可操作性；而如果考虑的需求模式类别单一，或者样本数量不足，又难以从中挖掘出有价值的需求规律。因此，需要对不同新零售场景下的需求模式类型及数量进行合理界定，从中找出有价值的需求规律，这是本研究必须突破的第一个关键问题。

二是关键因素的合理挖掘与关联关系的合理构建。前述分析指出，从供（供应链资源系统）—需（无人零售消费者）匹配与平衡的角度讲，对需求方而言，这些因素的挖掘是决定客户购物体验价值的关键；对供给方而言，则是决定供应链资源平台体系运行收益与风险的关键因素。因此，如何有针对性地、合理地挖掘出合适的关键因素，并且搭建起因素之间的关联关系，在本书的研究中起着关键的桥梁作用。该桥梁上接不同的无人零售需求模式，下接供应链资源整合的优化目标和约束条件。

三是模型中优化目标的有效建立及求解算法的合理设计。通过前述分析可知，首先，对于供应链资源整合优化模型的构建而言，需要同时考虑供—需双方对无人零售活动收益与风险的综合平衡与系统考量，这些都需要在优化目标的设计中体现出来。同时，收益与风险的综合平衡与系统考量又受到多个关键因素的影响；其次，需要将不同场景的不同需求模式，影响供应链资源整合优化的关键因素以及因素之间的关联关系体现到优化模型的目标函数以及约束条件中。因此，优化目标的合理设计，以及各优化目标之间关系的合理搭建，对于实现供应链资源整合优化的目的至关重要。这是本研究必须突破的第三个关键问题。

同时，由于关键因素之间的关联关系将主要以动态决策权重的形式体现到优化模型的目标函数与约束条件中，使得该优化问题具有新的属性特征。因此，如何选择和构建合理的求解算法，使其既能够反映优化问题的新的属性特征，又能够有效解决优化问题就非常重要。这是本研究必须突破的第四个关键问题。

2.2　技术路线与框架

本书的目的是研究不同场景下面向新零售模式的供应链运作优化问题，并在此基础上设计与不同场景下的客户需求模式相匹配的供应链资源整合与调度优化方案。它主要探索了如下四个关键问题：（1）不同新零售场景下客户需求模式分析；（2）不同场景的不同需求模式下，面向新零售模式的供应链资源整合优化的关键因素研究；（3）不同场景的不同需求模式下，面向新零售模式的供应链资源整合优化模型建立及求解算法研究；（4）实践验证与改进。本书的总体研究思路与技术路线如图2-1所示。

（1）新零售模式的不同场景下客户的需求模式分析。

对于新零售模式的不同场景下客户需求模式分析，将主要采用消费者和经营者访谈、问卷调查、跟踪记录等途径获取客户在不同场景下的需求数据，进而通过统计分析、数据挖掘等方法进行需求规律的把握。例如，在学校场景下，可按照表2-1所示的各种类别划分并进行综合匹配，然后

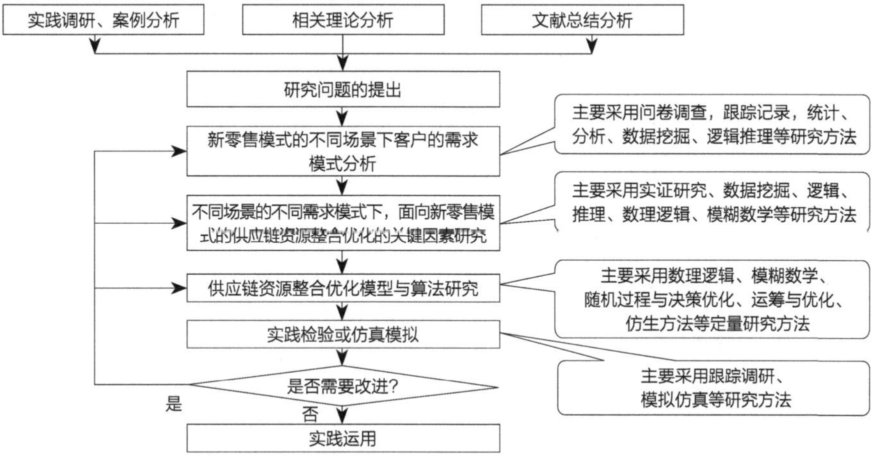

图2-1　研究思路与技术路线

针对不同匹配类型进行需求状况的调研以及数据的获取与分析；而在车站场景下，则可按照表2-2所示的类别划分并进行综合匹配，然后针对不同匹配类型进行需求状况的调研以及数据的获取与分析等。

表2-1 学校场景下的需求模式研究数据获取

需求场所划分	性别划分	学生类别划分	需求时间划分	
学生宿舍	男生	本科生	上午上课前	下午课间休息时间
教学楼休息区	女生	硕士研究生	上午上课时间	晚上上课时间
运动场馆		博士研究生	上午课间休息时间	晚上课间休息时间
图书馆休息区		在职学生	中午休息时间	晚上就寝时间
食堂			下午上课时间	
……	……	……	……	

表2-2 车站场景下的需求模式研究数据获取

需求场所划分	年龄、性别划分	类别划分	需求时间划分	
车站广场	成年男性	旅客	早餐时间	晚餐时间
候车厅休息区	成年女性	送站人员	上午	晚上
站台	男性儿童	接站人员	中午	深夜
出站通道	女性儿童	工作人员	下午	
进站通道				
……	……	……	……	

在获取上述大量调研数据的基础上，需要通过统计分析、逻辑推理等研究方法进行不同场景下不同需求模式的确定。同时，用数理方法进行量化表示，鉴于需求的波动性，在量化表示时，拟引入模糊数学的方法进行分析。

数理表示时，将通过大量需求数据统计分析得出的规律，采用贴近的数学方法进行刻画。比如，利用数理统计中现有的分布函数进行刻画；对于与现有分布函数规律不一致的需求，将通过对现有分布函数的调整进行刻画，或者搭建新的拟合度更高的分布函数进行刻画。

（2）不同场景的不同需求模式下，面向新零售模式的供应链资源整合优化的关键因素研究。

在上述研究的基础上，首先，主要运用统计分析、数据挖掘、数理逻辑等分析技术，基于前一部分研究获取的需求数据，挖掘出在不同场景的不同需求模式下，影响供应链资源整合优化的关键因素。在挖掘关键因素时，需要重点考虑以下两个方面的问题。

一方面，因为新零售模式下，核心企业的供应链资源平台中可能涉及的资源种类较多、关系复杂，对供应链资源的整合不仅仅是对商品供应商和物流配送商的整合，还包括对无人零售终端设备供应商、运营商、维护商以及广告商等在内的其他供应链资源的整合。因此，对供应链资源的整合优化时不能仅仅从运作层面的指标（如成本、配货时间、商品质量等）进行简单考量，还必须从战略的高度和系统全局的角度考虑供应链资源整合的系统性和协调性。

通过研究，需要针对不同场景的不同需求模式，拟挖掘出供应链资源整合优化的两类关键因素，即战略协调类因素（如供应链成员匹配契合度、零售终端设备持续可用性、商品供给柔性等）和运作优化类因素（如商品综合成本、配货时间、商品综合质量等）。

另一方面，上述两类关键因素之间不是孤立的，而是相互关联的，如图2–2所示。因此，需要通过实证研究思路，运用统计分析（如SPSS、结构方程模型等）方法研究各因素之间的关联关系。

如图2–2所示，在关联关系的研究中，将重点探讨两个方面：

一方面是关键因素的权重关系建立。将主要从两个角度进行研究：一个是从无人零售终端的需求方——消费者的角度分析，战略协调类因素和

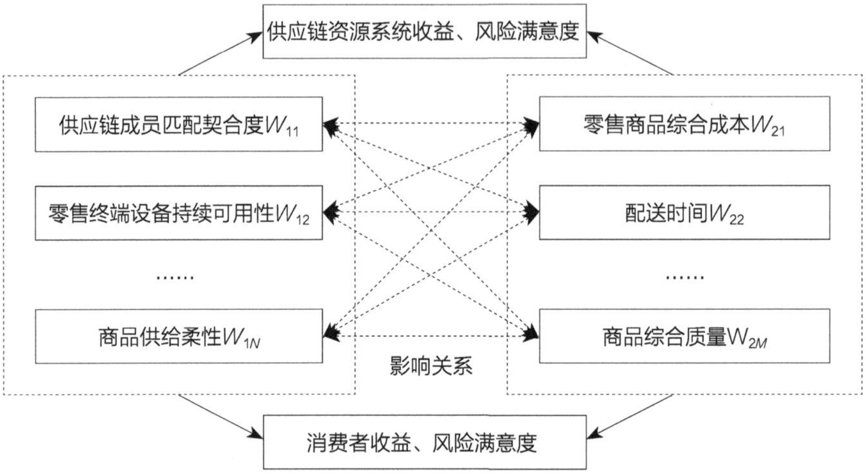

图2-2　关键因素之间的关联关系示意

运作优化类因素都会对消费者在新零售场景下的收益与风险方面的满意度产生影响，也即影响消费者的购物体验价值，影响程度将直接由关键因素的权重关系决定；另一个是从供给方——供应链资源系统的角度分析，战略协调类因素和运作优化类因素也都会对参与零售活动的供应链各成员以及供应链资源系统整体的收益与风险的满意度产生影响，影响程度也将由关键因素的权重关系决定。因此，研究中将重点从这两个角度探讨关键因素的权重关系（图2-2中的$W_{11}, W_{12}, W_{1N},$；$W_{21}, W_{22}, \cdots, W_{2M},$）。

另一方面是各关键因素之间影响关系的建立。因为各关键因素的权重关系影响了供—需双方在进行新零售活动时的收益与风险满意度，因此，关键因素之间影响关系的建立，一方面直接影响到客户对新零售模式体验价值的满意程度；另一方面直接影响到供应链资源整合优化时，优化目标以及约束条件的确定。

换句话说，在设计供应链资源整合优化模型的优化目标以及约束条件时，主要是基于各关键因素之间的影响关系以及权重关系实现的。

其次，在上述研究基础上，将统计分析与数理逻辑等量化计算方法相结合，研究如何将这些关键因素以及因素之间的关联关系进行数理和量化表示，并运用数理逻辑、模糊数学、随机过程等研究方法以数学表达式的形式将其引入后续的优化模型建立及求解过程中，为接下来的研究做好铺垫。

（3）不同场景的不同需求模式下，面向新零售模式的供应链资源整合优化模型建立及求解算法研究。

本书综合运用数理逻辑、模糊数学、随机过程与决策优化、运筹与优化、仿生方法等定量研究方法进行研究。

首先，通过前述分析可知，对于供应链资源整合优化模型的构建问题，因为需要同时考虑需求方（消费者）以及供给方（供应链资源系统）对无人零售活动收益与风险的综合平衡与系统考量，同时，收益与风险的综合平衡与系统考量又受到多个关键因素的影响。因此，需要构建多目标优化数学模型进行分析。

其次，需要将不同场景的不同需求模式，影响供应链资源整合优化的关键因素以及因素之间的关联关系体现到优化模型的目标函数以及约束条件中。鉴于问题的特点，数学优化模型拟采用引入模糊数学和随机过程的多阶段动态规划模型进行建模并根据实际研究情况进行修正。

最后，由于关键因素之间的关联关系主要以动态的决策权重的形式体现到多目标优化模型的目标函数与约束条件中，导致该优化问题属于携带多属性特征的动态优化问题，因此，在求解算法的构建上，拟选取具有良好全局优化性能并具有易于携带多属性特征的仿生方法（如改进的多批次蚁群算法、改进的遗传算法等）进行求解。

例如，如果运用改进的多批次蚁群算法进行求解，则算法同供应链资源整合优化问题的对应关系的简要表述如表2-3所示。

表2-3 供应链资源整合行为同蚂蚁觅食寻优行为之间的对应关系

供应链资源整合优化	开始	结束	整合主体	供应链资源	资源多属性之间的差异	多属性综合平衡优化
蚂蚁觅食寻优	巢穴	食物	蚂蚁	觅食路径	不同路径差异	觅食活动各指标的耗费优化

（4）供应链资源整合优化的实践验证。

关于研究成果的验证，除通过模拟不同需求环境下的数据对供应链资源整合优化的绩效进行验证外，还将通过寻找典型的新零售场景，并通过跟踪调查进行理论与方法的实践验证。

一是基于上述研究成果所得结论，选择3—5家典型的新零售企业（如友宝、每日优鲜、京东无人超市、小麦铺、猩便利等），基于其需求状况及其供应链资源进行理论与方法的实践验证。检验不同场景下、不同需求模式下供应链资源整合优化方案的可行性及有效性。通过一定时期（拟定三个月左右）内的跟踪调研，比较该企业应用理论前后资源整合的绩效，对相关理论进行改善与修正。二是在现实检验有困难或试图进行阶段成果检验的前提下，通过进行模拟环境下供应链资源整合绩效的比较实验对理论成果进行验证。同时，拟采用模拟试验的方法对优化算法进行验证。

第二篇

新零售模式下多场景供应链运作优化研究

2016年11月11日，国务院办公厅印发《关于推动实体零售创新转型的意见》（以下简称《意见》），明确了推动我国实体零售创新转型的指导思想和基本原则。同时，在调整商业结构、创新发展方式、促进跨界融合、优化发展环境、强化政策支持等方面作出具体部署。《意见》在促进线上线下融合的问题上强调："建立适应融合发展的标准规范、竞争规则，引导实体零售企业逐步提高信息化水平，将线下物流、服务、体验等优势与线上商流、资金流、信息流融合，拓展智能化、网络化的全渠道布局。"

在经济社会发展的各类领域中，新零售模式蕴含的线上线下融合、定制化和灵活性生产/服务等思想都得到了体现，例如为了满足社区老人多样化、差异性养老需求而推出的社区个性化养老服务；为了满足游客多层次旅游需求而推出的旅游大规模定制；为了平衡企业绿色制造水平和个性化定制水平而推广的绿色新零售供应链等。

在上述的众多应用场景中，新零售模式应用的根本目的在于为消费者提供满意的服务或者产品，而实现这一目的的关键在于把握消费者的需求特征并在此基础上对供应链的运作过程（包括资源获取、具体的生产过程或服务传递过程等）进行全方位的优化。本篇选择了经济社会发展中的养老、绿色生产等关键问题，分析新零售模式应用带来的供应链运作模式变化，并探索不同场景下优化供应链运作模式的具体对策。

3 社区个性化养老情景下的供应链资源整合优化

3.1 引言

随着人口老龄化的加剧和养老服务需求的高涨，能够让老年人在熟悉的居家环境中得到物质和精神生活满足的养老社区，越来越成为适合我国国情的一种新型养老方式（李学斌，2008）。但另一方面，由于我国不同地域在经济发展、文化、服务理念等方面存在差异，不同的养老社区在服务信息、服务项目等方面往往呈现出离散化的态势（贾海彦和张红凤，2016），养老服务资源缺乏有效的协调与统筹。当前，随着我国数字经济的发展，互联网已经与各行各业的生产服务活动进行了深度融合，可以有效促进社会资源的优化配置与合理利用（李长远，2016）。针对社区养老服务而言，将互联网和大数据技术有效融入其中，整合多种服务资源，可以更好地为老年人提供包括衣、食、住、行、医疗、社交等多方面的服务，以此形成的社区养老服务平台应运而生。

一般来讲，老年人的服务需求涉及生活中的方方面面，各方面服务项目之间往往存在紧密的联系，可以通过协同合作形成服务组合，这是实现养老服务平台各服务间协同效应的有效途径。同时，不同状况的老年人

（如不同身体状况、经济状况、子女情况等），对养老服务的需求内容和需求程度也有所不同（张泽滈等，2018），养老服务平台除了需要满足客户的多样化需求（华中生，2013），还需根据老年人的实际状况提供不同便利程度（对时间或精力的节约程度）的服务。

养老服务平台旨在提供差异化便利程度的服务组合来进行服务。差异化便利程度的服务组合，指养老服务平台为方便顾客以及便于发挥服务资源之间的协同作用，将多种相关性较强的服务打包成服务组合提供给顾客，并根据顾客对于服务便利程度的差异化需求，对不同服务组合的便利程度进行区分，体现出便利程度的差异化以供顾客选择。养老服务平台的差异化便利程度服务组合、服务形式如图3–1所示。图3–1为养老服务平台及其提供的不同服务及服务组合，其中MO_{mn}代表第m项服务的第n种服务模式。一方面，养老服务平台将相关性较强的服务项目打包成服务组合，同时考虑到顾客差异化的便利需求，为不同服务组合设计不同服务模式的服务，从而打造差异化便利程度的服务组合提供给不同的顾客k（$k=1, 2, \cdots, K$）。另一方面，养老服务平台需要基于服务组合的差异化便利特征来整合适宜的资源r（$r=1, 2, \cdots, R$）提供服务。

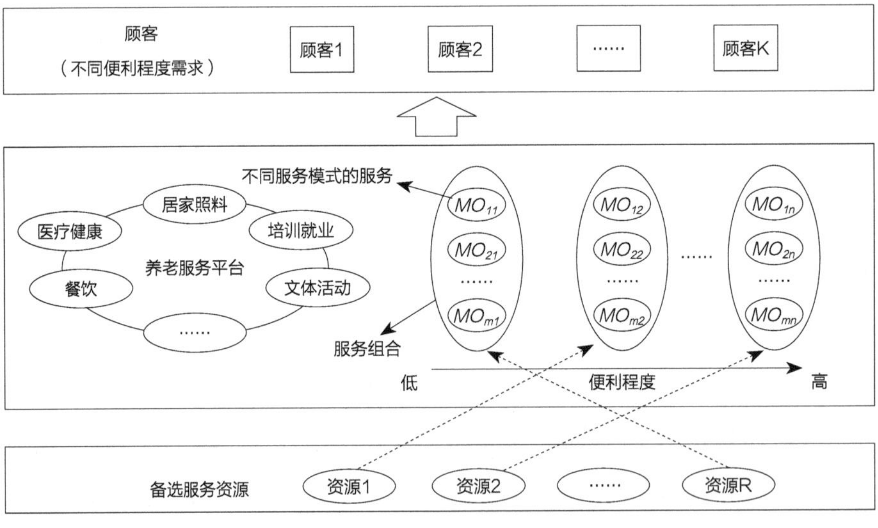

图3–1 社区养老服务平台服务模式

显然，服务组合的运作效果对于养老服务平台至关重要，而服务组合的高效运作则需要养老服务平台进行有效的服务资源整合与配置来实现。当前，已有部分学者对服务资源的整合和配置进行了关注，如王晓立和马士华（2010）以最大化供应链整体满意度和最小化服务集成商物流成本为目标，对供应链物流服务资源整合优化问题进行了研究；YAO（2017）基于对顾客的个性化物流服务模式的分析，研究了网购中供应链资源整合决策的优化；初佃辉等（2011）根据个性化的应用需求和资源的质量参数，提出了基于动态剪枝的服务资源整合方法；姚建明（2011）以第四方物流为研究对象，对4PL模式下供应链资源整合的收益与风险决策进行了分析。在关于服务组合优化的研究方面，学者们普遍对服务组合的服务质量（Qualification of Service，QoS）进行了关注，如陈冬林、聂规划和李晓菲（2010）从客户对服务功能与质量的均衡需求出发，提出了服务组合的优化方法；夏亚梅等（2012）提出了一种多信息素动态更新的蚁群算法，可以适应服务组合优化过程中发生的服务无效，以及服务中QoS变化等情况；Mardukhi et al.（2013）根据相对重要程度为不同的QoS属性赋予不同的权值，并整合成一个目标函数进行优化；鲁城华等（2018）研究了基于多目标多属性决策的大规模Web服务组合QoS优化等。

可以看出，一方面，学者们对服务组合QoS的关注程度较高。而养老服务平台要寻求长期发展，必须长远规划顾客、服务平台运营方以及服务提供商三方的利益。在采用不同便利程度的服务组合形式进行服务时，顾客的利益关注点主要体现在两个方面，其一是服务模式的便利程度，其二是在该便利程度的服务模式下，服务资源所提供的服务水平；服务平台运营商的利益体现在提升服务组合应对不确定性变化的能力上；服务提供商的利益则体现在其资源优势和服务模式的匹配上。如何平衡三方的利益，是服务组合资源整合时需要考虑的一个问题。另一方面，如何基于不同服务组合的差异化便利特征进行资源整合优化也是需要探讨的问题。因此，本书对服务项目不同服务模式下的便利深度进行刻画，并在此基础上，对顾客、服务提供商以及服务平台运营商三方的利益进行分析，建立资源整合优化模型并搭建求解算法，为养老服务平台的资源整合优化提供参考。

3.2 服务组合形式及服务模式的便利深度分析及刻画

3.2.1 养老服务平台的服务组合形式

众所周知，老年人独特的生活、生理和心理特征决定了提高养老服务的质量需要涉及多个服务方面，如生活照料、医疗健康、休闲娱乐、居家服务，购物消费，等等。提供每项服务时都需要平台设计对应的服务模块，每个服务模块下应该包含多个服务项目，且各服务项目之间往往有着密切的联系。在养老服务设计中，服务平台应该基于老年人个体健康情况和历史消费情况等数据，将相关性较强的、原属于不同模块的服务项目进行有机的衔接，打造出包含多项服务的服务组合，有针对性地为老年人提供系统的服务，如图3-2所示。服务组合的形式可以便于顾客根据自身情况进行搭配选择，同时也有利于各服务资源之间进行长期协同合作，增加协同效应。

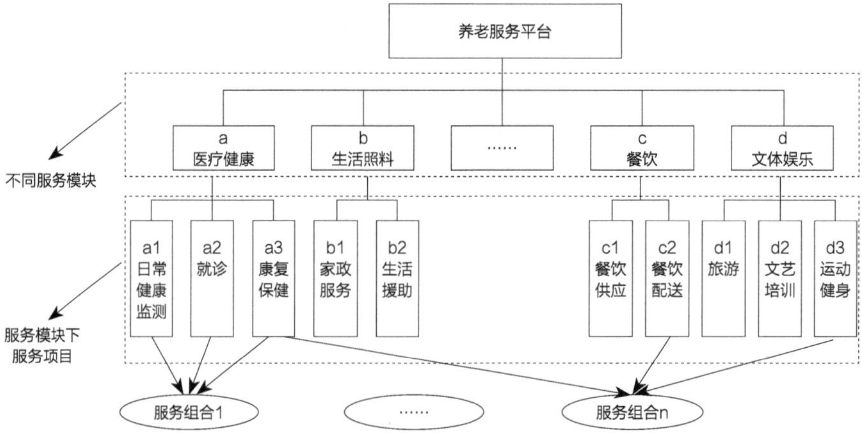

图3-2 养老服务平台提供多服务项目服务组合示例

3.2.2 服务模式的差异化便利深度分析及刻画

值得注意的是，面对老年人顾客群体的需求特征，服务便利性对于其体验价值的影响更加突出。显然，不同身体状况、经济状况、子女状况的顾客往往具有不同的服务便利性需求，而提供不同便利程度的服务必然伴随着成本的变化，因此，养老服务平台应根据顾客差异化的服务便利偏好配置合适的便利供给。服务平台在设计服务组合时，除了要考虑不同服务项目内容的组合，还要考虑不同顾客的差异化服务便利性需求，设计不同便利程度的服务组合以供老年人进行定制选择，从而增加顾客黏性。

服务组合通过其包含的各项服务项目的便利程度来体现。服务项目的便利程度设计如表3-1所示。以服务平台提供某一医疗健康服务项目为例，在该项服务的各便利属性方面，平台可以提供不同的服务内容，对于顾客来说，各服务内容的便利性有所不同。不同便利属性方面的内容则构成了服务项目的不同服务模式，而不同的服务模式决定了服务项目整体的便利程度。

表3-1　某项医疗健康服务项目各便利属性方面的不同内容示例

便利属性	服务内容	内容描述
地点便利	到店服务	顾客自行去往门店获得服务
	上门服务	服务提供商派专业人员上门服务
时间便利	标准时间 预约时间	按标准化时间进行服务 按预约时间进行服务
	即时服务	在顾客需要时即时服务
……	……	……
个性化服务便利	常规内容	结构化服务内容
	定制内容	按顾客的需求实现个性化服务内容

显然，对于养老服务平台所提供的服务项目，在不同服务模式下，其服务便利性有所不同。服务项目不同的服务模式在各个便利属性方面的综合表现决定了该服务模式的整体便利程度。为了更好地对服务项目、服务模式的便利程度进行分析，本研究用便利深度对其进行描述。

综合服务模式多个便利属性的表现，对服务模式整体的便利深度进行刻画，属于多属性的评价问题。较多文献认为可以采用简单加权法计算多属性评价问题的评价值（刘树林，1997；王明喜等，2014）。因此，本研究采用简单加权法对便利深度进行刻画。设某服务组合中服务项目m采用的服务模式为A_{mn}，而对于服务模式A_{mn}，有X_{mn}个便利属性指标，设该服务模式在指标x_{mn}方面的便利表现水平为$g_{x(mn)}$（通过由养老服务平台组织专家采用专家打分法的方式获得，单位为分，便利性高=1，便利性较高=0.8，便利性一般=0.6，便利性较低=0.4，便利性低=0.2），设顾客对便利指标x_{mn}的相对重视程度为$w_{x(mn)}$，各便利属性指标方面的综合表现决定了该服务模式的便利深度，因此，本研究将服务模式A_{mn}的便利深度D_{mn}刻画为：

$$D_{mn}=\sum_{x=1}^{X_{mn}}w_{x(mn)}g_{x(mn)} \tag{3-1}$$

3.3 差异化便利特征的服务组合资源整合分析

为满足顾客差异化的服务便利性需求，养老服务平台可以设计不同便利程度的服务组合。而各组合的服务提供及其高效的运作则需要通过有效的服务资源整合来实现。基于养老服务的特殊性，养老服务平台在进行资源整合时，除了需要重点关注如何满足服务组合的服务质量外，还需考虑服务组合的柔性以及服务提供商的利益。本部分将在上文对服务项目服务模式的便利深度进行刻画的基础上，分别从服务组合的服务效用（对顾客产生的服务效果）、服务柔性以及不同服务模式下服务提供商的资源使用情况几方面进行分析，为后续的服务资源整合优化提供依据。

3.3.1　服务效用分析及刻画

对于特定的服务项目，顾客主要关心两个方面，一是服务模式的便利程度是否满足其便利需求，例如，对于希望以上门服务形式获得服务的顾客，服务组合中该项服务是否采用了上门服务的服务形式；另一方面是服务提供商在该服务模式下的服务水平。服务提供商因自身拥有的资源优势不同，在不同服务模式下的服务水平有所差别，这也是服务平台进行资源整合时需要考虑的内容。

养老服务平台进行资源整合时首先需要考虑对顾客需求的满足情况。如上文所述，顾客感受到的服务效果往往同时受服务模式的便利程度以及在该服务模式下资源的服务水平两个方面因素的影响。因此，本研究定义养老服务平台服务资源的服务效用是服务模式便利深度和该服务模式下资源服务水平两者的函数，设对于服务项目m，共有I个备选服务资源，每个服务资源的索引为r_{mi}，且定义服务项目m的备选服务资源r_{mi}在服务模式A_{mn}下的服务效用$F\left(r_{mni}\right)$为：

$$F\left(r_{mni}\right)=p_1\left(D_{mn}\right)+p_2\left(L_{mni}\right) \tag{3-2}$$

其中，D_{mn}表示服务模式A_{mn}的便利深度；L_{mni}表示在服务模式A_{mn}下，服务资源r_{mi}所提供服务的服务水平。p_1和p_2为权重系数，且有$0\leqslant p_1$，$p_2\leqslant 1$，$p_1+p_2=1$,具体值由养老服务平台通过对养老社区的实际情况调研并结合以往服务经验进行确定。

对于服务模式便利深度的刻画，上文已经进行分析。而在考虑服务资源的服务水平时，通常主要考虑服务资源完成服务过程的服务质量以及完成服务任务的速度这两项指标，服务任务完成质量越高、完成速度越快的服务资源，其服务水平越高。

根据本研究的问题情境，各项备选服务资源的功能具有可替代性，均可以完成服务组合中的服务内容，但是各服务资源在特定服务模式下服务水平和服务成本将有所差异。对于备选服务资源 r_{mi} 来说，其完成服务组合服务任务的时间主要包括对任务的反应时间以及实际完成任务过程所需的时间。设在服务模式 A_{mn} 下，备选服务资源 r_{mi} 共需完成K个任务环节（$K\geqslant 1$），设其对第k个任务环节的反应时间为 t_{mni}^{ks}，实际完成服务任务时间为 t_{mni}^{ka}。则资源 r_{mi} 完成第k个任务环节所需时间 t_{mni}^{k} 为 t_{mni}^{ks} 与 t_{mni}^{ka} 之和，那么备选资源 r_{mi} 完成服务组合全部K个环节服务任务的总时间 T_{mni} 可以表示为：$T_{mni}=\sum_{k=1}^{K}t_{mni}^{k}=\sum_{k=1}^{K}\left(t_{mni}^{ks}+t_{mni}^{ka}\right)$。

在考虑备选服务资源的服务质量时，备选服务资源 r_{mi} 在服务模式 A_{mn} 下的服务质量 Q_{mni} 可以通过相同服务模式下以往客户对资源 r_{mi} 服务质量评价来获得。设对于某项服务，共有H个服务质量评价方面，以往客户对资源 r_{mi} 所提供的服务中第h个方面的服务质量评价为 q_{mni}^{h}，则备选服务资源 r_{mi} 的服务质量 Q_{mni} 可以表示为：$Q_{mni}=\left(\sum_{h=1}^{H}q_{mni}^{h}\right)/\left(H\right)$。

综合资源 r_{mi} 在服务模式 A_{mn} 下的服务质量和服务时间，可以得到 r_{mi} 在该模式下的服务水平 L_{mni}，表示为 $L_{mni}=a\left(T_{mni}\right)+b\left(Q_{mni}\right)$（$0\leqslant a$、$b\leqslant 1$；$a+b=1$）。$A$、$b$为权重系数，分别表示养老服务平台在资源整合时对服务资源服务时间和服务质量的相对重视程度，由平台根据不同的服务组合进行具体设定。

在特定的服务模式下，不同服务资源的服务成本往往有所差异。显然，服务资源单位成本的服务效用越大越好。而服务资源的服务成本一般主要包含服务的人工成本以及其他服务成本。设对于服务项目m,在服务模式 A_{mn} 下，备选资源 r_{mi} 完成第k个任务环节时的人工成本为 c_{mni}^{ka}，其他服务成本为 c_{mni}^{kl}。则服务资源 r_{mi} 完成第k个任务环节所需的成本 $c_{mni}^{k}=c_{mni}^{ka}+c_{mni}^{kl}$，服务资源 r_{mi} 完成服务组合安排服务任务的总成本为 $C_{mni}=\sum_{k=1}^{K}c_{mni}^{k}$。那么，在服务模式 A_{mn} 下，备选服务资源 r_{mi} 的单位成本服务效用 $F'\left(r_{mni}\right)$ 可以表示为：

$$F'(r_{mni})=\frac{p_1(D_{mn})+p_2(L_{mni})}{C_{mni}} \tag{3-3}$$

需要注意的是，在计算服务效用时，各个属性的评价方向需要和整体服务效用的方向保持一致，对于成本型指标（值越小越好的指标）应将其转化成收益型指标（值越大越好的指标）。

3.3.2　基于服务组合柔性的资源整合分析

老年人的服务需求具有多样性、动态性和可变性的特点（王莉莉，2013），同时备选服务提供商自身内部的资源可用状态及养老服务平台外部竞争环境也可能发生动态变化。所以从平台运营方的角度出发，应考虑到内、外部环境的不确定性影响，增强服务组合的柔性，以降低服务组合运营的风险，减少养老服务平台重新协调服务资源的运营成本。所以，资源整合时需要将服务组合的柔性作为考虑的因素之一。

本部分就服务资源对服务组合的柔性带来的影响进行分析，列出服务资源对服务组合柔性产生影响的四个方面，如表3-2所示。服务平台在资源整合时可以就备选资源在所列的四个方面的表现进行考察，为资源整合优化提供依据。

表3-2　影响服务组合柔性的服务资源表现

服务组合柔性指标	指标描述	各柔性指标下服务资源表现
应对服务任务变化的能力	面对顾客服务需求临时性变化，仍能顺利完成服务的能力	服务资源应对顾客需求临时变化的能力由其内部资源功能多样性 f_1、拥有服务资源的种类 f_2 以及合作企业的数量 n_{co} 决定
应对服务提供商内部资源变化的能力	面对服务提供商内部服务资源临时性变化，仍能顺利完成服务的能力	服务资源应对自身资源变化的能力由其内部服务资源的可靠性 e_1、拥有相同功能的服务资源数量 e_2 以及合作企业数量 n_{co} 决定

续表

服务组合柔性指标	指标描述	各柔性指标下服务资源表现
内部协作能力	服务组合内部各服务提供商协作过程中对问题的处理能力	服务资源的服务协作能力 A_m 可以用满意度（取0—1）来表示，由以往直接合作对象与其协同合作的满意度均值决定
应对外部竞争风险的能力	降低因服务提供商受到平台外部竞争者诱惑而导致服务组合失效的能力	服务资源与养老服务平台运营商之间的关系质量越高，服务组合应对外部竞争风险的能力越强

如前文所述，在服务组合服务过程中，可能出现一些不确定因素，包括顾客需求内容的临时性变化以及服务资源自身内部资源调配过程中的突发性变化以及外部竞争环境的变化，等等，为服务组合进行资源整合时应考虑到可能出现的变动，考察备选服务资源在应对变化方面的表现。

备选服务资源应对服务需求变化的能力可以通过其内部资源功能多样性 f_1、拥有服务资源的种类 f_2 以及合作企业的数量 n_{co} 来体现。设备选服务资源 r_{mi} 内部资源功能多样性为 f_{1mi}、拥有服务资源的种类为 f_{2mi} 以及合作企业的数量为 n_{comi}，应对服务需求变化的能力为 v_{fmi}，则有：

$$v_{fmi}=w_{f1}f_{1mi}+w_{f2}f_{2mi}+w_{fco}n_{comi} \tag{3-4}$$

式中 w_{f1}、w_{f2} 和 w_{fco} 分别表示服务资源的内部资源功能多样性、拥有服务资源的种类以及合作企业的数量的相对权重，可由服务平台根据服务资源的具体服务性质和服务模式进行设定。

而备选服务资源应对自身内部资源变化的能力则可以通过其自身拥有资源的可靠性 w_{fco}、拥有相同功能的服务资源数量 e_2 以及合作企业数量 n_{co} 来体现。设备选服务资源拥有资源的可靠性为 e_{1mi}、拥有相同功能的服务资源数量为 e_{2mi} 以及合作企业数量为 n_{comi}、应对自身内部资源变化的能力为 v_{emi}，则有：

$$v_{emi}=w_{e1}e_{1mi}+w_{e2}e_{2mi}+w_{eco}n_{comi} \tag{3-5}$$

式中 w_{e1}、w_{e2} 和 w_{eco} 分别表示服务资源自身拥有资源的可靠性、拥有相同功能的服务资源数量以及合作企业数量的相对权重，也由服务平台根据具体服务性质和服务模式进行设定。对于内部服务资源的可靠性，本研究采用历史服务过程中可正常提供服务时间的比例来进行刻画，设 r_{mi} 拥有的第d项资源 r_{mi}^{d} 在评价区间（T_{sta}，T_{end}）时段内，可保证正常进行服务的时间为 T_{mi}^{d}，则该项服务资源 r_{mi}^{d} 的可靠性 e_{1mi}^{d} 可以表示为：$e_{1mi}^{d}=\left(T_{mi}^{d}\right)/\left(T_{end}-T_{sta}\right)$。则 r_{mi} 的整体可靠性表示为：$e_{1mi}=\left(\sum_{d=1}^{D}e_{1mi}^{d}\right)/\left(D\right)$。

服务组合需要多个服务资源进行协同服务，除了考虑服务组合中各服务资源自身的服务效用之外，还需要考虑各服务资源与服务组合内其他资源之间的协同合作能力，包括服务资源在合作中的沟通态度及问题解决能力等。特定服务资源的协作能力可以通过以往合作伙伴对该服务资源的协作能力评价获得。设备选服务资源 r_{mi} 以往共有过n个合作伙伴，其中，第n个合作伙伴对其在第g个协作方面协作能力的评价可表示为 A_{mi}^{ng}（可以用满意度来表示，取值0—1），则针对资源 r_{mi} 的服务协作能力评价均值 A_{mi} 可以表示为 $A_{mi}=\left(\sum_{g=1}^{G}\sum_{n=1}^{N}A_{mi}^{ng}\right)/\left(NG\right)$。

关于备选服务资源和养老服务平台之间的关系质量，本研究通过关系持久性（合作已经持续的时间及预期未来合作的时间）、关系强度（形成关系有关投资的专用性程度）以及关系多样性（除了主要合作领域之外涉及的其他领域）三个维度进行评估。设备选资源 r_{mi} 在关系持久性 b_1、关系强度 b_2 以及关系多样性 b_3 三个维度的表现分别为 b_{1mi}、b_{2mi}、b_{3mi}（分别通过服务平台组织专家进行评估测算获得）,设备选服务资源 r_{mi} 和养老服务平台之间的关系质量为 B_{mi}，则有：

$$B_{mi}=w_{b1}b_{1mi}+w_{b2}b_{2mi}+w_{b3}b_{3mi} \tag{3-6}$$

式中 w_{b1}、w_{b2} 和 w_{b3} 分别表示关系持久性、关系强度以及关系多样性的相对权重，可由服务平台根据服务资源的具体服务性质和服务模式进行设定。

在上述分析基础上，在考虑服务组合柔性时，可设对服务资源 r_{mi} 的综合评价为 Fl_{mi} ,则有：

$$Fl_{mi}=w_1V_{fmi}+w_2V_{emi}+w_3A_{mi}+w_4B_{mi} \tag{3-7}$$

其中 w_1 、 w_2 、 w_3 、 w_4 为养老服务平台进行资源整合时对表3-2中服务组合各柔性指标的权重，且有 $w_1+w_2+w_3+w_4=1$ 。

3.3.3　服务提供商不同服务模式下的资源使用情况分析

备选服务提供商因为自身拥有的资源不同，其资源优势和各服务模式的匹配情况也有所不同。特定便利程度的服务模式，对于有些服务资源来说可能难以协调资源实施服务；而对于另一些服务资源来说，往往表现为便利服务能力闲置，将会影响其收益。也就是说，不同服务资源在不同服务模式下的资源使用情况不同。为吸引更多的服务资源加入平台进行长期、稳定的合作，在进行资源整合时，养老服务平台也应将这一因素纳入考虑。

本研究用服务提供商的资源使用率（实际使用资源和可供使用资源之比）来体现服务提供商不同服务模式下的资源使用情况。在服务项目的不同服务模式下，备选服务资源的资源使用率将有所差异。服务提供商的资源使用率越高，则越倾向采用该服务模式进行服务，从而促进养老服务平台和服务提供商的长期稳定合作。设在服务模式 A_{mn} 下，服务资源 r_{mi} 的人力资源使用率为 uh_{mni} ，设备资源使用率为 uf_{mni} ，其他资源使用率为 uo_{mni} 。资源整合时，养老服务平台对服务提供商上述各项资源使用率的相对重视程度分别为 wh_{mni} 、 wf_{mni} 、和 wo_{mni} ,则在该服务模式下，备选资源 r_{mi} 的综合资源使用率 U_{mni} 可以表示为：

$$U_{mni}=wh_{mni}uh_{mni}+wf_{mni}uf_{mni}+wo_{mni}uo_{mni} \tag{3-8}$$

3.4　资源整合优化流程分析及优化模型建立

3.4.1　资源整合优化流程分析

根据前文分析，养老服务平台的服务组合资源整合优化流程如图3–3所示。考虑到不同客户的服务便利需求，服务平台可以配置不同便利程度的服务组合，而在为不同的服务组合进行资源整合时，首先应对各服务项目服务模式的便利深度进行刻画，并在此基础上，考察服务资源在不同便利深度服务模式下的服务能力状况。需要注意的是，为保证养老服务平台的长远发展，资源整合需要同时考虑顾客、服务平台运营方以及服务提供商三方的利益，因此需要分别就资源整合过程中的资源服务效用、服务组合柔性以及服务提供商在相应服务模式下的资源使用情况进行分析及刻画，并以资源的单位成本服务效用最大化、服务组合柔性最大化以及服务提供商资源使用率最大化为优化目标建立资源整合优化模型。

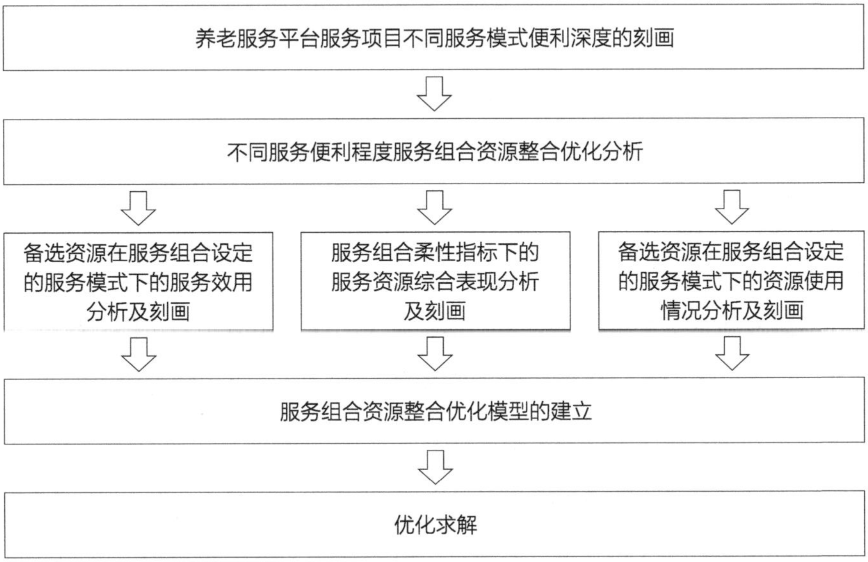

图3–3　养老服务平台不同便利特征服务组合资源整合流程

3.4.2 资源整合优化模型的建立

定义变量 $g(r_{mi})$，令：

$$g(r_{mi})\begin{cases}1,\text{选择资源}r_{mi}\text{进行服务}\\0,\text{不选择资源}r_{mi}\text{进行服务}\end{cases}$$

根据上文分析，整合优化模型如下：

$$Z_1=\max\sum_{m=1}^{M}\sum_{n=1}^{N}\sum_{i=1}^{I}F'(r_{mni})g(r_{mi}) \quad (3\text{–}9)$$

$$Z_2=\max\sum_{m=1}^{M}\sum_{i=1}^{I}Fl_{mi}g(r_{mi}) \quad (3\text{–}10)$$

$$Z_3=\max\sum_{m=1}^{M}\sum_{n=1}^{N}\sum_{i=1}^{I}U_{mni}g(r_{mi}) \quad (3\text{–}11)$$

s.t.

$$T_{mni}\leqslant T_{max} \quad (3\text{–}12)$$

$$Q_{mni}\geqslant Q_{min} \quad (3\text{–}13)$$

模型中，式（3–9）、式（3–10）、式（3–11）是三个优化目标，分别表示服务组合单位成本服务效用最大化、服务组合柔性最大化以及服务提供商的资源使用率最大化；式（3–12）、式（3–13）为约束条件，分别表示备选服务资源完成服务任务的时间不能大于服务组合可以接受的最长服务时间以及备选服务资源的服务质量不能小于服务组合设定的最低服务质量要求。

3.5 算法分析

本研究问题属于多目标优化问题，此类问题涉及对多个目标的权衡，因此，选择合适的算法是解决问题的关键。蚁群算法可以快速收敛，较适合在多目标优化中进行应用（姚建明等，2006；姚建明，2015），因此，本研究采用蚁群算法作为求解方法。

构筑算法时，可以将备选的服务资源看作相互独立的单元，每一个单元都代表着不同的服务资源，将服务资源的服务能力作为基本运作参数，并将服务资源的选择过程和蚁群的觅食行为相对应，稳定状态下蚁群收敛的觅食路径所经由的节点即为最后平台对资源的选择结果。在由不同的服务资源作为节点构成的网络中，蚂蚁由原点到宿点进行单向运动，对于不符合优化模型约束条件的服务资源，则将其设置为禁入节点。根据各优化目标设置各资源对于蚂蚁的吸引概率如下：

根据服务资源单位成本服务效用最大化规则设定蚂蚁对于路径选择的概率。设 Π_{fmni} 为蚂蚁经过服务资源 r_{mi} 后遗留的信息素，与服务资源单位成本服务效用成正比，则备选服务资源 r_{mi} 对蚂蚁的吸引概率为：

$$p_f = \Pi_{fmni} / \sum_{i=1}^{I} \Pi_{fmni} \# \qquad (3\text{-}14)$$

根据服务组合柔性最大化规则设定蚂蚁对于路径选择的概率。设 Π_{lmni} 为蚂蚁经过服务资源 r_{mi} 后遗留的信息素，与服务资源在服务组合柔性指标下的综合表现评价成正比，则备选服务资源 r_{mi} 对蚂蚁的吸引概率为：

$$p_l = \Pi_{lmni} / \sum_{i=1}^{I} \Pi_{lmni} \# \qquad (3\text{-}15)$$

根据服务提供商的资源使用率最大化规则设定蚂蚁对于路径选择的概率。设 Π_{smni} 为蚂蚁经过服务资源 r_{mi} 后遗留的信息素，与服务提供商的自身资源使用率成正比，则有备选服务资源 r_{mi} 对蚂蚁的吸引概率为：

$$p_s = \Pi_{smni} / \sum_{i=1}^{I} \Pi_{smni} \# \qquad (3\text{-}16)$$

综合各吸引概率，蚂蚁选择备选服务资源 r_{mi} 的概率p则表示为:

$$p = \lambda_1 p_f + \lambda_2 p_l + \lambda_3 p_s \# \qquad (3\text{-}17)$$

其中 λ_1 、λ_2 、λ_3 为调整系数，且有 $\lambda_1 + \lambda_2 + \lambda_3 = 1$ 。各调整系数反映的是养老服务平台在为服务组合进行资源整合优化时，对于各项优化目标的相对重视情况，由服务平台根据不同的服务组合进行相应设定及调整。

3.6　算例

某社区养老服务平台向社区老年人提供全方位、系统性的养老服务，其服务内容涵盖了健康医疗、日常照料、康复保健、培训教育等多方面的服务项目。为了进一步提升养老服务水平，通过对附近大型养老社区的实际情况调研，设计了多种不同便利程度的服务项目组合供老年人根据自身需求进行选择。

以提供的生活服务组合为例，该平台将健康体检、康复治疗以及餐饮服务项目进行组合，并配置如表3-3所示的3种不同便利程度的服务组合供顾客选择。

表3-3 平台为健康体检、康复治疗以及餐饮服务项目打造的不同便利程度的服务组合

服务组合	服务模式
组合A	健康体检（定时服务＋顾客自行去往门店体检＋标准化服务内容） 康复治疗（定时服务＋上门服务＋标准化服务内容） 餐饮（标准化品类＋定时服务＋店内就餐）
组合B	健康体检（定时服务＋小区驻点体检＋标准化服务内容） 康复治疗（定时服务＋上门服务＋定制化服务内容） 餐饮（标准化品类＋即时服务＋送餐上门）
组合C	健康体检（24时电话咨询＋送医上门＋定制化服务项目） 康复治疗（即时上门＋上门服务＋定制化服务内容） 餐饮（可定制饭菜＋即时服务＋送餐上门）

这里以服务组合B中的康复治疗服务项目资源整合为例进行分析。根据前文对服务资源整合流程的分析，为服务组合B中的康复治疗服务项目进行服务资源整合的流程如下：

（1）对服务组合B中康复治疗项目所对应服务模式的便利深度进行刻画。根据康复治疗服务项目的服务特点，将其服务便利性分为时间便利、地点便利和定制便利3个维度。根据前期调研得到顾客对各便利维度的相对重视程度，采用专家打分法对服务组合B中康复治疗项目的服务模式在各便利维度下的表现进行评价，在此基础上根据式（3-1）计算其便利深度。

（2）根据式（3-3）计算各备选资源在服务组合B中服务模式下的单位成本服务效用。

（3）基于对服务组合柔性的考虑，根据式（3-7）分别计算各备选康复医疗服务资源在服务组合柔性指标下的综合评价值。

（4）根据式（3-8）分别计算各服务资源在服务组合B中服务模式下的资源使用率。

（5）基于各备选服务资源的信息，根据前文建立的资源整合优化模型进行优化求解。

设在进行资源整合时，共有4家备选康复治疗服务资源，分别为S-SUP1、S-SUP2、S-SUP3以及S-SUP4，各服务资源在服务组合B中的康复治疗服务项目、服务模式下的各项整合参数如表3-4所示（数据已经进行去量纲处理）。其中，服务资源的单位成本服务效用、柔性指标下的综合表现评价及服务资源使用率是由养老服务平台基于前文所述方法计算获得的。

表3-4　各备选康复治疗服务资源整合参数表

整合参数	S-SUP1	S-SUP2	S-SUP3	S-SUP4
单位成本服务效用	0.98	1.02	1.07	0.92
服务组合柔性指标下的综合表现评价	0.97	0.94	1.01	1.04
服务资源使用率	1.07	0.93	0.96	1.01
服务质量	0.62	0.65	0.75	0.58
服务平台可接受最低服务质量	0.60			
任务完成时间	0.65	0.60	0.58	0.72
服务平台可接受最长服务完成时间	0.70			

根据上述信息运用Matlab_2018a软件进行仿真模拟。由于S–SUP4的服务完成时间和服务质量均不满足养老服务平台所设定的标准，故算法不予考虑。结合养老服务平台自身的战略，若目前主要考虑的是增加对顾客的吸引力，从顾客利益出发，应对单位成本服务效用更加重视，所以对资源整合优化模型中的各优化目标的相对权重系数λ_n分别设定为$\lambda_1=0.40$、$\lambda_2=0.30$、$\lambda_3=0.30$，此时仿真收敛结果如图3–4所示。通过蚂蚁收敛趋势，可以看到在稳定状态下S–SUP3对蚂蚁的吸引力更强，表明根据养老服务平台目前对于各项优化指标的重视情况，在进行资源整合时，备选服务供应资源3优势明显。

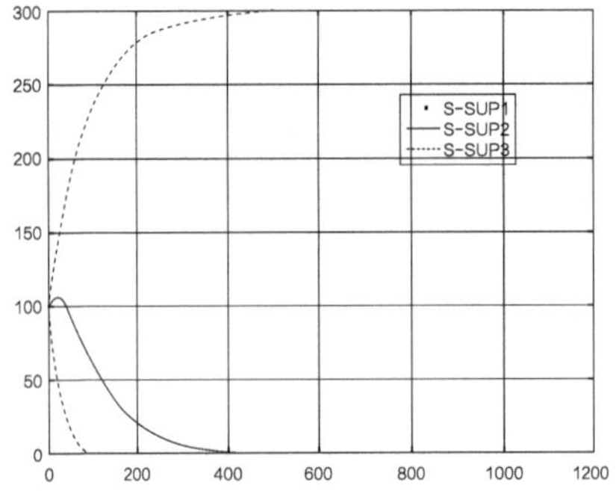

图3–4　蚂蚁收敛结果（1）

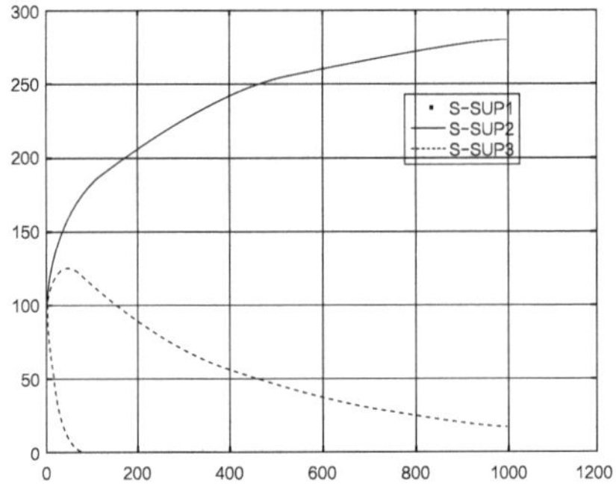

图3–5　蚂蚁收敛结果（2）

当养老服务平台已经吸引了稳定的顾客群，在期望吸引更多的服务资源进行合作、扩大规模时，平台更加重视服务资源的资源使用率，所以对服务资源整合优化模型中的各优化目标的相对权重系数λ_n分别设定为$\lambda_1=0.30$、$\lambda_2=0.30$、$\lambda_3=0.40$，此时蚂蚁收敛结果如图3–5所示。稳定状态下S–SUP1对蚂蚁的吸引力更强，表明根据养老服务平台目前对于各项优化指标的重视情况，在进行服务资源整合时，备选服务供应资源1作为服务提供商更合适。

通过以上结果可以看到，由于本研究中资源整合优化模型的三个优化目标分别表示最大化顾客、服务平台运营商和服务提供商三方的利益，而处在不同时期的养老服务平台可能有不同的运营策略，导致其在服务资源整合过程中对于三方利益的重视程度有所差异。当养老服务平台对各主体的利益侧重发生变化时，对优化模型中不同优化目标所设置的比重也将发生变化，这有可能导致资源整合决策的结果发生改变。在实际运营中，养老服务平台可以根据自身的不同情况调整各优化目标的比重，得到相应的优化结果。

从中我们可以得到以下几点管理启示：第一，服务组合的资源整合并非选择服务质量最高的供应商，而是需要平衡顾客、服务平台运营商和服务提供商三方的利益，选择适宜的服务资源提供服务组合；第二，服务组合的资源整合需要结合服务组合的便利程度来进行，考虑服务组合便利程度对资源整合产生的影响，并基于此进行资源整合；第三，养老服务平台涉及的服务项目丰富，不同老年人对于服务便利具有个性化的需求，所以养老服务平台的资源整合问题具有一定的复杂性，需要一种高效的优化方法来进行资源整合决策。能够同时考虑老年人差异化便利需求和资源整合中多主体利益的高效资源整合方法可以为管理者的决策提供方便。

3.7　结论

我国人口老龄化持续加速、养老服务需求高涨，而关于养老服务资源的优化配置与合理利用的研究尚显不足。在这一背景下，本研究从老年人不同的便利需求程度出发，对养老服务平台不同便利程度服务组合的资源整合优化进行研究。提出为不同便利程度的服务组合进行资源整合时，应平衡顾客、服务平台运营商以及养老服务提供商三方的利益，基于此建立了资源整合优化模型，并采用蚁群算法进行求解。本研究的主要贡献在于：（1）考虑了服务项目不同服务模式的差异化便利程度并对服务项目不同服务模式的便利深度进行了刻画；（2）考虑了服务资源在不同服务模式下的差异化服务水平；（3）考虑了服务资源因受到自身资源限制对不同服务模式的偏好情况；（4）考虑了服务组合对内外部环境不确定性的应对能力，即服务组合的柔性；（5）兼顾了顾客、服务提供商以及平台运营商三方的利益进行了服务资源整合的优化。在养老服务需求增长迅速的环境下，本研究可以为采用不同便利程度的服务组合形式来提供养老服务的平台进行合理、有效的资源整合提供参考。

另外，本研究作为初步研究，对于服务资源的评估主要基于对资源自身特征的考虑。还需注意的是，各服务提供商之间可能存在资源共享性。例如，当服务组合中的多项服务都采用上门服务的方式，不同的服务提供商之间有可能实现服务人员或交通工具等资源的共享。服务提供商之间的资源共享性如何影响服务组合的资源整合？后续研究可以对这一问题进行深入探讨。

4 定制化旅游情景下的供应链调度优化研究

4.1 引言

随着经济社会的发展，游客在旅游消费中更加注重其个性化、差异化的旅游体验，旅游大规模定制模式（Tourism Mass Customization, TMC）应运而生。TMC即旅游企业通过让顾客参与旅游产品组合定制，开发差别性旅游产品并进行模块化设计的一种个性化的体验式经营模式（程德通，2011）。在TMC模式下，旅游企业一方面需要通过寻求“规模效应”探索降低服务成本的途径；另一方面需要通过满足游客的个性化需求实现“定制”的目的（徐扬，步一，颜杨洋，2016）。显然，TMC模式成功的关键需要解决“定制化”与“规模化”之间的平衡关系问题，而该问题的解决离不开合理的供应链调度优化过程（姚建明，2014）。实现TMC模式下的供应链调度优化，提升旅游供应链调度的精准性和柔性水平的前提是解决旅游活动中规模效应的量化处理问题，阐明规模效应与服务成本之间的量化关系。

目前，围绕TMC模式及供应链调度优化问题的研究已经取得较多成果。研究一致认为TMC模式是在旅游业进入买方市场，旅游消费需求日趋多样化情形下的必然选择（程德通，2011；Leiper，1979；战勇，2012）。

实现TMC模式需要通过加强对旅游供应链的管理调度以及对旅游产品的模块化设计等方式提升旅游大规模定制中的规模效应。然而，目前对于旅游大规模定制模式的研究提出了实现旅游大规模定制模式的理念，比如进行旅游产品模块化设计、旅游企业需要与旅游供应链上的企业加强战略合作等方式（战勇，2012）。但对于实现旅游产品模块化设计等方式以后，其规模效应如何衡量以及引入规模效应之后旅游供应链上的核心企业如何对旅游供应链上的资源及协作商进行调度优化以满足游客个性化消费需求等问题尚未研究，是目前迫切需要研究和解决的理论问题。

旅游业虽然属于服务业，但相对于服务大规模定制而言，旅游大规模定制具有明显的独特性。首先，相对于一般服务业，旅游业具有明显的综合性特征，是集食、住、行、游、购、娱为一体的综合性活动（刘民坤和何华，2013；），同时旅游业在资源依托以及产品形成等方面与服务业具有一定差别（乔玉霞，1986；喻小航，2003）；其次，旅游过程中存在明显的多阶段性及服务内容的模糊性特征（莫曙利，2016），即旅游活动可以划分为旅游前、旅游中、旅游后三阶段，并且在旅游过程中又可以景点为分界点划分多个阶段，每阶段旅游活动包含食、住、行、游、购、娱等模块，这种多阶段性及内部存在的模块化特征为探求旅游大规模定制中的规模效应量化问题提供了可能。因此，基于旅游大规模定制模式的特点，研究基于多阶段规模效应量化的TMC模式下供应链调度优化问题具有重要的理论及实践价值。

借鉴国内外关于旅游大规模定制及供应链调度优化方面的理论及方法（姚建明，2015a；2015b；Lee et al.，2002；Moon et al.，2008；Zegordi et al.，2010；Tormos and Lova，2001；Sahin，2008；Yao，2011；姚建明，2012；姚建明，2011），首先，在对旅游大规模定制特点分析的基础上，提出TMC模式下多阶段模糊规模效应量化处理的理论及方法。其次，搭建TMC模式下的多目标调度优化模型，即引入多阶段规模效应量化的服务成本优化模型；鉴于服务活动存在模糊性（莫曙利，2016；孙晓琳，2018）及TMC模式注重满足顾客的个性化消费体验，构建了基于模糊时间窗的顾客满意度优化模型；基于供应链战略协同能力对供应链调度及绩效水平的研究（卢小丽和付帼，2018）构建了基于模糊综合评判的供应链协同度优化模型。最后，通过蚂蚁算法求解TMC模式下旅游供应链多目标调度优化模型，并通过对算法收敛速度及优化效果对比的研究，验证该算法的适用性及优良性。

4.2　TMC模式下旅游活动的多阶段性特征分析

TMC模式下虽然游客的定制化特征明显，但是任何旅游活动都具有明显的多阶段性特征，即旅游活动按时间顺序都可以划分为旅游前、旅游中和旅游后三个阶段，同时在旅游中阶段，以游客选择的旅游景点为分界点，又可划分为多个阶段，每个阶段都包含食、住、行、游、购、娱等要素的参与。每个阶段的游客服务需求既具有差异化特征，同时又具有很强的相似性。

旅游前阶段，即游客旅游出发之前的阶段。基于旅游大规模定制理念，旅游企业在开发多样化产品满足游客定制化需求的同时需要尽可能提升产品以带动旅游活动的规模化水平。其中，对产品进行模块化开发与设计是提升TMC模式下旅游活动规模效应的重要途径。此阶段，游客旅游消费需求的定制化特征体现在游客对旅行方式、住宿方式、交通方式等消费需求的差异化组合选择中，如表4-1所示。为此，旅游企业主要通过加强对旅游产品和服务活动进行模块化设计与开发、对旅游产品的市场营销、与游客协调设计定制化旅游产品和服务以及对旅游订单的分类处理等活动以提升游客需求的规模化水平。

表4-1 游客旅游定制化消费需求表

旅行方式	住宿方式	交通方式	……	目的地
组团游	酒店	航空	……	北京
自助游	宾馆	铁路	……	上海
半自驾游	农家乐	公路	……	纽约
……	……	……	……	……
模式1	模式2	模式3	……	模式M

旅游中阶段，即游客从参加旅游活动开始到旅游活动结束的过程。在旅游中阶段，旅游消费需求具有明显的随机性和动态性，以及定制化特征。具体体现在旅游中阶段内部具有多阶段性，同时每个阶段内部的食、住、行、游、购、娱等要素需求均存在差异。此时，旅游企业对旅游供应链的柔性调度能力成为影响游客消费体验的关键环节。此阶段尽管游客的消费需求个性化特征明显，但由于旅游前期阶段对产品的模块化设计以及市场营销活动，使得在一定时间阈值内大量需求订单集聚以及每个阶段都具有食、住、行等六类模块化要素，这为旅游企业通过对相同或相似需求订单的规模化处理提供了可能。旅游企业的目标主要是通过加强对旅游供应链上食、行、住、游、购、娱等协作商的协作及动态调度，在满足游客定制化旅游需求的前提下提升旅游活动的规模效应，降低运营成本，不断提升顾客满意度及旅游供应链的协作能力。

旅游后阶段，即游客从旅游活动结束到开始下次旅游前的阶段。在旅游后阶段，旅游企业主要结合游客对旅游服务的评价反馈，对旅游结束后的活动进行整理，优化相关服务及流程，为下一个旅游调度周期做好准备。相对于旅游中阶段旅游需求活动的多样性及随机性特征，旅游后阶段的活动具有较强的常规性，旅游企业可以通过对该阶段活动中评估、反馈、优化等模块化的流程及服务的批量化处理提升该阶段的规模效应。旅游活动的多阶段性特征如图4-1所示。

TMC模式下旅游活动存在多阶段性及内部模块化的特征，为提升旅游活动各阶段存在的规模效应提供了可能。但TMC模式中消费需求个性化情形下旅游活动规模效应提升的关键离不开旅游企业对旅游供应链上相关资源及协作商的调度。实现TMC模式中“规模效应”与“个性化定制”平衡的关键是对其中的规模效应进行量化处理，并将其引入TMC模式下的供应链调度模型。

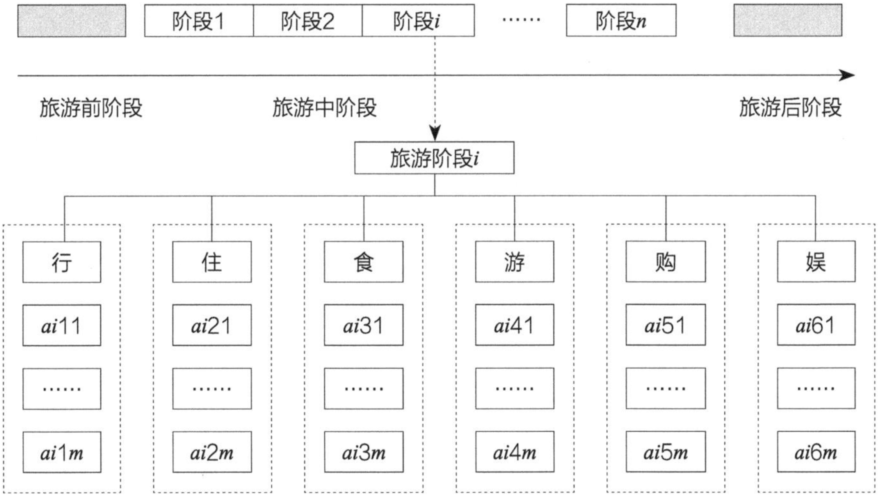

图4-1　旅游活动中的多阶段性特征分析

4.3　TMC模式下旅游活动规模效应的量化分析

将TMC模式下旅游活动规模效应量化表示并将其引入旅游供应链调度优化模型是有效提升旅游供应链调度精准性及柔性水平的关键。目前，对于旅游大规模定制的研究中提出旅游企业应注重提升旅游活动中的规模化水平的理念及模块化设计等思路，但是，对如何实现运营层面的规模效应量化处理并真正引入整个旅游供应链的调度管理过程并没有提出具体的理论方法。

4.3.1 TMC模式下旅游活动规模效应分析

规模效应（Scale Effect），也称规模经济，即当企业的产量规模达到一定水平后，由于各生产要素的有机结合产生了1＋1>2的效应，平均成本呈现下降的趋势。文献[111]、[177]研究指出旅游大规模定制中应努力寻求规模优势从而降低服务运营成本。然而，根据经济学原理，规模效应并不是无限增大的，一般来说随着企业规模的扩大，服务订单量的增加，可以通过降低生产或服务活动的边际成本出现规模效应。但是当生产或服务规模超过一定的产量，由于管理协调复杂性的提高以及适应定制变化环境能力的下降会出现边际成本逐步提高的现象，即规模不经济。旅游大规模定制中存在同样的问题，当旅游服务活动规模（主要体现在对相同或相似订单或服务模块的处理上）低于Q^*时，旅游企业可以通过对供应链协作商的调度实现对相似订单的规模化处理，进而降低单位服务成本。但是，当旅游服务活动规模超过Q^*时，旅游企业需要调度更多的供应链协作商对游客的个性化订单进行处理，相应的管理、协调成本逐步出现增加的规模不经济的现象。旅游大规模定制中规模效应原理如图4-2所示。由此可知，TMC模式中规模效应的实现是有范围的，旅游企业不应该简单地追求规模效

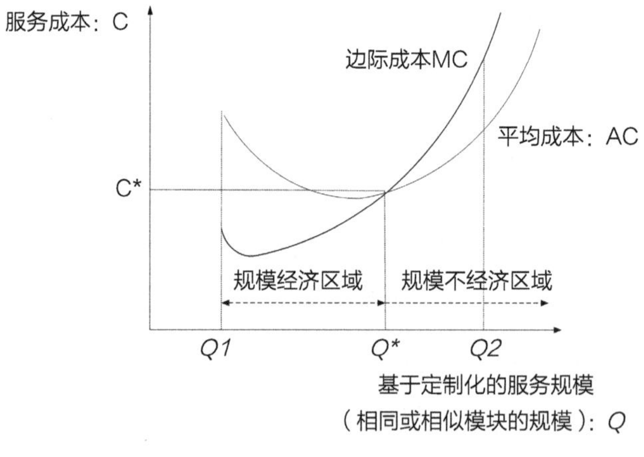

图4-2 旅游大规模定制中的规模效应分析

应，而是需要通过对旅游供应链上协作企业及游客订单需求的调度实现游客个性化需求、协作商服务协作能力的平衡来实现规模效应的最优化。因为当模块化设计组合太多或服务规模超出一定范围时，受到服务资源约束以及协作成本提升的影响容易对游客的定制化服务需求质量造成损害。

4.3.2　TMC模式下旅游活动多阶段模糊规模效应的量化处理

生产型企业的大规模定制模式（Mass Customization, MC）主要通过对产品的批量生产获得规模效应。然而，由于TMC模式下游客的消费需求具有模糊性以及服务的不可存贮性等特点，其规模效应无法通过简单的批量生产模式进行衡量。模糊数学理论是研究模糊现象，处理不确定性及不精确性问题的理论方法（刘洪玉和李妍，2017）。由于TMC模式中游客服务需求属性具有模糊性，即其相应的规模效应需要在考虑模糊性条件下进行量化处理。

根据模糊数学的原理方法，处理TMC模式中的规模效应量化问题需要根据相应的因素集、评语集以及隶属度函数综合确定。基于TMC模式下规模效应的经济学分析，其规模效应呈现出随着规模化程度的提升先增加后降低的变化过程，因此可以采用三角隶属度函数描述其中的隶属度函数矩阵R，如图4-3及公式（4-1）所示。

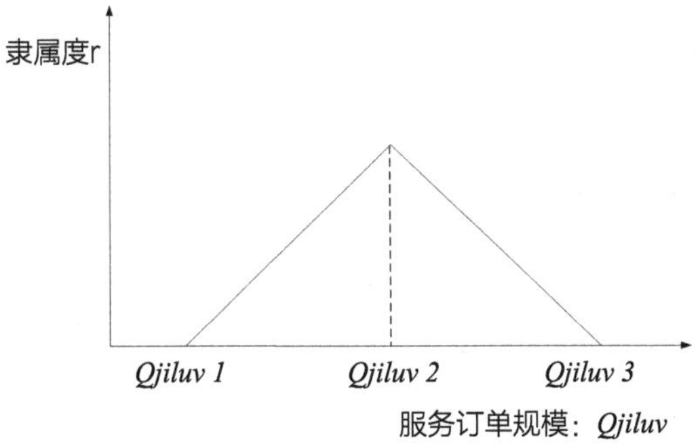

图4-3　TMC模式中规模效应模糊隶属度示意图

其中，Q代表旅游服务属性中相同或相似服务模块的规模化水平，其计算方式可以通过概率统计的方法进行计算。

$$r(Q_{jiulv})=\begin{cases}\dfrac{Q_{jiulv}-Q_{jiulv1}}{Q_{jiulv2}-Q_{jiulv1}},\ Q_{jiulv1}\leqslant Q_{jiulv}\leqslant Q_{jiulv2}\\ \dfrac{Q_{jiulv3}-Q_{jiulv}}{Q_{jiulv3}-Q_{jiulv2}},\ Q_{jiulv2}\leqslant Q_{jiulv}\leqslant Q_{jiulv3}\\ 0,\ \text{其他}\end{cases} \tag{4-1}$$

设在时间阈值T内，旅游企业共接到J个订单，每个订单索引为j，其中$j=1, 2, \cdots, J$。每个旅游订单都包含旅游前、旅游中及旅游后的完整服务内容，设订单划分阶段为I，每个阶段索引为i，其中$i=1, 2,\cdots, I$；同时，由于在每个阶段i中，订单包含不同的需求属性U，如旅游中阶段基本包含住、行、食、游、购、娱等主要旅游需求属性，设每种需求属性为u（$u=1, 2, \cdots, U$）；因为每种属性又包含不同的服务活动内容，比如旅游订单对住宿方面可能包括酒店、宾馆、农家乐、青年旅社等不同需求，设每种旅游需求属性下的服务活动内容索引为v（$v=1, 2, \cdots, V$），在每个旅游阶段i，共有Li个旅游供应链协作商，每个协作商的索引为il，协作商il对游客需求属性$jiuv$进行处理时的索引为$jiluv$，其服务成本为$Cjiluv$。

虽然TMC模式下的游客需求属性具有较强的个性化特征，但是通过对订单的分类和模块化处理，时间阈值T内的旅游订单仍存在较大的相似性，这为TMC模式下规模效应的实现提供了可能。以某一旅游中阶段i为例，即时间阈值T内共接到J个订单，其中对住宿需求方面，选择酒店的订单有$Pjil11$（$1\leqslant Pjil11\leqslant J$）个，选择宾馆的订单有$Pjil12$（$1\leqslant Pjil12\leqslant J$）个，则在$J$个订单中，住酒店的订单规模可表示为$Qjil11=Pjil11/J$，住宾馆的订单规模可表示为$Qjil12=Pjil12/J$，其他可类似表示。则该订单在旅

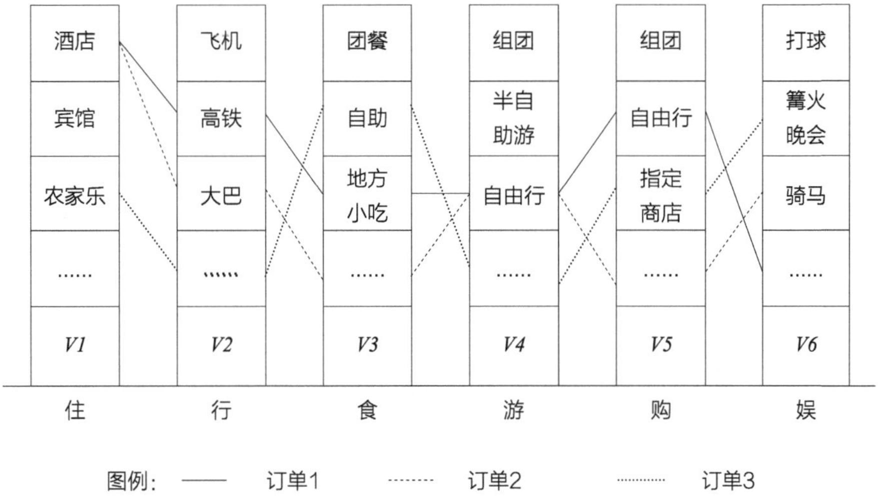

图4-4　旅游中某阶段i的规模效应寻求图示

游阶段*i*，其行、住、食等不同服务需求属性*u*的不同服务需求内容*v*的订单规模可表示为*Qjiluv*＝*Pjiluv*/*J*，如图4–4所示。

通过公式（4–1）可计算出每个游客订单不同属性规模效应的隶属度*r*（*Qjiluv*）。由每种游客需求属性规模效应的隶属度构成的隶属度矩阵为*R*（*Qjiluv*）。根据模糊数学原理，设每种需求属性的规模效应权重集为*Bjiluv*＝{*b1jiluv*, *b2jiluv*, …, *bujiluv*}，且*b1jiluv*＋*b2jiluv*＋, …, ＋*bujiluv*＝1。则每个游客订单中游客需求属性的规模效应可表示为：*ejiluv*＝*Bjiluv*×*Rjiluv*＝{*e1jiluv*, *e2jiluv*, …, *eujiluv*}，根据隶属度最大原则，其相应的规模效应为*ejiluv*＝*max*{*e1jiluv*, *e2jiluv*, …, *eujiluv*}。即旅游服务活动的规模提升一个单位，服务成本*Cjiluv*降低*ejiluv*个单位。

由于TMC模式下的旅游供应链调度是动态性调度过程，设调度时刻为*t*，定义变量*fjiluv*（*t*），当旅游订单被供应链上的协作商*il*处理时，*fjiluv*（*t*）＝1；否则*fjiluv*（*t*）＝0。考虑规模效应后，旅游大规模定制旅游中阶段，旅游供应链为满足游客的定制化需求而产生的服务总成本可表示为：

$$C_{中}=\sum_{j=1}^{J}\sum_{i=1}^{I}\sum_{l=1}^{Li}\sum_{u=1}^{U}\sum_{v=1}^{V}\left[1-ejiluv(t)\right]\cdot Cjiluv(t)\cdot fjiluv(t) \tag{4-2}$$

至此，从经济学角度对TMC模式下旅游活动中的规模效应进行了阐释，基于旅游活动中存在的多阶段性、模块化及模糊性特征，通过模糊数学的方法建立起旅游活动的规模效应与服务成本之间的关系，为实现TMC模式下的供应链精准柔性调度奠定了基础。

4.4 基于多阶段规模效应量化的TMC模式下供应链调度优化模型

4.4.1 调度优化目标

在TMC模式下，旅游企业通过对旅游供应链上旅游协作商的动态调度以满足游客个性化旅游消费需求。在调度过程中，如何有效降低服务成本、提升顾客满意度及供应链协作能力是衡量TMC模式下供应链调度效果的关键。为此，运用相关理论对旅游供应链调度过程中的优化目标进行分析。

（1）服务成本优化。实现旅游大规模定制中服务成本优化是供应链调度的重要目标。基于上述分析，在调度时刻t，考虑旅游活动规模效应之后供应链的总服务成本为：

$$C(t)=\sum_{j=1}^{J}\sum_{i=1}^{I}\sum_{l=1}^{Li}\sum_{u=1}^{U}\sum_{v=1}^{V}\left[1-e_{jiluv}(t)\right]\cdot C_{jiluv}(t)\cdot f_{jiluv}(t) \tag{4-3}$$

（2）顾客满意度。TMC模式下旅游企业注重满足游客的差异化需求和顾客参与，追求实现顾客满意度的最大化是旅游企业追求的目标之一。

TMC模式中，旅游服务提供的准时性因素对顾客满意度具有正向影响。设当旅游供应链上的协作商能够在顾客期望时间[$EDTjiluv$, $LDTjiluv$]准时为游客提供他们所需服务时，顾客满意度为1；当旅游供应链上的协作商在顾客期望服务时间点与其可接受的时间点之间提供他们所需服务时，即当旅游服务在顾客可接受时间段[$ETjiluv$, $EDTjiluv$]及[$LDTjiluv$,

LTjiluv]提前或延迟提供时，顾客满意度处于[0~1]；否则，顾客的满意度为0。由此可知，旅游大规模定制中游客的旅游服务满意度受服务时间提供准时性的弹性影响，而模糊时间窗是一种描述顾客弹性服务时间偏好的时间窗（罗耀波和孙延明，2014）。模糊时间窗可以将顾客满意度表示为时间*T*的模糊数。定义顾客满意度函数为*Sjiluv*，旅游供应链的协作商提供服务的时间为*Tjiluv*。带模糊时间窗的顾客满意度函数如式（4–4）所示。

$$S_{jiluv}(t)=\begin{cases}(T_{jiluv}-ET_{jiluv})\big/(EDT_{jiluv}-ET_{jiluv}), & ti\in[ET_{jiluv},EDT_{jiluv}]\\ 1, & ti\in[EDT_{jiluv},LDT_{jiluv}]\\ (LT_{jiluv}-T_{jiluv})\big/(LT_{jiluv}-LDT_{jiluv}), & ti\in[LDT_{jiluv},LT_{jiluv}]\\ 0, & ti\notin[ET_{jiluv},LT_{jiluv}]\end{cases} \tag{4–4}$$

则在调度时刻*t*，整个旅游活动的顾客满意度为：

$$S(t)=\sum_{j=1}^{J}\sum_{i=1}^{I}\sum_{l=1}^{Li}\sum_{u=1}^{U}\sum_{v=1}^{V}S_{jiluv}(t)\cdot f_{jiluv}(t) \tag{4–5}$$

（3）供应链协同水平。TMC模式中处于旅游供应链核心的旅游企业应加强与供应链上协作成员的战略合作，提升供应链的协同水平和管理能力。其中，供应链的协同水平可通过旅游供应链协作商对旅游订单中不同需求属性的精准匹配进行评价。由于旅游服务具有模糊性，因此，此处可通过模糊数学的方法进行测量。设通过旅游订单中游客的不同需求属性与供应链上不同协作商提供的旅游服务匹配的精准度的因素集及评语集计算得出的模糊综合评判矩阵为*Rjiluv*，不同评判指标构成的权重向量为*Wjiluv*，则通过相应的模糊变换及归一化处理，通过选择适当的模型合成算子得到旅游订单处理中供应链的协同度*Xjiluv*＝*Wjiluv*×*Rjiluv*，根据隶属度最大原则即可确定供应链的协同水平。

$$R_{jiluv}(t)=\begin{bmatrix} r_{11} & r_{12} & \dots & r_{1q} \\ r_{21} & r_{22} & \dots & r_{2q} \\ \dots & \dots & \dots & \dots \\ r_{p1} & r_{p2} & \dots & r_{pq} \end{bmatrix},$$

$$w_{jiluv}=(w_1,w_2,\cdots,w_p),$$

则 $X(t)jiluv=wjiluv\cdot Rjiluv(t)=\{x1jiluv,x2jiluv,\cdots,xqjiluv\}$

根据隶属度最大原则，供应链协同水平为$maxX(t)jiluv$。则在调度时刻t，整个供应链的协同水平为：

$$X(t)=\sum_{j=1}^{J}\sum_{i=1}^{I}\sum_{l=1}^{Li}\sum_{u=1}^{U}\sum_{v=1}^{V}\{\max[w_{jiluv}\cdot R_{jiluv}(t)]\}\cdot f_{jiluv}(t) \tag{4-6}$$

4.4.2 调度优化模型

据上述分析可知，TMC模式下旅游供应链调度优化过程属于典型的多目标优化问题，相关参数及其优化模型如下：

目标函数：

$$\min Z_1=\sum_{j=1}^{J}\sum_{i=1}^{I}\sum_{l=1}^{Li}\sum_{u=1}^{U}\sum_{v=1}^{V}[1-e_{jiluv}(t)]\cdot C_{jiluv}(t)\cdot f_{jiluv}(t) \tag{4-7}$$

$$\max Z_2=\sum_{j=1}^{J}\sum_{i=1}^{I}\sum_{l=1}^{Li}\sum_{u=1}^{U}\sum_{v=1}^{V}(S_{jiluv}(t)\cdot f_{jiluv}(t) \tag{4-8}$$

$$\max Z_3=\sum_{j=1}^{J}\sum_{i=1}^{I}\sum_{l=1}^{Li}\sum_{u=1}^{U}\sum_{v=1}^{V}\{\max[w_{jiluv}\cdot R_{jiluv}(t)]\}\cdot f_{jiluv}(t) \tag{4-9}$$

其中，约束条件为：

$$\sum_{j=1}^{J}\sum_{i=1}^{I}\sum_{l=1}^{Li}\sum_{u=1}^{U}\sum_{v=1}^{V}A_{DEMjiluv}(t)\leqslant \sum_{j=1}^{J}\sum_{i=1}^{I}\sum_{l=1}^{Li}\sum_{u=1}^{U}\sum_{v=1}^{V}A_{SUPjiluv}(t) \tag{4-10}$$

$$\sum_{j=1}^{J}\sum_{i=1}^{I}\sum_{l=1}^{Li}\sum_{u=1}^{U}\sum_{v=1}^{V}S_{jiluv}(t)\geqslant S^*\text{，且 } S_{jiluv}(t)\geqslant s^* \tag{4-11}$$

优化目标函数中，公式（4–7）是引入旅游活动规模效应之后的旅游服务成本最小化目标函数，公式（4–8）为顾客满意度最大化目标函数；公式（4–9）为旅游供应链协同水平最大化目标函数。

在约束条件中，公式（4–10）代表旅游供应链上旅游服务的供给应满足游客的服务需求，式中*ADEM.jiluv*（*t*）为游客对供应链服务能力的需求，*ASUP.jiluv*（*t*）为供应链上的协作商对游客需求的服务能力的供给。公式（4–11）为顾客满意度约束。即旅游供应链协作商的服务应该满足顾客满意度最低标准S^*；同时，旅游服务活动应满足归属唯一性约束，即每一个服务需求内容应该由唯一的协作商完成。

4.5　求解算法

4.5.1　算法的选择分析

基于多阶段模糊规模效应量化的TMC模式下的供应链调度优化模型实质是带约束的多目标优化模型，求解较为复杂，属于NP难问题。实现TMC模式下的供应链调度优化需要在一定约束条件下权衡供应链服务成本、顾客满意度、供应链协同度等多维优化目标。

目前，以下文献（饶凯，2010；窦建华，2006；黄学文等，2017）研究表明蚂蚁算法在处理大规模定制模式下的多目标约束条件下的复杂模型求解方面具有多属性特征便携性、全局收敛速度快等众多优点。其中，文献（黄学文等，2017）研究指出蚂蚁算法具有良好的正反馈、鲁棒性和群体性等特点，且具有更快的收敛速度。饶凯（2010）也指出蚂蚁算法具有在求解相关问题时较模拟退火、禁忌搜索等算法具有更强的优越性。上述研究无论从理论上，还是从实证研究中都验证了该算法在求解大规模定制中的供应链多目标约束条件下调度问题的适用性及优越性。因此，针对TMC模式下的供应链调度优化问题，应选取蚂蚁算法进行设计求解。

4.5.2 算法设计

根据蚂蚁算法的原理，TMC模式下的供应链调度过程中每类蚂蚁可根据旅游订单及订单中不同阶段进行划分。设每类蚂蚁用Aij（$i=1,2$，…，I; $j=1,2$，…，J）表示。具体设定的路径选择概率如下。

（1）根据引入规模效应后的服务成本最小化规则设定路径的选择概率。设π（1）$.ij.il$代表Aij类蚂蚁经过旅游供应链协作商il后遗留的信息素量，与引入规模效应后的服务成本最小化目标成反比。则旅游供应链协作商il对Aij的吸引概率为:

$$P_{(1)A}=\pi_{(1),ij,il}/\sum_{l=1}^{Li}\pi_{(1),ij,il} \tag{4-12}$$

（2）根据顾客满意度最大化规则设定路径的选择概率。设π（2）$.ij.il$代表Aij类蚂蚁经过旅游供应链协作商il后遗留信息素量，其与顾客满意度最大化目标成正比。则旅游供应链协作商il对Aij的吸引概率为:

$$P_{(2)A}=\pi_{(2),ij,il}/\sum_{l=1}^{Li}\pi_{(2),ij,il} \tag{4-13}$$

（3）根据旅游供应链协同度最大化规则设定路径的选择概率。设π（3）$.ij.il$代表Aij类蚂蚁在经过旅游供应链协作商il后遗留信息素量，其与供应链协同度目标成正比。则旅游供应链协作商il对Aij的吸引概率为:

$$P_{(3)A}=\pi_{(3),ij,il}/\sum_{l=1}^{Li}\pi_{(3),ij,il} \tag{4-14}$$

（4）根据约束关系设定路径的排斥概率。TMC模式下的旅游供应链调度中存在协作商的服务能力约束等问题，由此设定排斥概率解决可能由此形成的蚁流拥塞问题。设非*Aik*类蚂蚁*Auv*通过旅游供应链协作商*il*后遗留信息素量为*Yuv.il*，则其对*Aij*类蚂蚁的排斥概率为：

$$P_R = Y_{uv,il} / \sum_{l=1}^{Li} Y_{uv,il}; (u = i, v \neq j; u \neq i, v = j; u \neq i, v \neq j) \quad (4\text{–}15)$$

由此可知，*Aij*类蚂蚁选择供应链协作商*il*的综合概率为：

$$P_{ij,il} = \alpha P_{(1)A} + \beta P_{(2)A} + \gamma P_{(3)A} + \delta(1 - P_R) \quad (4\text{–}16)$$

上式中α、β、γ、δ（$0<\alpha$、β、γ，$\delta<1; \alpha+\beta+\gamma+\delta=1$）为调整系数，反映了吸引和排斥概率的期望权系数。其中，信息素的更新经算法自动完成。为表示简化，用Φ统一代表上述π（1）、π（2）、π（3）和Y，更新规则为：

$$\varphi(t+1) = \varphi(t) + \Delta\varphi(t, t+1) - \lambda \cdot \varphi(t) = (1-\lambda) \cdot \varphi(t) + \Delta\varphi(t, t+1) \quad (4\text{–}17)$$

其中，Φ（t）和Φ（$t+1$）分别为蚂蚁第t次和$t+1$次通过某旅游供应链协作商节点后遗留的总和信息素量；$\triangle\Phi$（$t,t+1$）为$t+1$次遗留信息素量；λ（$0<\lambda<1$）为信息素的挥发系数。具体的算法步骤参考文献（姚建明，2015a；2015b）。

4.6　算例仿真

目前，TMC模式下的旅游供应链调度多以旅游企业为核心。通过对实施旅游大规模定制模式的某旅游企业A的相关调研，旅游企业A在某一阶段中共有S1、S2、S3、S4、S5等5个战略协作商共同协作满足游客的定制化需求。其中，在旅游前阶段、旅游中阶段及旅游后阶段的5个战略协作商在规模效应系数、单位服务成本、顾客满意度、供应链协同水平等优化指标的参数如表4–2所示。其中，表中数据是经归一化处理之后的数据。

表4-2 旅游企业A实施TMC模式中的协作商的调度参数

		S1				S2		
		规模效应系数	单位服务成本	顾客满意度	供应链协同度	规模效应系数	单位服务成本	顾客满意度
旅游前		0.6	0.3	0.85	0.72	0.55	0.51	0.75
旅游中	食	0.33	0.66	0.81	0.45	0.56	0.51	0.86
	住	0.35	0.7	0.65	0.62	0.66	0.42	0.9
	行	0.48	0.64	0.71	0.65	0.33	0.68	0.59
	游	0.14	0.84	0.31	0.35	0.55	0.58	0.6
	购	0.41	0.55	0.71	0.48	0.67	0.44	0.43
	娱	0.1	0.9	0.34	0.23	0.63	0.68	0.71
旅游后		0.62	0.45	0.54	0.61	0.38	0.52	0.66
		S2	S3				S4	
		供应链协同度	规模效应系数	单位服务成本	顾客满意度	供应链协同度	规模效应系数	单位服务成本
旅游前		0.69	0.31	0.38	0.81	0.67	0.54	0.49
旅游中	食	0.88	0.53	0.67	0.78	0.86	0.36	0.63
	住	0.83	0.43	0.52	0.53	0.61	0.26	0.58
	行	0.73	0.71	0.32	0.84	0.89	0.68	0.61
	游	0.36	0.68	0.49	0.75	0.54	0.46	0.57
	购	0.31	0.22	0.68	0.7	0.43	0.68	0.33
	娱	0.72	0.55	0.61	0.68	0.77	0.66	0.38
旅游后		0.69	0.39	0.71	0.69	0.78	0.66	0.42
		S4		S5				
		顾客满意度	供应链协同度	规模效应系数	单位服务成本	顾客满意度	供应链协同度	
旅游前		0.77	0.68	0.27	0.61	0.46	0.52	
旅游中	食	0.79	0.85	0.41	0.58	0.67	0.48	
	住	0.41	0.56	0.61	0.47	0.53	0.66	
	行	0.77	0.78	0.41	0.66	0.68	0.72	

续表

	S4		S5				
	顾客满意度	供应链协同度	规模效应系数	单位服务成本	顾客满意度	供应链协同度	
游	0.62	0.52	0.7	0.33	0.4	0.24	
购	0.8	0.77	0.69	0.7	0.62	0.53	
娱	0.72	0.77	0.68	0.41	0.79	0.81	
旅游后	0.79	0.81	0.76	0.28	0.76	0.82	

TMC模式下的供应链调度是一个动态调度的过程，调度过程需要统筹考虑整条供应链各协作目标的权衡。调度主体可以根据调度需求对优化模型的参数进行设置调整，满足不同目标的调度优化。此处，设算法系数选择为$\alpha=0.45$，$\beta=0.36$，$\gamma=0.19$，$\delta=0$（设不存在能力约束），$\lambda=0.1$。用Matlab2018a仿真结果如图4-5所示。

由仿真结果可以看出，旅游企业在不同阶段基于游客的不同需求以及协作商在旅行前，食、住等不同服务模块的优势进行动态优化选择。最终，根据蚂蚁爬行路径收敛图，在旅行前阶段，协作商S1是最优参与调度协作商；在旅行中的食、住服务模块，协作商S2是最优参与调度协作商；在旅行中的行、游服务模块，协作商S3是最优参与调度协作商；在旅行中

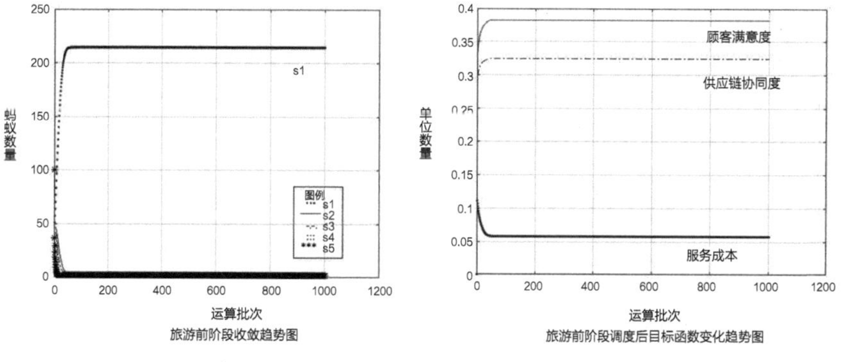

图4-5 t时刻旅游供应链不同阶段的调度决策及各目标函数的优化效果

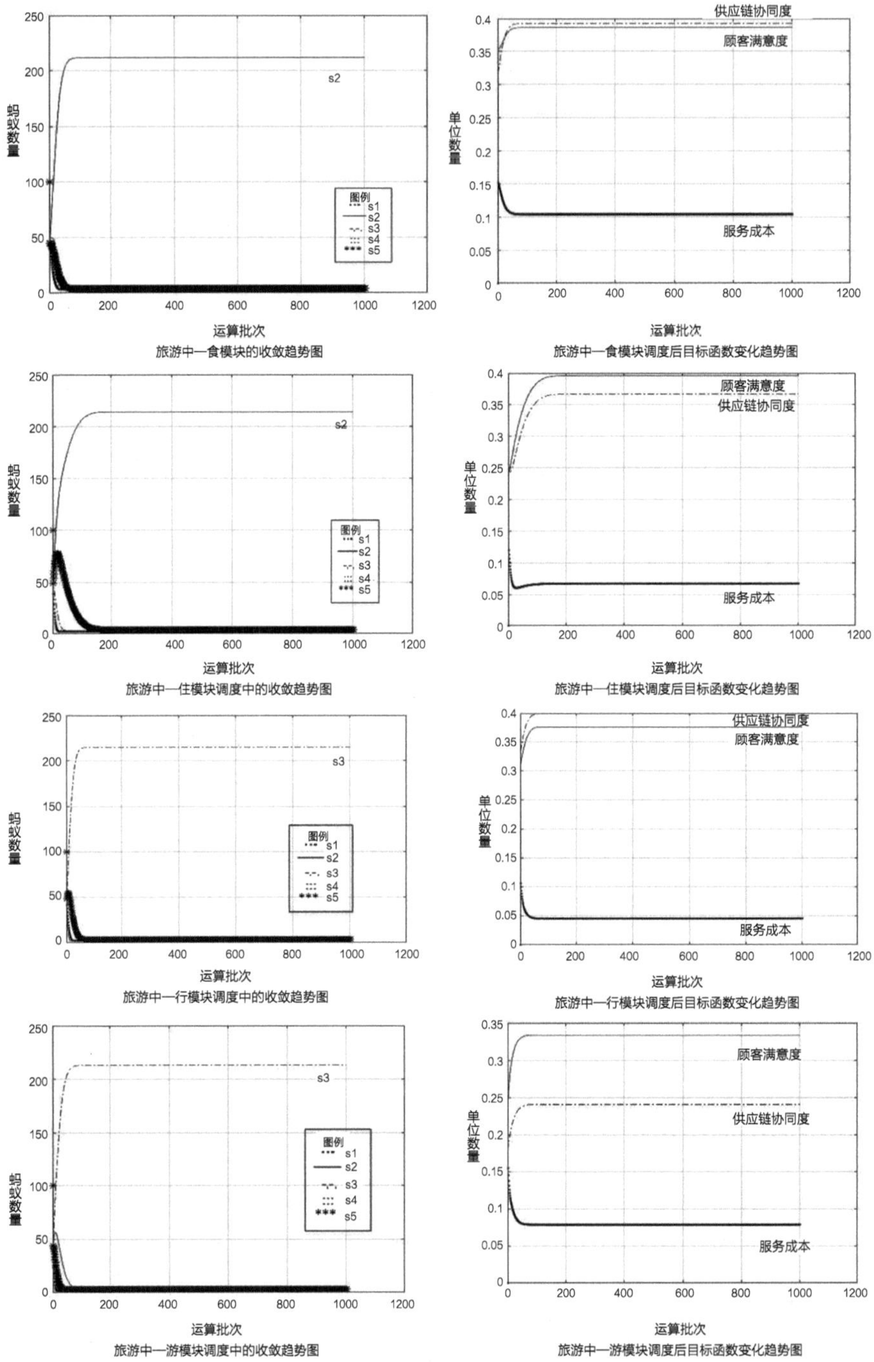

图4-5 t时刻旅游供应链不同阶段的调度决策及各目标函数的优化效果（续）

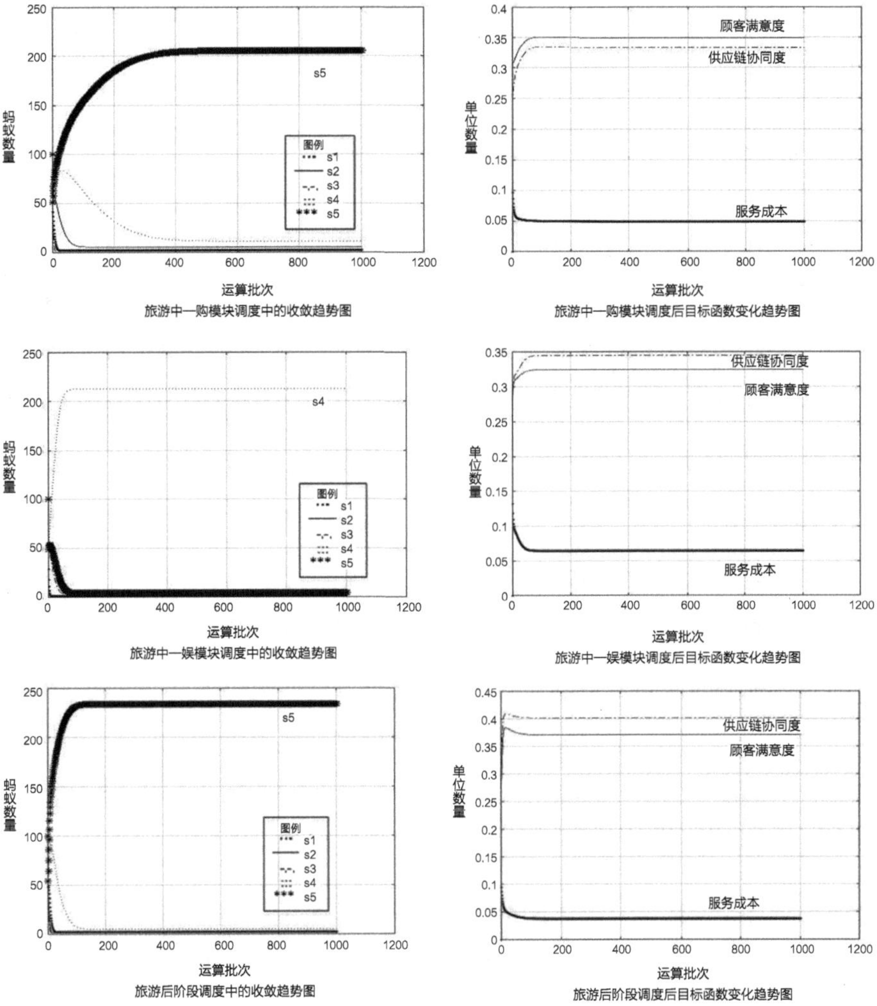

图4-5 *t*时刻旅游供应链不同阶段的调度决策及各目标函数的优化效果（续）

的购模块及旅游后阶段，协作商S5更具优势；而协作商S4在旅游中的娱模块更具优势。

通过对调度过程中的各调度目标优化效果的对比检验，结果表明不同阶段中的服务成本、顾客满意度及供应链的协同度等目标都实现了优化。仿真结果表明，该蚁群算法在解决TMC模式下供应链调度方面具有收敛速度快，多目标调度优化效果稳健优良等特性，能够快速实现对旅游供应链的动态优化调度。

4.7 结论

本研究在旅游大规模定制相关理论及研究成果的基础上，首次从运营层面提出了旅游企业应通过加强对旅游供应链的调度优化实现旅游大规模定制，是对旅游大规模定制理论的发展和延伸。通过研究得出以下结论：（1）旅游活动具有多阶段性、模块化等特征，且存在模糊性的规模效应；（2）通过对TMC模式下规模效应的经济学分析可以发现TMC模式下的规模效应具有一定的范围，通过引入模糊数学及概率统计方法设计了TMC模式下旅游活动规模效应量化的方法，建立起规模效应与服务成本的函数关系；（3）TMC模式下的供应链调度需要实现引入规模效应的服务成本最小化、基于模糊时间窗的顾客满意度最大化以及供应链协同度最大化等多目标的优化权衡；（4）蚂蚁算法在求解TMC模式下的供应链调度模型方面性能优良、稳健。

本研究对旅游大规模定制趋势下的旅游企业提升自身运营能力具有较强的理论指导意义。具体体现在：（1）TMC模式是旅游业发展的必然趋势，旅游企业应加强从供应链整体角度提升自身对旅游供应链的调度优化能力，告别单兵作战模式；（2）旅游企业应注重通过对旅游产品和服务的模块化设计、相似需求属性的批量处理等方式提升游客定制化趋势下的规模化水平。同时，根据对TMC模式下规模效应的分析可知，规模效应的存在具有一定的范围，旅游企业不应盲目追求规模效应最大化；（3）TMC模式下旅游企业在供应链调度优化过程中应着重提升服务的准时性水平，进而提高顾客满意度，提升游客的忠诚度；（4）TMC模式下旅游企业的调度应注重提升旅游供应链协同度水平，通过与旅游供应链上食、住、行、游、购、娱等协作商建立战略合作关系，加强整个旅游供应链的协同能力，提升供应链调度的柔性和精准性。

在今后的研究中，应重点加强对TMC模式下供应链调度过程中供应链协作主体之间利益诉求的博弈分析及供应链调度过程中的风险管理研究，完善TMC模式下供应链调度的相关理论。

5 新零售模式下绿色供应链调度优化研究

5.1 引言

由于地球的再生能力有限，可持续发展对子孙后代至关重要。可持续发展的概念最初在布伦特兰报告中提出，被定义为“在不损害子孙后代满足自身需求能力的情况下满足当前需求的发展”（Brundtland Commission, 1987）。可持续发展不仅意味着经济的发展，还意味着社会和环境的发展（Nurjanni et al., 2017）。这一过程需要整个社会的参与，尤其是制造企业，它们是重要的贡献者，同时也是主要的资源使用者和污染者。因此，为了实现可持续发展，制造企业需要提供能够提高生活质量的产品和服务，同时通过优化整个供应链中的资源利用，在整个生命周期内解决环境保护和社会经济发展之间的冲突（Garetti and Taisch, 2012；Machado, 2019）。

可持续制造要求企业：（1）满足全球消费品的挑战性需求；（2）确保人类在社会、环境和经济方面的可持续进步（Mani et al., 2014; Stock and Seliger, 2016）。需求挑战不仅包括对产品服务类型、质量和数量的更高要求，更重要的是个性化。这一显著变化促使越来越多的制造商将生产模式从大规模生产转向大规模定制，并在科技进步的支持下进一步转变为大规模个性化（MP）（Pine, 1993；Zheng et al., 2019）。MP旨在满足每个消费者的需求，并变得更加以消费者为导向（Piller, 2007; Wang et al., 2017）。然而，这一新兴范式在环境保护方面面临着新的挑战。一方面，供应商具有不同的绿色水平和生产能力，企业需要评估和管理供应商，在不影响消费者满意度的情况下进行绿色供应链调度。另一方面，消费者需求高度分散，因此容易导致生产资源和产能的浪费，很难实现规模经济。所以，如果我们只将企业的MP能力作为优化目标，却不考虑环境保护，那么最终的供应链调度网络将无法实现可持续发展。

可持续制造的另一个方面要求企业在产品的整个生命周期中关注其产品和服务对社会和环境的影响。制造商应建立一个绿色供应链，以降低成本、节约资源和减少环境危害（Garetti and Taisch, 2012）。绿色供应链管理强调将环境因素纳入供应链管理，包括产品设计、材料采购和选择、制造过程、最终产品交付给消费者，以及产品使用寿命结束后的寿命管理（Srivastava，2007）。

一些研究提出了通过开发各种优化模型来帮助制造商提高绿色水平的具体方法，如环境保护约束下的供应链协调和网络配置模型（Wang et al., 2011; Brandenburg, 2015; Zhao et al., 2017），以及绿色管理背景下的物流运作模式（Mishra et al., 2012; Validi et al., 2014）等。这些研究强调了绿色供应链管理的重要性，并鼓励制造商考虑社会和环境问题，而不仅仅是追求经济效益（Nurjanni et al., 2017）。然而，不可否认的是，企业的根本任务是生存。在激烈的市场竞争中，企业只有不断满足消费者的需求并盈利才能生存。因此，考虑到MP的持续发展趋势，将绿色供应链的建设和MP能力的提高结合到一个研究框架中，对制造企业的可持续发展具有重要意义（Garetti and Taisch, 2012）。

研究问题可以描述为MP模式下绿色供应链调度优化。在MP模式下，平台扮演着供应链资源（供应商）集成商和分配者的重要角色。他们通过整合各种类型的供应商资源来构建全功能的供应链网络，并通过灵活安排供应商资源来满足消费者的个性化需求（Liu and Yao, 2018）。随着可持续发展的额外要求，平台面临着在不损害MP能力的情况下提高绿色供应链管理水平的新挑战。

论文的其余部分如下。第2节回顾了当前关于可持续制造、MP和绿色供应链管理的研究。第3节分析了实施MP供应链的特点和运作过程，讨论了绿色供应链调度优化模型的目标和约束，并提出了绿色水平评估方法。第4节建立了MP下的绿色供应链调度优化模型，第5节设计并讨论了相应的智能算法。第6节通过数值试验和灵敏度分析验证了模型和算法的可行性和有效性。第7节给出了结论，并讨论了工作含义、局限性和未来研究路径。

5.2 文献综述

基于Garetti and Taisch（2012）提出的框架，当前关于可持续制造的文献主要涵盖以下方面：（1）可持续商业模式和流程；（2）资产和产品生命周期管理；（3）资源和能源管理，以及（4）使能技术。本研究考察了（1）和（3）的整合，以探索新的商业模式MP，以及进行MP的供应链网络的优化。

MP作为未来制造业的重要发展方向之一，受到了广泛关注。Kumar（2007）指出，MP是现代大规模定制的一种转变，这种转变的原因包括市场压力和不同类型技术的发展。Zhou et al.（2013）提出，MP是大规模定制的“高级”阶段，在个人层面以大规模效率实现，同时包括消费者共同创造和实现用户体验。Risdiyono and Koomsap（2013）为MP提出了一个新的消费者设计概念，通过丰富消费者参与价值创造的渠道来提高消费者满意度。Zheng et al.（2019）提出了一种新的产品开发范式，即智能互联开放式体系结构产品（SCOAP），让用户参与共同创造过程，实现个人满意度。

目前，对供应链管理下的供应链优化研究还不够。大多数研究集中于大规模定制，其核心问题是满足定制需求与追求规模经济之间的冲突（Pine, 1993）。大规模定制导致订单高度分散，使企业难以通过大规模运营降低成本。随着大规模定制的进一步深入，这种冲突在MP中变得更加突出。Salvador et al.（2004）将大规模定制划分为软（硬）大规模定制和中等（高）定制水平。硬批量定制接近MP，在MP下最困难的部分是提高生产的规模效应。有两种传统的解决方案。一种是使用模块化来大规模生产标准化零件（Moon et al., 2011）。另一种是采用延迟策略，将个性化生产阶段转移到供应链的下游（Weskamp et al., 2019）。从本质上讲，这两种方法都是为了提高内部生产的规模效应。然而，随着分工和生产外包的深化，定制产品或服务的完成必须依赖于供应链资源的灵活调度（Yao and Deng, 2015）。因此，提高整个供应链的规模效应非常重要。Lau and Yam（2010）发现，产品模块化程度较高的企业具有更强的供应链整合能力和更好的绩效。Lai et al.（2012）也证明了供应链整合对企业的大规模定制能力有积极影响。因此，通过整合供应商资源来配置有效的供应链对MP至关重要。供应链集成过程包括供应商评估和供应商调度两个主要步骤。Liu and Yao（2018）从战略一致性、资源复杂性和运营协同三个维度评估了大规模定制下的供应商，并建立了优化供应链整合的数学模型。一些研究建立了基于经济目标和消费者需求的大规模定制供应链调度优化模型（Yao and Liu, 2009; Yao and Deng, 2015; Liu et al., 2015）。

这些研究为MP模式下供应链优化的研究奠定了基础。然而，他们都没有把这个话题放在可持续制造的背景下。具体来说，如果我们希望MP产生更大的价值，我们必须考虑它对环境的影响。强调环境要求实施MP的制造商推广绿色供应链管理，以便提供个性化的产品和服务，同时减少对环境的破坏。

关于绿色供应链管理的研究，根据Ahi and Searcy（2013）整理的22个绿色供应链管理定义，以及对整个供应链中合作伙伴的重视（Zhu et al., 2008），Tseng et al.（2019）将绿色供应链管理定义为将环境管理系统整合到供应链管理过程中，包括与消费者、供应商和供应商的合作，与物流服务提供商共享信息和知识，以改善环境绩效。

许多研究人员关注绿色供应链管理对供应商选择的要求，提出了各种绿色指标来评估供应商的绿色水平，并提出了供应商选择的建模方法。Liou et al.（2016）提出了一个绿色供应商选择系统。该系统有四个维度（组织管理、运营管理、产品设计和法规遵从性），每个维度包括6—8个标准。Uygun and Dede（2016）将模糊多准则决策技术集成到绿色水平评估中。Bai and Sarkis（2010）提出了几个衡量供应商可持续性的指标，并使用灰色系统和粗糙集方法选择供应商。Yeh and Chuang（2011）设计了一种多目标遗传算法，用于绿色供应链管理中的供应商选择。由于评估标准中存在不确定性和模糊性，基于模糊分析的建模方法在绿色供应商评估和选择中发挥着重要作用（Govindan et al., 2015）。这些研究中使用的大多数评估指标反映了对供应商当前绿色水平的关注，但忽略了供应商为改善未来绿色水平而提供的投入。

为了优化绿色供应链水平，许多研究提出了不同的数学模型。Nurjanni et al.（2017）提出了一个新的数学模型，以评估和优化闭环网络类型中的供应链绿色水平。该模型结合了多目标方法，并实现了环境和财务问题之间的平衡。Hariga et al.（2017）从最低运营成本、最低碳足迹和最低混合经济及环境损害的角度建立了绿色供应链的库存优化模型。Jindal and Sangwan（2017）建立了基于经济和环境因素的多目标闭环供应链网络优化模型。

总之，关于绿色供应链管理和MP的研究一直是两个相对独立的主题。然而，为了实现可持续发展，制造商需要考虑两者之间的关系。因此，本研究提出了一种新的优化方法来处理大规模个性化下的绿色供应链调度问题。

5.3　大规模个性化模式下绿色供应链调度的关键问题

5.3.1　大规模个性化模式下的供应链特征

在分析MP模式下的供应链特征之前，我们首先需要分析MP的特征及其运作过程。

20世纪80年代末，全球竞争的加剧和消费者多样化的需求推动制造业从大规模生产转向大规模定制（Pine, 1993）。在大规模定制下，制造商制定了产品系列战略。消费者可以通过基于公共平台的特定功能组合，从产品系列中获得自己的产品变体（Jiao et al., 2007）。通过这种方式，制造商可以在制造中实现规模经济和范围经济（Qu et al., 2011），同时通过多样化装配满足定制需求。

近年来，消费者对个性化产品的需求越来越高，参与产品设计的愿望也越来越强烈。同时，先进技术的可用性，如IT、点对点通信、搜索引擎、智能制造系统等，使产品和服务完全定制成为可能（Kumar, 2007）。这些因素促进了制造业从大规模定制到MP的发展。以Zazzle为例，在其网站上，消费者可以轻松设计他们的衣服、杯子、枕头、卡片和其他产品。利用Zazzle提供的产品设计系统，每一位非专业设计师都可以设计出令人满意的产品，实现他们独特的个性化需求。

总体而言，MP有以下三个显著特征。

（1）个体市场：每一种产品都是独一无二的，满足特定消费者的独特需求。它区分的是消费者，而不仅仅是产品或服务（Zhou et al., 2013）。

（2）制造商和消费者之间的直接联系：通过开放平台，制造商和消费者可以直接互动，减少中间环节造成的浪费。

（3）消费者参与产品设计：消费者成为生产和服务过程的领导者，决定产品和服务的属性和特点。

这三个特征的实现依赖于强大的供应链网络的支持。以中国西服制造商酷特智能①为例，其供应链运营流程向我们展示了平台应当如何满足大量个性化西装订单。

酷特智能为消费者提供了一个在线平台，用于设计、下订单和跟踪个性化西装的订单。同时，酷特智能还在整个产品生命周期内为消费者提供其他相关服务，如上门测量、配送、售后服务等。为了确保产品和服务的质量，酷特智能为供应链的每个环节都整合了大量供应商。图5-1显示了酷特智能整合供应商的情况。

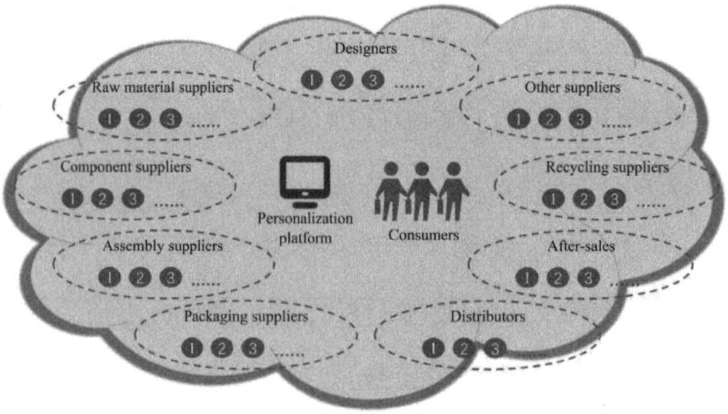

图5-1　酷特智能供应商资源整合情况

基于丰富的供应商，酷特智能独特的运营模式得以实现。消费者首先在酷特智能的移动应用程序上预约在家测量，然后他可以与几位设计顾问一起设计西装。几乎西装的每个细节都可以做到充分个性化，比如面料、衣领、刺绣、纽扣、袖口等。等消费者确认订单后，平台就会为其建立相应的供应链系统。首先，它将收到的所有订单分解为不同的模块，并阐明

① Qingdao Kutesmart Co., Ltd.（n.d.）. Retrieved June 2, 2019, from: http://www.kutesmart.com/web/main/index.html

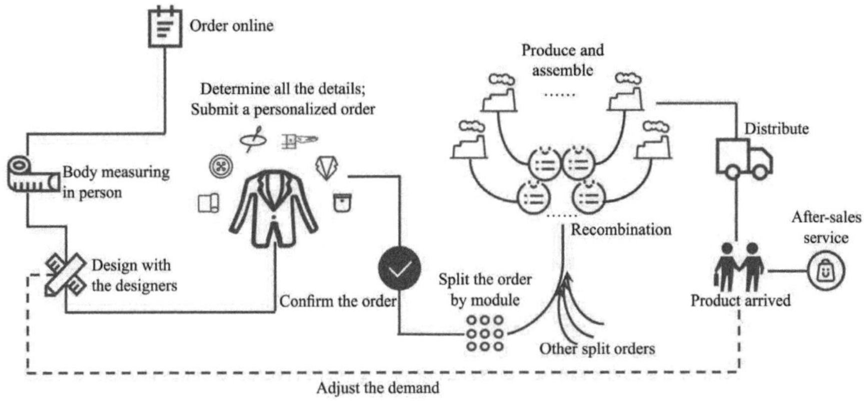

图5-2　酷特智能个性化生产过程

消费者对每个模块的具体需求。然后，对于每个模块，平台将为之选择合适的供应商，向其提供特定的生产要求或服务信息。供应商按照平台的指示向消费者提供产品和服务。图5-2显示了酷特智能的个性化生产过程。

如前所述，首先，实施MP需要一个强大的供应商集成平台。纵向而言，这些供应商需要覆盖所有生产模块和相关服务。横向而言，每个模块中的供应商都具有不同的特点，以满足消费者的个性化需求。其次，平台需要考虑消费者的个性化需求和供应商的不同能力，合理安排供应商。在MP下，每个消费者的需求完全不同，所需的生产资源也不同。因此，为每个订单构建的供应链是完全个性化的。然而，为了在满足个性化需求的同时实现规模效应，制造商可以分割多个订单，将相同或相似的零件组合在一起，集中安排生产，从而在满足个性化需求的同时降低生产成本，节约生产资源。

因此，MP下供应链最显著的特征是：（1）核心制造企业的主要任务不再是生产，而是供应商的集成、调度和协调；（2）在核心制造企业的领导下，供应商根据消费者的订单动态形成联盟，每个订单的供应链都是个性化的，完全由需求驱动。因此，核心制造企业在供应链建设中需要做出的主要决策是供应商的选择和调度。

5.3.2 大规模个性化模式下绿色供应链调度的目标和约束条件

如上所述，完全满足消费者的个性化需求是实现可持续制造的必要条件。同时，核心制造企业必须考虑其对环境的影响，并提高其绿色水平。为了提高MP下供应链绿色水平，我们需要在构建供应链时优化以下任务，以满足消费者的个性化需求。

首先，评估每个供应商的绿色水平，其结果成为选择供应商的重要依据，优先考虑满足消费者需求且绿色水平较高的供应商。

其次，在安排供应商时，核心制造企业应先将订单分成几个部分，将具有相同或相似生产要求的订单分组，形成不同的生产集合，并为每个集合安排合适的供应商。这样可以提高资源的利用效率，实现规模经济，降低生产成本。

这两项优化任务的约束都是为了满足消费者的个性化需求。因此，我们提出MP模式下考虑环境因素的绿色供应链调度框架，如图5-3所示。

供应商的调度安排必须满足消费者的个性化需求，其个性化需求包括

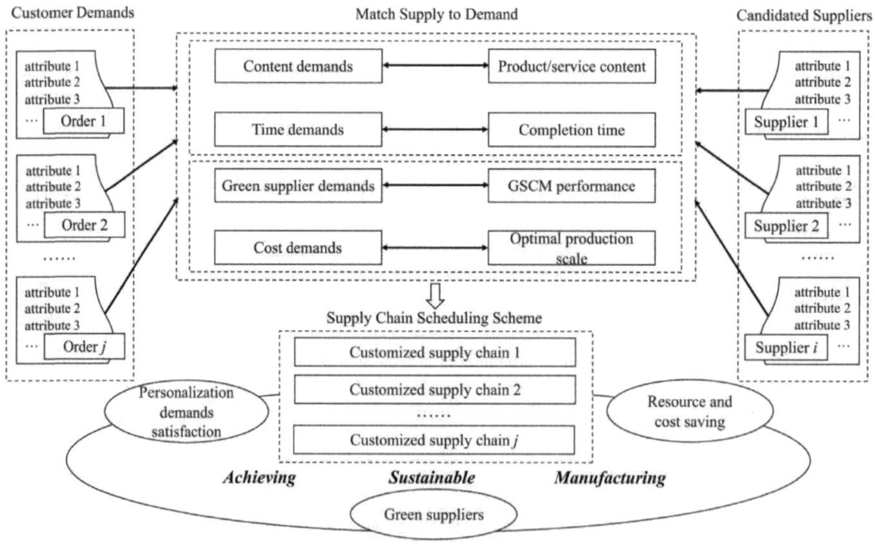

图5-3 MP模式下考虑环境因素的绿色供应链调度框架

内容需求和时间需求。内容需求可以分解为每个模块内提供的产品或服务的单独需求。有两种类型的内容需求。一个是传统的个性化需求，可以通过平台上的选项来满足。另一个是高级个性化需求，只有通过消费者自己的设计才能满足。时间需求是指消费者所需的全部订单完成时间。一些消费者设定了一定的时间范围；其他人可能没有具体要求，在这种情况下，制造商可以确定订单的紧急程度。

为了满足前面提到的两个优化目标的需求，核心制造商必须选择绿色水平更高的供应商，同时以符合供应商最佳生产规模的方式分配订单，以节省资源和降低成本。

许多消费者也在积极追求这两个目标，这反映在具体的绿色供应商需求中。例如，要求运输过程使用新能源汽车。这种绿色需求非常多样化，也可以被视为一个模块的高级个性化需求。在某些情况下，消费者可能不会提出具体的绿色需求。然而，正如Paul et al.（2016）所强调的，消费者越来越意识到他们与消费相关的环境问题，因此，为了子孙后代的利益，他们正在寻求购买环保产品。因此，在核心制造企业的鼓励下，一些消费者愿意牺牲部分资金和时间来追求绿色生产流程。

尽管消费者不直接追求规模经济，但他们对成本很敏感，喜欢以更低的价格购买商品。对于供应商来说，成本取决于生产和服务的规模。每个供应商都有自己的成本—规模曲线和相应的最佳生产规模。在做出调度决策时，核心制造企业必须向选定的供应商分配最佳数量的订单，以便通过规模经济降低总成本。

基于MP下绿色供应链建设的目标和约束条件，通过订单的合理划分和重组以及供应商的有效调度，每个个性化订单都有一个个性化的供应链。多个个性化供应链相互交织，形成一个供应网络。该供应网络可以同时实现以下目标：（1）满足消费者的个性化需求；（2）降低成本，节省生产资源；（3）选择具有高绿色水平的供应商。

5.3.3 供应商绿色水平综合评价

为了评估各供应商的绿色水平，本研究采用了层次分析法和模糊综合评价方法，充分结合了这两种方法的优点。通过引入层次分析法，可以有效地解决评价因素权重确定的主观性问题。供应商的绿色水平难以准确衡量，且具有“模糊”属性。因此，我们引入了模糊综合评价方法，它可以综合多个评价主体的意见，有效地解决评价中的模糊问题。将层次分析法与模糊综合评价法相结合，可以使评价结果客观、准确、可靠。

评估需要首先确定评价因素，即设计供应商绿色水平评价指标体系。

（1）绿色供应链管理绩效评价指标体系设计

现有的研究中，对供应商绿色水平的评价通常只包含对供应商当前绿色水平的评价。然而企业绿色水平的提升是一个长期的过程，绿色技术的开发和绿色产品的研发等都需要一定的时间。有些企业可能当前的绿色水平没有达到较高程度，但是制定了长期的绿色发展战略并进行了绿色投入，未来预期的绿色水平将达到较高程度。因此本研究在考察供应商绿色水平时，加入了评估企业绿色投入水平的指标，从当前绿色水平和未来预期绿色水平两个维度对供应商绿色水平进行综合刻画。

结合现有研究，建立供应商绿色水平综合评价系统，如图5–4所示。

（2）供应商绿色水平评价步骤

第一，确定评价因素集。

确定研究目标的因素集是建立综合评价体系时首先要考虑的问题。供应商绿色水平评价指标集分为两个层次。第一层次有若干个指标，每个一级指标下有若干个二级指标，即第二层次，设第p个一级指标下有 k_p 个二级指标，则所有二级指标可以表示为$U_p=\left\{U_{p1},U_{p2},\cdots,U_{pk_p}\right\},p=1,2,3,4,5,6$。

第二，确定评价集。

评价集是对评价对象各种总的评价结果组成的集合，即$M=\left\{m_1,m_2,\cdots,m_n\right\}$，其中 m_q 表示第q个评价结果，n为总的评价结果数。根据

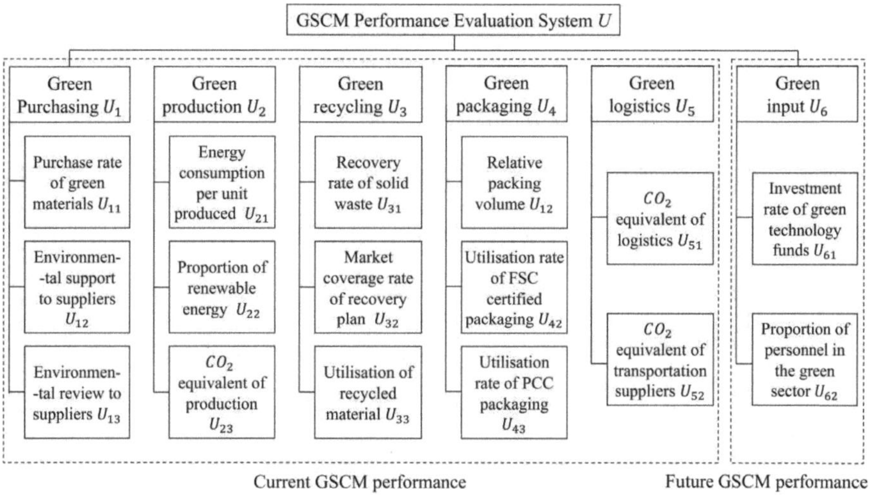

图5-4　供应商绿色水平综合评价系统

实际情况，评价等级集合为M={优秀，良好，合格，差}。

第三，指标隶属度的确定。

上述指标可以分为定性指标和定量指标。其中，定性指标包括供应商环保支持、对供应商环保审查、回收物循环利用水平。定性指标的隶属度采用专家打分法来确定。

定量指标又可以分为效益型指标和成本型指标。效益型指标数值越大代表绿色水平越高，包括环保材料采购率、可再生能源占比、固体废弃物回收率、回收计划市场覆盖率、FSC认证包装率、完全使用PCC包装率、绿色技术经费投入率、绿色部门人员比例。成本型指标数值越大代表绿色水平越低，包括单位产品能耗、生产CO_2当量、包装相对体积、物流CO_2当量、运输供应商CO_2当量。定量指标的隶属度通过隶属度函数来求得。

第四，指标权重的计算。

在分析供应商绿色水平影响因素时，由于各因素重要程度不同，运用层次分析法给各因素赋予不同的权重。

首先，将各影响因素按主次与隶属关系分组形成递阶层次结构，通过有关专家对同一层次供应商绿色水平影响因素按照相对重要性进行两两比较，采用1～9及其倒数的标度方法建立判断矩阵，然后计算判断矩阵的最大特征值和对应特征向量，归一化后即为某一层次指标对于上一层次某相关指标的权重。一级指标权重记为$\dot{A}=\left(a_1,a_2,a_3,a_4,a_5,a_6\right)$，二级指标权重记为$A_p=\left(a_{p1},a_{p2},\cdots,a_{pk_p}\right),p=1,2,3,4,5,6$。

其次，供应商绿色投入U_6的权重a_6表明了核心企业对供应商未来投入的重视水平。a_6较小，表明核心企业更重视供应商当前绿色水平；a_6较大，表明核心企业更重视供应商未来预期绿色水平。

最后，利用判断矩阵进行一致性检验。当$CR<0.1$时，判断矩阵则通过一致性检验，具有满意的一致性，否则需要调整判断矩阵直至其通过一致性检验。

第五，模糊综合评价。

设评价对象按因素集U中的第p个因素U_p进行评价，对评价集M中的第q个元素m_q的隶属度为r_{pq}，则U_p的评价结果可用模糊集合表示：$R_p=\left(r_{p1},r_{p2},\cdots,r_{pn}\right)$

单因素模糊评价将评价单位细化到每一个因素U_{ik_i}，反映不同等级的单因素对评价对象产生的影响。通过对调查结果的整理和统计，即得到单因素模糊评价矩阵。

$$R_p=\begin{bmatrix} r_{p11} & r_{p12} & \cdots & r_{p1n} \\ r_{p21} & r_{p22} & \cdots & r_{p2n} \\ \vdots & \vdots & \ddots & \vdots \\ r_{pk_p1} & r_{pk_p2} & \cdots & r_{pk_pn} \end{bmatrix} \tag{5-1}$$

单因素模糊评价：

$$B_p = A_p \circ R_p = \left(a_{p1}, a_{p2}, \cdots, a_{pk_p}\right) \circ \begin{bmatrix} r_{p11} & r_{p12} & \cdots & r_{p1n} \\ r_{p21} & r_{p22} & \cdots & r_{p2n} \\ \vdots & \vdots & \ddots & \vdots \\ r_{pk_p1} & r_{pk_p2} & \cdots & r_{pk_pn} \end{bmatrix} = \left(b_{p1}, b_{p2}, \cdots, b_{pn}\right) \tag{5-2}$$

从整体角度入手考虑各因素对评价对象的综合影响，综合评判模型如下：

$$\dot{B} = \dot{A} \circ R = \left(a_1, a_2, \cdots, a_6\right) \circ \begin{bmatrix} r_{11} & r_{12} & \cdots & r_{1n} \\ r_{21} & r_{22} & \cdots & r_{2n} \\ \vdots & \vdots & \ddots & \vdots \\ r_{61} & r_{62} & \cdots & r_{6n} \end{bmatrix} = \left(a_1, a_2, \cdots, a_6\right) \circ \begin{bmatrix} b_{11} & b_{12} & \cdots & b_{1n} \\ b_{21} & b_{22} & \cdots & b_{2n} \\ \vdots & \vdots & \ddots & \vdots \\ b_{61} & b_{62} & \cdots & b_{6n} \end{bmatrix} = \left(b_1, b_2, \cdots, b_n\right) \tag{5-3}$$

最后，根据最大隶属度原则确定该供应商的绿色水平。这里的符号“∘”表示广义的合成运算。

5.4　MP模式下绿色供应链调度优化模型

5.4.1　问题描述与假设

一项定制产品可以被划分为若干个模块。模块可以按功能划分，如电脑的处理器、内存、显示屏等，或者按供应流程划分如设计、采购、生产、包装、存储、运输、使用、售后等。顾客可以对部分或全部的模块提出个性化定制需求。定制需求一般可以分为内容与时间两个方面。其中，定制需求内容可以有常规定制需求（从平台给出的定制选项中进行选择，即由平台来决策最优供应商）与高级定制需求（自定义需求，由顾客指定供应商，指定的原因可以是品牌、产品特点、绿色程度、物流方式等）。需求时间则包括需求紧急程度（软时间窗）与订单完成时间限制（硬时间窗）。

在接到定制订单之前，定制平台企业已经进行了生产资源与服务资源的提前布局，为每个产品模块都备有若干个可用的供应商，并知晓每个供应商的基础参数，包括：订单完成时间、生产成本（存在最优服务规模）、绿色等级（决定了被调用的优先级）、能否满足高级定制需求等。有的供应商只能满足常规定制需求，有的供应商既可以满足常规定制需求，又可以满足高级定制需求。

一个好的供应链调度决策，是通过顾客需求与供应商资源之间的精确匹配来确定的，不仅使顾客的个性化需求得到完全满足，而且供应商的利益也能最大化，还能提升平台企业的可持续性与竞争力。

因此，本研究为供应链调度优化模型设立了三个主要的优化目标，分别是订单完成时间最小化、订单生产成本最小化（为供应商分配的订单接近其最优生产规模）以及参与生产的供应商的综合绿色水平最大化。

5.4.2 符号说明

（1）索引和集合

ξ：预售期。平台通过预售期来聚合需求，进而对接收到的定制订单进行批处理。$\xi \in \Xi$。

l：定制产品供应流程的模块索引。H_l 表示第 l 个流程模块，$l \in L$。

i：备选供应商索引。S_l^i 表示流程模块 H_l 的第 i 个备选供应商，$i \in I_l$，$l \in L$。$S_l^{\bar{i}}$ 表示供应商 S_l^i 除了能提供模块 H_l 的基本定制服务外，还能根据顾客需求提供一些更高级、更特殊的定制服务，$\bar{i} \in \bar{I}_l \subset I_l$。所有供应商资源已被服务企业分为了不同的绿色等级。

j：预售期内接到的定制订单的索引。O_j 表示预售期内接收到的第 j

个定制订单，$j \in J$。

（2）模型参数

$T_j(\xi)$：预售期内，定制订单 O_j 的服务时间约束。并非每个订单都有时间紧约束，对于没有时间紧约束的订单，则根据紧急性程度来调度资源。

$y_j(\xi)$：取值为1或大数。1表示预售期内定制订单 O_j 对订单完成时间有紧约束，否则赋一个较大的数。

$z_{jl}(\xi)$：取值为1或0。1表示预售期内定制订单 O_j 对模块 H_l 有需求，否则取值为0。如订单有高级定制需求，则记为$\tilde{z}_{jl}(\xi)$。

$w_j(\xi)$：预售期内订单 O_j 的紧急性。紧急性用五个级别表示，$w_j(\xi) \in \{1,2,3,4,5\}$，值越大则越紧急。有时间紧约束的订单，紧急性相对较高。

$f_l^i\left(x_{lj}^i(\xi)\right)$：预售期内，服务供应商 S_l^i 的规模效应函数，即单位生产成本随服务订单数量变化的曲线，$x_{lj}^i(\xi)$ 表示调度期内分配给供应商 S_l^i 的定制订单数量。

$t_l^i(\xi)$：预售期内，供应商 S_l^i 完成服务模块 H_l 所需的时间。

$v_l^i(\xi)$：预售期内，供应商 S_l^i 的绿色等级。绿色等级直接影响供应商被调用的优先级，绿色等级越高，调度优先级越高。

（3）决策变量

$x_{lj}^i(\xi)$：取值为1或0。1表示供应商 S_l^i 为订单 O_j 提供服务，否则为0。

5.4.3　模型构建

基于上述问题分析与描述，构建调度优化模型P如下：

$$\min\ Z_1 = \sum_{j\in J}\sum_{l\in L}\sum_{i\in I_l} w_j(\xi) t_l^i(\xi) x_{lj}^i(\xi) \tag{5-4}$$

$$\min\ Z_2 = \sum_{l\in L}\sum_{i\in I_l} f_l^i\Big(\sum_{j\in J} x_{lj}^i(\xi)\Big) \tag{5-5}$$

$$\max Z_3 = \sum_{j\in J}\sum_{l\in L}\sum_{i\in I_l} v_l^i(\xi) x_{lj}^i(\xi) \tag{5-6}$$

$$s.t.\quad \sum_{i\in I_k} x_{lj}^i(\xi) = z_{jl}(\xi)\ ,\ j\in J,\ l\in L \tag{5-7}$$

$$\sum_{i \in I_l} x_{lj}^i(\xi) = \tilde{z}_{jl}(\xi), \quad j \in J, \ l \in L \tag{5-8}$$

$$\sum_{l \in L} \sum_{i \in I_l} t_l^i(\xi) x_{lj}^i(\xi) \leqslant T_j(\xi) y_j(\xi), \quad j \in J \tag{5-9}$$

$$x_{lj}^i(\xi) = \{0, 1\}, \quad i \in I_l, \ j \in J, \ l \in L \tag{5-10}$$

模型有三个目标函数，式（5-4）表示订单完成时间的加权和最小化。时间权重 w_j 是为了给紧急性更高的订单优先分配生产用时短的资源；式（5-5）是通过给供应商分配接近其最优生产规模的订单量来使得所有订单的总成本最小化。式（5-6）表示所有被选用的供应商综合绿色水平最大化。式（5-7）—式（5-10）是模型的约束条件。式（5-7）表示每个订单的普通定制需求都被完全满足；式（5-8）表示给有高级定制需求的订单调用具有高级定制能力的供应商；式（5-9）表示满足部分订单对服务时间的紧约束；式（5-10）表示决策变量的取值范围。

5.5 模型构建与算法设计

上述模型是一个集合覆盖问题（set covering problem，SCP）的拓展。由于集合覆盖问题是NP-hard问题，所以本研究模型也具有NP-hard特性。当问题规模增加时，采用精确算法要花费较长时间，而遗传算法在求解这类问题时有很好的表现，遗传算法不存在对函数连续性和求导的限定，具有并行优化能力和更好的全局寻优能力，能够自适应地调整搜索方向，因此本研究采用遗传算法对模型P进行求解。

5.5.1 目标函数的处理

首先，取供应商绿色等级的倒数，将目标函数式（5-6）转换为求最小值问题：

$$\min Z_3' = \sum_{j \in J} \sum_{l \in L} \sum_{i \in I_l} (1 / v_l^i(\xi)) x_{lj}^i(\xi) \tag{5-11}$$

然后，采用线性加权的方法，将多目标优化问题转为单目标优化问题求解。该模型的成本目标、时间目标和绿色目标存在冲突性，在不同的决策环境中，决策者对三个目标的侧重会有所不同，资源调度的结果也相应发生变化。因此，模型P的目标函数可变为如下形式：

$$Z=\alpha\times\frac{Z_1}{\min Z_1}+\beta\times\frac{Z_2}{\min Z_2}+\gamma\times\frac{Z_3^{'}}{\min Z_3^{'}} \quad (5\text{-}12)$$

其中，$\min Z_1$、$\min Z_2$、$\min Z_3^{'}$ 是分别求解单目标时模型取得的最小值。α、β、γ 分别是生产成本、订单完成时间和综合绿色水平三个目标函数的权重，并且 $\alpha+\beta+\gamma=1$。

5.5.2 约束条件的处理

采用罚函数法将模型的约束条件式（5–9）加入到目标函数式（5–11）中，罚函数形式如下：

$$G=M\sum_{i=1}^{M}[\max(0,\sum_{l\in L}\sum_{i\in I_l}t_{jl}^{i}x_{jl}^{i}-T_j y_j)]^2 \quad (5\text{-}13)$$

其中，M 是一个充分大的正数，也即罚因子。可见，当约束条件式（5–13）被满足时，罚函数值为0。

5.5.3 遗传算法流程

（1）编码方式

采用实数编码方式。染色体长度等于决策变量 $x_{lj}^{i}(\xi)$ 的个数，即 $J\times L$。第 $j\times l$ 个基因的位值为给订单 U_j 的第 l 个模块服务的供应商的编号，一般情况下是从 I_l 个供应商中随机选择。如果订单有高级定制需求，则只能从 $\bar{I}_l$ 当中随机选择。如果顾客没有选择购买模块 l，则该模块对应的基因位值为0。

（2）选择算子

选择算子是为了从当前种群中选择适应值高的个体。适应值采用动态线性标定方法，令适应值函数为$F=-Z+Z_{max}^{g}+\sigma^{g}$。$Z_{max}^{g}$表示第$g$次迭代时种群中目标函数值的最大值，是一个较小的数，并且随g的增大而减小。σ^{g}的引入，一方面是为了让种群中最差的个体仍然有繁殖的机会，增加种群的多样性；另一方面能够调节选择压力：在算法开始运行的时候，σ^{g}取值较大，因而选择压力较小，不同个体间的选择概率相差不大；到种群进化后期，σ^{g}取值较小，选择压力较大，也就是不同个体间的选择概率相差大，种群将很快达到收敛。

得到每个染色体的适应值后，再采用轮盘赌方法来实现选择操作。

（3）交叉算子

交叉算子采用双点交叉方式。由于部分订单存在高级定制需求，所以在交叉后会有一个调整程序，让特殊基因位的选值范围保持在$\tilde{I}_l$当中。

（4）变异算子

变异方式为随机选取父代染色体，然后随机选择染色体的部分基因进行重新选值。变异的基因位的个数随迭代次数的增加而减少。

（5）停止准则

当程序的迭代次数达到设定的最大迭代次数时，停止运算。

5.6 算例研究

5.6.1 算例描述

某家具制造商搭建了直面消费者的家具定制生产平台，可以为消费者提供卧房、厨房、书房、客厅、餐厅等全屋家具定制服务。截至2018年末，该平台聚集了超过1200家合作供应商，实现家具定制业务年营业收入50.18亿元。厂商十分注重产品供应链全流程的环保、安全问题，遵照环保标准严选板材与配件，使用环保包装材料，并积极推广铁路运输、LNG

汽车运输等绿色物流方式。

在该厂商的定制平台上，消费者可以提交预约量尺需求，企业派人上门量尺后将消费者的房屋户型、尺寸、摆放位置、装修风格等数据实时传送给设计师团队。平面布置方案初步制作完毕后，消费者到实体门店就家具的品牌、材质、价格、完工时间以及环保诉求等方面与设计师进一步沟通，还可以查看各空间多角度的实景效果图。待所有需求细节确认完毕后，门店下达生产订单，企业的生产与供应链调度流程启动，消费者可以通过网络实时查看家具的生产与配送进度情况。企业在约定时间内完成产品的生产、配送与安装工作。消费者在使用过程中有任何问题，可以通过售后对产品进行更换、维修或保养。

在某预售期内，企业共收到20个儿童房家具的定制订单。厂商将儿童房家具分为5个基础模块，分别是儿童床、衣柜、书桌、书柜和飘窗。每个模块当前都有8家供应商可供调用，每家供应商都能完成一个完整模块的制作并将产品送往指定地点。这些供应商的订单完成时间、生产规模效应函数（用$a(x-b)^2+c$的形式表示）、能否提供高级定制服务、绿色等级等特性如表5-1所示（数据经过去量纲化处理）。其中，对绿色等级的{优秀A，良好B，合格C，差D}四个级别给予的调度权重分别为{1,0.8,0.5,0.2}。

这20张订单对5个产品模块都有基础定制需求，其中3号、9号、16号、19号和20号订单对部分模块有高级定制需求；所有订单都标记了紧急程度，其中10号、13号和15号订单对完成时间有硬性约束。表5-2显示了这批订单的需求特性。例如订单3对模块4有高级定制需求，并指定由品牌供应商32来生产；订单9对模块2有高级定制需求，希望该模块采用某种绿色环保材料，而只有供应商12和13满足条件。

企业在制定供应链调度决策时，对时间、成本和绿色水平三个优化目标给予的权重分别是0.3、0.4、0.3。

表5-1 供应商特性

模块索引	1							
供应商索引	1	2	3	4	5	6	7	8
订单完成时间	5	3	4	3	7	4	7	5
规模效应参数 (a,b,c)	0.42,10, 14.8	0.33,8, 10.7	0.40,9, 16.0	0.26,11, 12.4	0.36,12, 14.2	0.23,9, 11.3	0.25,6, 13.4	0.37,7, 12.2
能否高定	-	√	-	-	-	-	√	-
绿色等级	B	B	C	A	A	A	A	B
模块索引	2							
供应商索引	9	10	11	12	13	14	15	16
订单完成时间	7	11	13	11	8	14	10	14
规模效应参数 (a,b,c)	0.36,8, 13.9	0.68,8, 13.5	0.71,5, 11.7	0.63,5, 15.6	0.39,7, 10.2	0.57,6, 14.7	0.39,9, 12.4	0.52,7, 14.6
能否高定	-	-	-	√	√	-	-	-
绿色等级	A	A	C	B	A	B	A	B
模块索引	3							
供应商索引	17	18	19	20	21	22	23	24
订单完成时间	9	7	5	4	4	7	6	10
规模效应参数 (a,b,c)	0.61,9, 22.6	0.42,9, 20.7	0.70,8, 25.2	0.25,10, 28.5	0.40,12, 23.1	0.36,11, 24.6	0.21,7, 20.8	0.32,9, 22.0

续表

能否高定	-	-	√	-	√	-	-	-
绿色等级	B	B	A	A	B	C	B	B
模块索引	4							
供应商索引	25	26	27	28	29	30	31	32
订单完成时间	13	17	13	16	20	12	13	22
规模效应参数 (a,b,c)	0.81,11,7.0	0.52,10,10.4	0.27,6,7.3	0.23,12,5.7	0.49,9,8.2	0.62,10,5.3	0.46,8,7.7	0.31,7,8.8
能否高定	-	-	-	√	-	-	-	√
绿色等级	B	A	B	C	B	B	A	B
模块索引	5							
供应商索引	33	34	35	36	37	38	39	40
订单完成时间	8	5	5	9	6	10	9	4
规模效应参数 (a,b,c)	0.43,11,16.9	0.40,20,22.7	0.37,12,16.6	0.26,17,20.8	0.55,12,23.1	0.48,10,17.6	0.60,13,18.8	0.38,11,21.0
能否高定	-	√	-	-	-	√	-	-
绿色等级	B	A	B	A	B	B	C	B

表5-2 需求特性

订单索引 需求特征	1	2	3	4	5	6	7	8	9	10
时间限制	-	-	-	-	-	-	-	-	-	30
紧急性	1	5	2	2	3	3	4	3	4	5
高级定制需求	-	-	H_4	-	-	-	-	-	H_2	-
订单索引 需求特征	11	12	13	14	15	16	17	18	19	20
时间限制	-	-	30	-	35	-	-	-	-	-
紧急性	1	4	5	2	5	3	4	2	2	5
高级定制需求	-	-	-	-	-	H_1	-	-	H_5	H_4

5.6.2 算例结果

该算法在MATLAB®R2015b上编程。经过反复试验，遗传算法的合适参数为：种群规模=200，交叉率=0.9，变异率=0.1，世代数=500。

仿真结果表明，该算法具有良好的稳定性和鲁棒性。具体而言，转换后的目标函数Z的平均最优解为1.113，标准偏差为0.017，变异系数为1.49%。最佳模拟结果的最优解为1.087。相应的加权总完工时间为2165，总生产成本为1700.6，综合绿色水平为115.75。图5-5显示了算法的收敛性。它展示了染色体群体每一代的最优解和平均解的变化趋势。该图显示，染色体群体的最优解和平均解都随着迭代次数的增加而减少。经过500代的进化，它们趋于稳定，最终收敛到问题的近似最优解。表5-3显示了最优调度方案的详细信息（分配给订单每个模块的供应商）。

算法需要28.47秒才能找到最优解。考虑到运行时间受问题规模的影响，我们设计了一个更大的数值例子来测试算法的计算效率。在新的示例中，订单数量从20增加到200，运行时间增加到211.60秒。这表明，尽管问题规模很大，但该算法仍能在短时间内找到最优解。

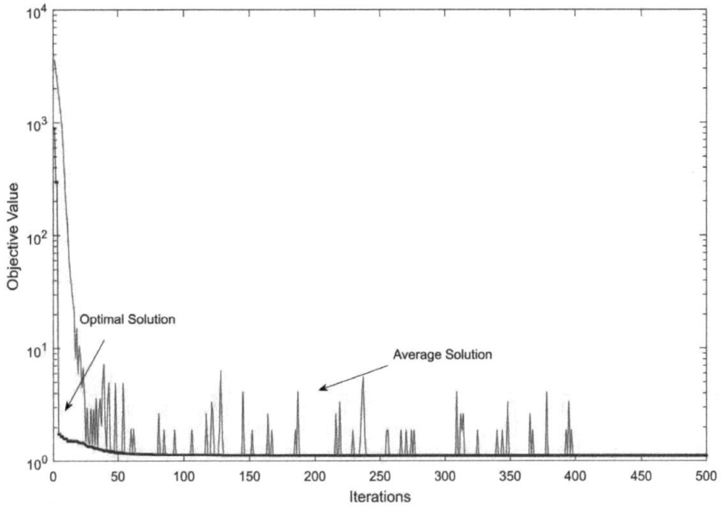

图5-5 算法收敛性

表5-3 方案（订单满足情况）

订单索引 资源索引	1	2	3	4	5	6	7	8	9	10
模块1	4	4	4	7	4	4	4	4	4	2
模块2	13	9	13	9	13	9	9	13	13	9
模块3	19	21	21	19	21	19	21	19	21	21
模块4	27	30	32	27	30	27	27	32	30	30
模块5	35	40	35	35	40	40	40	35	35	40
订单完成时间	34	30	42	37	31	32	31	43	32	30
订单索引 资源索引	11	12	13	14	15	16	17	18	19	20
模块1	4	2	2	2	4	2	2	2	4	2
模块2	13	13	9	13	9	11	13	9	9	9
模块3	19	19	21	19	21	21	21	21	19	21
模块4	30	27	30	30	30	27	27	30	30	32
模块5	35	35	40	35	40	35	40	35	34	40
订单完成时间	33	34	30	33	30	38	32	31	32	40

最佳解决方案实现了如下可持续制造。满足所有消费者的个性化需求。此外，（1）它不仅满足订单的基本个性化需求，还为订单3、订单9、订单16、订单19和订单20安排具有高级个性化能力的供应商，这些订单对某些模块有高级消费要求；（2）将完成时间较短的供应商分配给紧急程度较高的订单。订单10、订单13和订单15均在消费者设定的时间内完成。

图5-6显示了调度模型如何优化订单完成时间，该时间几乎与订单的紧急程度成反比，即紧急程度越高，完成时间越短。然而，仍有少数例外。例如，尽管20号订单是最紧急的，但最佳解决方案为其分配了很长的完成时间。第18号和第19号订单的完成时间较短，这与它们的紧急程度不一致。这是因为最佳解决方案是在时间、成本和绿色水平这三个优化目标之间进行权衡的结果。牺牲一些订单在完成时间方面的满意度可以获得更好的整体优化结果。当然，制造商需要注意这些次优订单，并进行一些手动调整和协调。例如，订单20的模块1、模块2和模块3的供应商与订单18相同。核心制造企业可以建议这些供应商将订单20的生产计划放在订单18

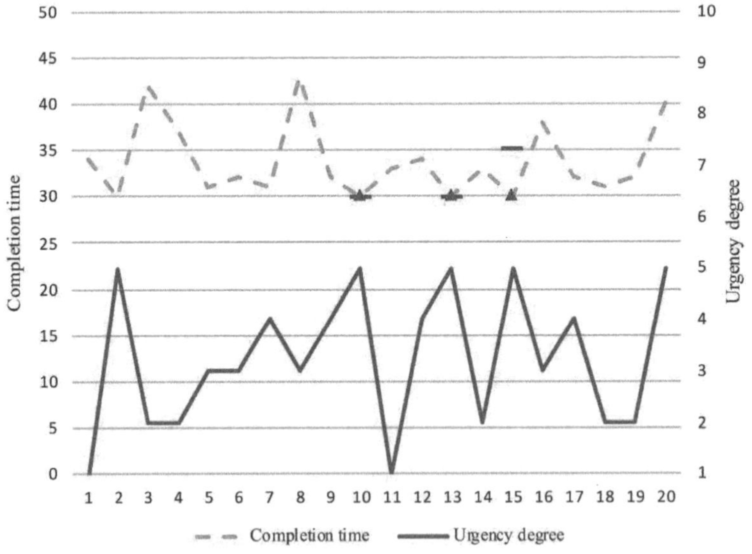

图5-6　紧急程度与完成时间的对比

之前，或者给消费者一些补偿，例如折扣或礼物。

此外，最优解决方案可以提高整个供应链的绿色水平，这是可持续制造的第二个核心目标。首先，分配给大多数供应商的订单数量几乎与其最佳生产规模相匹配，通过规模经济实现个性化生产的低成本，同时为消费者带来价值。其次，大多数被安排的都是绿色水平较高的供应商。图5-7显示了供应链成本和绿色水平的优化结果。顶行显示，14家计划供应商中有一半拥有最高的绿色等级A，6家供应商拥有次高的绿色等级B。只有一家供应商的级别较低，即C。因此，整个供应链在绿色管理方面表现良好。以下两行显示，大多数供应商的订单数量接近其最佳生产规模。只有供应商34有一个订单远远低于供应商20的最佳生产规模。原因是供应商34负责订单19，该订单对模块5有高级个性化要求，只有供应商34和供应商38具有所需的能力。供应商34和供应商38的最佳生产规模分别为20和供应商10，其中任何一家完成订单19的成本都很高。然而，与供应商38相比，供应商34的完工时间更短，绿色水平更高；因此，该算法选择供应商34。如上所述，调度方案分配的订单19的完成时间比消费者预期的要短。这样，制造商可以建议供应商34等到下一个时间，在累积更多订单后开始生产，以降低其生产成本。

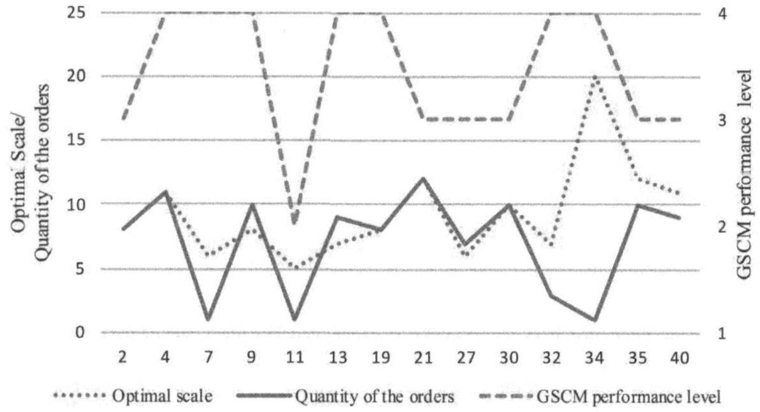

图5-7　供应商规模经济的实现与综合绿色水平

企业在不同的发展时期、面对不同的外部环境或消费者需求，在制定供应链调度决策时会对服务时间、服务成本和供应商综合绿色水平三个目标函数设置不同的权重。在这里我们对比了四种不同的权重分配情况，分别是在{1/3,1/3,1/3}，{0.6,0.2,0.2}，{0.2,0.6,0.2}，{0.2,0.2,0.6}下的最优调度方案，如图5-8所示。可以看到，当给三个目标函数设置相等的权重时，它们的最优值在四种情况中处于中间水平。在其他条件不变的情况下，提高某个目标函数的权重（提高到0.6）可以使该目标函数的最优值显著降低。可见，决策者可以根据调度期的具体情况，对模型目标函数的权重合理赋值来达到满意的调度结果。

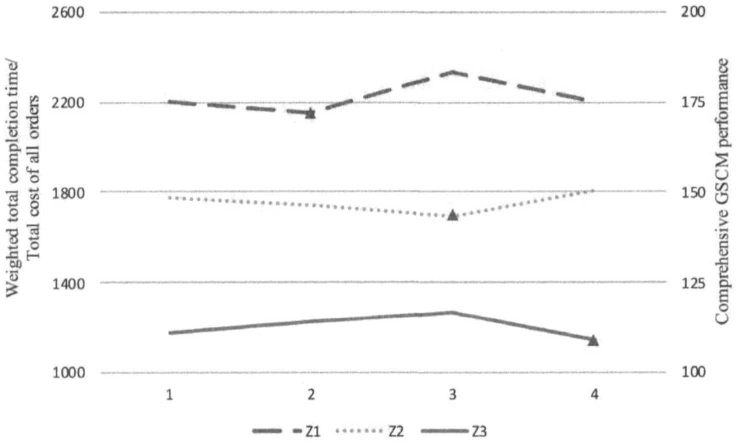

图5-8　对目标函数权重的灵敏度分析

5.7　结论

作为社会和经济发展的基石，制造商必须积极承担起促进可持续制造的责任。这要求企业在满足当代消费者需求的同时，要节约资源，保护环境，不损害子孙后代的权利。由于当代消费者的个性化需求急剧上升，越来越多的制造商开始向MP转型。可持续制造的主要要求是在MP下建立绿色供应链，以满足消费者的个性化需求，同时提高绿色水平。虽然有许多关于绿色供应链管理和MP的研究，但它们始终是两个相对独立的主题。为了填补这一研究空白，本研究提出了一种新的供应链配置优化方法，包括供应商绿色水平评估方法和供应商调度优化模型。

首先，本研究系统分析了供应链管理下供应链的特点和运作过程。MP旨在满足每个消费者的独特需求。因此，每个订单的供应链都是针对该订单完成个性化和组装的。其次，核心制造商从产品的生产者转变为资源集成商、分配者和协调者。它可以通过加强供应链资源的整合来提高MP能力。为个性化订单构建供应链时，应系统地选择供应商，并为每个供应商分配个性化任务。这两项任务的优化目标和约束条件是：（1）选择具有高绿色水平的供应商；（2）充分发挥供应商的规模经济性；（3）满足消费者需求。因此，采用层次分析法—模糊综合评价法对供应商的绿色水平进行了详细描述，包括当前和未来两个层面。接下来，我们建立了一个适用于MP的绿色供应链调度优化模型，并使用遗传算法对其进行求解。案例分析和敏感性分析表明，该模型不仅能提高绿色供应链管理的水平，而且能充分满足消费者的个性化需求。该算法也显示了良好的计算效率。

从实践意义上讲，向MP的转变是未来制造业发展的一个重要方向。然而，该工艺存在许多问题，包括生产成本高和完工时间长。同时，为了实现长远发展，更好地促进社会形象，MP下的制造商应该考虑其业务的环境影响。仿真结果表明，所提出的调度优化模型和算法能够很好地解决这些问题，为管理者提供有用的决策工具。

本研究是对MP下绿色供应链构建的初步探索，因此存在一些局限性。首先，我们不考虑供应商之间的关系对整个供应链的影响，可以分为同一模块内的关系和不同模块之间的关系。整个供应链的有效性将受到供应商之间的信息传递效率、物料传递效率、原始关系等因素的影响，这在未来的研究中应该加以考虑。其次，实际的决策环境比本研究中模拟的更复杂。例如，本研究假设每个模块只能由一个供应商提供服务，但实际上，有多个供应商共同完成一个模块的生产。本研究还假设消费者需求在调度期间是静态的，并且保持不变。然而，消费者需求通常是动态的和随机的，尤其是在服务行业。消费者与服务系统之间的互动存在许多不确定性。此外，供应商承诺的生产能力在计划期内应该是稳定的，但在实践中，会出现意外事件造成的中断。当供应链中断时，尽快调整调度方案是非常重要的。复杂不确定条件下的供应链调度问题将是未来研究的重点之一。在算法性能方面，当问题规模很大时，计算时间必然很长，结果的准确性很难保证。在这种情况下，算法参数的设置，甚至其他智能算法的研究，成为我们未来研究的一个重要问题。

6 农业社会化情景下的供应链调度优化

6.1 引言

改革开放以来，我国经济水平不断提高，各行各业在技术水平和生产规模上都有了显著的发展。然而，与同期中国总体经济的发展情况相比，第一产业的发展势头远不及第二、第三产业，农业在现代化的进程中仍然存在较多问题和阻碍。为了更好地解决当前农业产业结构不合理、农产品供给渠道不畅等难题，实现农业产业现代化（牛若峰，2006），党的十九大报告提出“实施乡村振兴战略，健全农业社会化服务体系，实现小农户和现代农业发展有机衔接”。2019年，中央出台一号文件提出“支持多种类型的新型农业服务主体开展代耕代种、联耕联种、土地托管等转化规模化服务”。因此，农业社会化服务体系建设被提升到了一个新的战略高度，在实现农业生产规模化、系统化、组织化上具有重要作用。

农业社会化服务是指在农业生产活动中，以小农户为主的农业生产主体能够从社会各方面与农业相关的经济组织中获取服务，从而克服其自身规模狭小的弊病，获得专业化分工和集约化服务规模效益（仝志辉和侯宏伟，2015）。经过多年扶持引导，农业社会化服务体系中各类农业服务组织蓬勃发展。它们作为服务供应商，为农业生产主体提供多层次多阶段的农业服务。随之如何选择更合适的服务供应商来提供服务的问题也日渐突出，因此农业服务平台的概念应运而生。农业服务平台作为“集成服务商”，能够有效整合农业生产各环节服务，通过提供服务组合的形式对不同服务供应商进行调度，既可以实现分工专业化，扩大单项服务规模获得规模效益，又能够满足农户多样化、差异化的生产需求，实现服务内容大而全、专而精的整体效果（芦千文和姜长云，2017）。通过提供服务组合的形式，农业服务平台可以实现对农户生产需求的全方位覆盖，并且考虑各项具体服务作业间的协同效应，保证农业生产活动各环节的有效衔接。同时，不同情况的农户（例如，耕地规模情况、是否兼业、家庭劳动力情况等）的资源禀赋是存在差异的，对农业生产服务的认同度和接受能力也有所不同，农业服务平台在提供服务组合的同时还应充分考虑服务供应商与农户之间的协作程度，这样才能最大化地展现当地农业外部性资源效益，改变农户过去规模狭小的单户生产模式，使其加入专业化分工和集约化服务的现代化农业生产模式中（彭建仿和胡霞，2021）。

由此，本研究拟从农业服务平台的运行特征入手，分析农户在接受农业服务这一过程中与服务供应商之间的关系，并据此搭建两者协作程度的多维评价体系。在此基础上，深入分析农业生产活动的特点，构建多目标多阶段的服务供应链优化模型，并探讨求解算法。

6.2 农业服务平台运行特征分析

农业服务平台的出现需要农业社会化服务体系发展到一定程度，其存在一方面取决于服务供应商服务内容的丰富程度，另一方面取决于农户的需求规模。当前提供农业生产性服务的服务供应商无论是主体类型还是服务内容均呈现多样化的特点。很多社会资本都进入了农业生产性服务业，并具有一定市场和成绩。例如有些企业建立技术服务中心，提供农业生产性托管服务；有些企业投身农产品销售环节，打通多渠道销售布局。此外，还有众多农机、农资、种子和苗木企业都竞相踏入农业生产性服务市场，满足农民多样化生产需求。从服务内容来看，服务供应商可以提供如购买种子、施肥、打药、机耕、加工运输等各个农业生产环节的服务。从服务形式来看，服务供应商可以提供技术、信息、资金、农业保险等各种要素类型的服务（王钊，2015；王定祥和李虹，2016）。多主体、多种类、多方向、多环节的服务供应为农业服务平台的调度提供了相应的选择空间。

同时，农业服务平台面对的服务对象（农户）之间也具有异质性。根据农业生产者生产力、生产方式及生产目的的不同，可以将农户分为以贫弱农户为主的沉淀层、以兼业户为主的中下层、以家庭农场构成的中间层及以大规模经营为特征的大农场构成的上层（周娟，2017）。由于不同类型的农户之间存在资源禀赋的差异，他们对于农业服务的需求方向及特点是不一样的，有些可能更加偏好育种、施肥等传统农业生产环节上的服务需求，有些可能更加偏好智慧监测农田、农机收割等环节上的服务需求。

针对我国当前的农业水平情况，种植规模小、种植业务分散的单个农户仍然是农业生产中的基础力量和主要力量（陈锡文，2013；夏蓓和蒋乃华，2016）。这些个体农户尽管有意愿去接受农业社会化服务的提供，但是可能存在各种原因使得部分农户未能接受这类社会化服务，比如不清楚有哪些服务供应商，或者不熟悉如何对某一生产环节进行外包，等等，这阻碍了他们加入现代化农业生产的脚步（刘向华，2013；黄庆华和曹祖文，2013）。通常来讲，农户可能会选择加入某些农业合作社来获取相应的服务，但是只是简单地将农户与合作社进行联结捆绑存在一定的弊端。一方面，单个农业合作社的服务内容是有限的，而且往往仅局限于种子、农资购买等传统农业生产环节，而在农产品深加工、销售渠道拓展等升值服务环节有所缺失；另一方面，农业合作社通常因简单的地缘属性联结形成并提供统一的生产服务，这样将难以满足单个农户个性化的具体生产需求。

而农业服务平台可以在不同环节对不同服务供应商进行调度，针对农户农业生产特征和自身资源禀赋，以服务组合的形式向农户提供相应服务，将细碎分散的生产任务有机地进行编排集合从而获得规模效益。在这个过程中，一方面，农业服务平台需要在农户生产作业的每个环节中选择合适的服务供应商，考虑其提供服务的具体形式与农户的需求及自身资源情况是否匹配；另一方面，农业服务平台还需要考虑不同服务环节之间的有效衔接，使生产任务能够在不同服务供应商之间平稳交接，以保证农业生产的总体效果。

通过这种方式，单个农户能够有效地参与进农业现代化精细化的分工体系中，改变过去低效的生产方式，增加农产品产量，提高农业社会化服务发展水平，带动当地农业发展，真正实现专业化分工的现代农业生产模式（胡亦琴和王洪远，2014）。

平台的运转模式如图6-1所示。

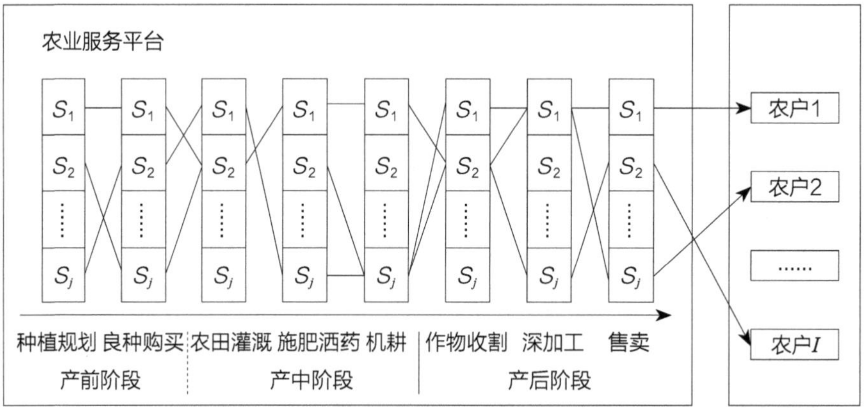

图6-1 农业社会化服务平台服务模式

6.3　农业服务与农业生产的协调度分析及刻画

不同于常规的定制化服务中客户单纯作为服务接受者的角色，农户在将某一环节的生产作业外包给服务供应商并获取相应服务时，农户仍未完全脱离生产过程，也就是说该项作业的最终完成效果并非完全单方面地取决于供应商的服务质量，而将会受到农户与服务供应商的协作程度的影响，我们把这种协作程度称为农业服务与农业生产的协调度。在以往研究中，协调度通常用来表述两个宏观系统的耦合关系中的良性相互作用。赵英霞等（2018）指出现代服务业与现代农业的耦合发展是调整优化产业结构的客观要求，并且定性分析出当前两者的耦合发展还处于初级阶段；刘洋等（2020）则采用定量分析了农业社会化服务和农业现代化的耦合协调度并认为两者之间的轻度失调在一定程度上制约了农业系统的可持续发展水平。因此在高效完备的农业社会化服务体系中，服务行为与生产行为间的协调度是非常关键且重要的。

在宏观层次上，协调度描述了农业生产性服务业和农业生产两者综合维度的发展水平关系。而将这一系统概念具体到某一项农业生产作业的微观层次时，协调度体现为服务供应商提供的农业服务的具体形式与农户自身资源的契合程度。举例来说，当农户在某一作物的收割环节产生需求时，某一服务供应商为其提供的收割服务的具体方式可能包括大机械收割、小机械收割、人工收割或贷款外包等，而农户由于自身资源条件（例如耕地特点、家庭劳力状况等）的影响，对于不同服务形式的接受程度存在差异，比如耕地形状不规则的农户在接受小机械收割或人工收割时收割作业的效果最好。再如施肥环节，供应商提供的服务形式可能为技术培训提供肥料配比信息或者直接帮助农户进行施肥作业，那么存在兼业情况的农户可能会因为劳动力短缺而更为需要施肥作业服务，有过培训经历的农户则可能只需要具体肥料配比的信息指导即可实现较好的施肥效果。

因此当农户在某一阶段提出某些生产服务需求时，平台应当充分考虑农户自身的特点与服务供应商所提供服务形式的契合程度，通过对服务供应商进行调度，使得服务供应商与农户在该项生产活动中的协调度最高，从而有效避免资源的错配及浪费，尽可能地以专业化规范化的社会服务力量撬动农户自身的潜在资源，带动其生产效率的提高，增加整个农业生产系统的产出。具体来讲，在农户与服务供应商之间的协调度较高时，一方面将会降低服务成本，另一方面能够提高系统的稳定性。

假设在农业生产的 m 阶段存在服务供应商 j， $j\in\{1,2,\cdots,J\}$，可以提供 p 种具体的服务方式，分别记作 $U_j=(u_{j1},u_{j2},\cdots,u_{jp})$。由于服务供应商在经营过程中有一定的业务规划并且受到自身资源条件约束，因此它在完成服务需求时采取的具体方式存在以下概率分布列向量 $Prob_j=(p_{j1},p_{j2},\cdots,p_{jp})^T$，其中，且 $p_{j1}+p_{j2}+\cdots+p_{jp}=1$。即当服务供应商 j 在为它的客户群体提供服务时，农户能够获得具体的服务方式满足这一概率分布。如前文所述，农户之间的资源禀赋存在差异，这些差异将导致农户对于具体服务方式的适用程度不同，因此在接受来自不同服务供应商提供的生产服务时，他与服务供应商的协作效率将会有所差异。假设对于农户 i 的特征我们可以从 q 个维度进行描述，则农户 i 的特征描述集可以表述为 $V_i=(v_{i1},v_{i2},\cdots,v_{iq})$。而每个维度的特征对于农户接受能力的影响程度是不同的，因此我们设立重要度权重为 $A_i=(a_{i1},a_{i2},\cdots,a_{iq})$，其中 $a_{iq}\geqslant 0$，且 $a_{i1}+a_{i2}+\cdots+a_{iq}=1$。$a_{iq}$ 表示第 q 个特征维度的权重，反映了对各个特征影响程度的权衡。

进而，可以得出农户 i 与服务供应商 j 的协调度矩阵 $R_{imj_{(q\times p)}}=\begin{pmatrix} r_{11} & \cdots & r_{1p} \\ \vdots & \ddots & \vdots \\ r_{q1} & \cdots & r_{qp} \end{pmatrix}$，矩阵的元素（以 r_{qp} 为例）代表的是农户在特征条件 q 维度上对于服务方式 p 的适用程度，可以由专家组成的评价小组按

1—5由低到高进行打分。进一步来看，考虑农户不同维度特征的权重，则可以得到农户 i 对于服务供应商 j 提供的各项服务方式的适用程度 $B_{imj}=A_i\times R_{imj}=(a_{i1},a_{i2},\cdots,a_{iq})\times\begin{pmatrix} r_{11} & \cdots & r_{1p} \\ \vdots & \ddots & \vdots \\ r_{q1} & \cdots & r_{qp} \end{pmatrix}=(b_{imj1},b_{imj2},\cdots,b_{imjp})$。将服务供应商 j 能够提供各项具体服务方式的概率考虑进来则可以获得当服务供应商 j 向农户 i 提供服务时两者协调度的最终得分 $X_{imj}=B_{imj}\times Prob_j=(b_{imj1},b_{imj2},\cdots,b_{imjp})\times(p_{j1},p_{j2},\cdots,p_{jp})^T$。

6.4 基于协调度刻画的农业生产服务组合供应链调度分析

由于不同农户的生产决策不同，他们对于农业生产服务的需求存在很大差异。为满足农户生产作业的差异化需求，农业服务平台可以设计包含不同服务项目的服务组合，并对服务供应商进行调度，在多层次、多阶段上实现对农户个性化、定制化的生产作业支持。基于农业生产活动的特点，农业服务平台在进行服务供应商调度时，除了要充分考虑农户对于服务形式的接受程度，即前文所述的农户与服务供应商之间协调度外，还需要考虑服务组合效用以及服务组合运行效率。接下来本研究将在对农户与服务供应商的协调度刻画基础上，对服务组合的服务效用以及服务组合运行效率两方面进行分析及刻画，建立相应的目标函数以指导服务组合供应链的调度决策。

6.4.1 服务效用分析及刻画

农户在获取所需的生产性服务时，通常会从两方面评判该项服务的效用；第一点为生产性服务效果是否满足其预期；第二点为获取该项服务所付出的成本是否在其可以承担的范围内。为此，下文将从这两方面进行分析并刻画目标函数。

（1）服务效果。农业生产性服务的效果除了与供应商所提供的服务质量有关外，还受到服务交付时间的影响。这是由于农业生产是一项具有较强时令性的活动，比如播种、育苗、收割等都必须要求在一定时间范围内进行，否则将极大影响后续活动的进行，甚至带来减产等负面影响。因此农业服务平台在进行调度时，应当充分考虑能否及时提供服务这一关键因素。结合农业生产的实际情况来看，农户对于生产服务的提供时间要求并不完全刚性，因此本研究通过模糊时间窗隶属度函数，模糊化处理供应商提供服务的时间，以此来量化准时性对于服务质量的影响。

假设服务供应商能够在相应农时节令（即农户的期望时间）$[a_{imj},b_{imj}]$内准时提供生产性服务辅助农户完成生产活动时，表述为服务的准时性为1，那么服务质量不会受到影响；当服务供应商未能在最佳的农时节令时段提供服务，但是仍然在农户可以接受的时间范围内提供服务时，那么服务质量将有所折损但不至于导致该项生产活动完全失去成效；除此之外，生产服务的过早或过晚提供将使得该项生产作业无法开展，服务质量为0。因此，农业生产性服务组合中服务质量受到服务时间提供准时性的相应影响。运用模糊时间窗函数，可以将服务的准时性表述为时间T的模糊数。将服务准时性函数定义为μ_{imj}，农业服务供应商提供服务的时间为T_{imj}，则农业生产服务的准时性函数见式（6–1）所示。

$$\mu_{imj}(t_i)=\begin{cases}0, & t_i<E_{imj}\\(T_{imj}-E_{imj})/(a_{imj}-E_{imj}) & E_{imj}<t_i<a_{imj}\\1, & a_{imj}<t_i<b_{imj}\\(T_{imj}-b_{imj})/(L_{imj}-b_{imj}), & b_{imj}<t_i<L_{imj}\\0, & t_i>L_{imj}\end{cases} \tag{6–1}$$

定义服务供应商提供具体农业服务的质量为Q_{imj}，考虑准时性对于服务质量的影响，最终服务效果$F_{imj}=\mu_{imj}(t_i)\times Q_{imj}$。

（2）服务成本。为农户提供生产服务组合需要考虑的另一个重要因素是成本。如前文所述，服务供应商在提供生产服务时该项生产活动实际上是在服务供应商与农户协作下进行的，两者之间的协调度越高，农户对于该项生产服务的接受度就越高，因此能够调动农户对于自身资源的充分利用，并且提高生产效率，最终导致服务成本的降低。在前文对协调度进行分析刻画的基础上，本部分考虑将协调度对成本的影响进行量化。由于协调度是对农户和服务供应商之间各方面适配程度进行打分的综合指标，因此此处首先对其进行归一化处理，处理后的协调度表述为 X'_{imj}，$X'_{imj} \in [0,1]$。假设 β 为协调度对成本的影响系数，$\beta \in [0,1]$。它由当地农业生产水平、社会化服务体系完备程度等因素综合决定。例如在农业生产水平较低的地区，资源利用较不充分，因此协调度越高，其对于农户自身资源的挖掘和调动越明显，从而使农户在与服务供应商的协作下显著降低服务成本，在这种情况下，β 的取值应当适当调高。因此在考虑协调度的基础上，农户获得某项具体生产服务的成本应为 $\left(1-\beta X'_{imj}\right)C_{imj}$。

6.4.2　服务组合运行效率分析及刻画

由于农户的生产需求具有多阶段以及多样性的特点，农业生产服务平台在为其提供服务组合时，除了需要关注各项服务作业的具体效用以外，还应当注重服务组合整体的运行效率。农业服务平台在为农户提供服务组合时，既需要各个环节的服务能够有效衔接起来，保证生产活动的持续进行，又需要降低在调度过程中的内外不确定，规避服务平台的运营风险。基于以上分析，农业生产服务平台在调度服务供应链提供服务组合时，需要从服务组合的配合度和柔性两方面出发优化其调度决策。

（1）服务组合配合度

农业生产活动往往是多阶段的，并且不同环节之间彼此互相影响、联系紧密。因此在向农户提供多阶段的农业服务组合时，应当充分考虑农业生产活动的这一特点，提高不同阶段之间的衔接程度，也即不同阶段服务供应商之间的配合程度，保证农业生产活动有序地串联起来并平稳运行，从系统整体的宏观视角追求服务组合的配合度。而服务组合的配合度又由两个方面决定。一方面是农户与服务供应商之间的协作配合带来的配合度，另一方面是不同阶段的服务供应商之间的协作配合带来的配合度。

关于农户和服务供应商之间协作配合程度即为前文中所刻画表述的协调度，在此不再赘述。本部分将对供应商之间的协作配合程度进行描述和刻画。由于农业生产的复杂性，在不同阶段提供服务的供应商往往不是一个，但是由于农业活动具有一定的整体性，前后阶段的具体活动虽然不同，但是必然存在承接关系。比如，如果在播种阶段，服务供应商提供了翻地起垄的相应服务，那么对后续灌溉施肥环节的具体操作手段形式就会产生一定的要求和限制。再如，作物成熟后的存储阶段，服务供应商提供的具体存储方式也应与后续的销售阶段有所呼应，才能够使得后续计划顺利执行。可以预见，即使某一阶段的供应商能够提供效用较高的农业生产服务，但是如果他和其他阶段的服务供应商之间配合程度不够的话，将导致农业生产活动的割裂，自然也会影响到最终的农业生产效果。

假设服务供应商 j 与服务供应商 l 之间的协作配合程度为 α_{jl}，其中，两者之间的配合程度由企业关系 e_1、合作历史 e_2、地理距离 e_3 和技术一致性 e_4 四个维度的因素所决定，每个具体因素可以通过资料收集并由专家小组打分来进行评判，为与协调度的计算保持一致，也用五个级别表示，从1—5由低到高进行打分。则服务供应商之间的配合程度具体计算为 $\alpha_{jl}=\omega_{e1}e_1+\omega_{e2}e_2+\omega_{e3}e_3+\omega_{e4}e_4$。其中，$\omega_{e1}\sim\omega_{e4}$ 分别表示企业关系、合作历史、地理距离和技术一致性四个因素的相对权重，农业服务平台可以根据提供服务组合的具体情况进行设定。

（2）服务组合柔性

农业与其他产业相比生命周期较长，环境中的不确定因素较多，因而可能面临更多风险。同时农业生产具有时令性，这导致农户之间的生产节奏有一定的相近性，在某一时刻农户的需求可能出现扎堆现象，给服务供应商的调度带来难度。另外，作为农业生产主要主体的单个农户又较为脆弱，抗风险能力较弱，难以承受不确定性带来的不利后果。综上所述，农业生产服务平台在向农户提供生产服务组合时应当考虑增强服务组合的柔性，从而降低环境中的不确定因素带来的影响，保障农户及服务供应商的利益。因此在对服务供应商进行调度时，应将所提供服务组合的柔性作为优化目标之一。本部分将对此进行分析和刻画。

服务组合的柔性越高，代表提供该套服务组合的服务供应链越能够对多变的、复杂的多阶段需求做出回应，同时具有一定的抵抗外界事件冲击的能力，因此服务组合的柔性可以从资源富余度和抗风险能力两个方面进行表述。资源富余度 S_{imj} 描述的是服务供应商满足多样化农户需求的能力，它由农户与服务供应商之间的协调度及服务供应商的资源状况决定。服务供应商的资源状况 V_j 可以通过其掌握的资源规模 v_{j1} 、资源丰富度 v_{j2} 和资源兼容度 v_{j3} 来体现。在服务供应商的资源足够多且丰富，并且不同资源之间互替的兼容度较高的情况下，该服务供应商就能够灵活地满足不同农户多样化的需求，再结合农户与服务供应商之间协调度这一因素，资源利用的效率将得到进一步提升，因此整个服务组合的柔性就会提高。则服务供应商在向农户提供相应服务时的资源富余度 S_{imj} 具体计算为 $S_{imj}=\gamma X_{imj}^{'}\times V_j=\gamma X_{imj}^{'}\times\left(\omega_{v1}v_{j1}+\omega_{v2}v_{j2}+\omega_{v3}v_{j3}\right)$。

其中，γ 为协调度对资源利用效率的影响系数，$\omega_{v1}\sim\omega_{v3}$分别为资源规模、资源丰富度和资源兼容度的相对权重，可由农业服务平台根据提供的服务种类及模式进行设定。

风险管理是建设现代化农业生产体系的重要事项，自然也是打造农业社会化服务体系时需要考虑的问题。因此农业服务平台在调度服务供应商为农户提供服务时，应当从抗风险能力的角度考虑提高服务供应链的柔性，运用这些社会化力量降低和分担部分农业风险。对于服务供应商 j ，其抗风险能力 G_j 可以从四个方面体现。一是服务供应商的技术水平 g_{j1} 。

先进的技术往往能够降低风险事件的发生概率；二是服务供应商的应急管理水平 g_{j2}，当风险事件发生后，服务供应商的反应速度越快，应急物资储备越充足，就越能够降低风险事件带来的损失；三是服务供应商获得的政府扶持力度 g_{j3}，政府作为农业风险管理中的重要角色，其支持能够为农业生产活动带来很大保障；四是服务供应商的保险覆盖程度 g_{j4}，这体现的是服务供应商运用市场机制抵抗风险的能力。因此服务供应商的抗风险能力 G_j 表示为 $G_j = \omega_{g1}g_{j1} + \omega_{g2}g_{j2} + \omega_{g3}g_{j3} + \omega_{g4}g_{j4}$。$\omega_{g1} \sim \omega_{g4}$ 分别为技术水平、应急管理水平、政府扶持力度和保险覆盖程度的相对权重，农业服务平台可以根据提供的服务种类及模式进行设定。

6.4.3 调度优化模型

在该调度问题中，我们需要选取合适的服务供应商为农户某一阶段的生产需求提供服务，因此首先我们定义决策变量 θ_{imj}，当供应商 j 为客户 i 在第 m 阶段提供服务时 $\theta_{imj}=1$，否则 $\theta_{imj}=0$。接下来我们参照文献的方法对模型中的参数进行规范化处理，将其去量纲化并用于多目标的求解，参数及变量说明详见表6-1。

表6-1　参数及变量说明表

参数及变量	参数及变量说明
i	农户索引
m	农业生产阶段索引
j,l	农业服务提供商索引
θ_{imj}	决策变量，当服务供应商 j 为农户 i 在第 m 阶段提供服务时 $\theta_{imj}=1$，否则 $\theta_{imj}=0$
μ_{imj}	服务供应商 j 为农户 i 在第 m 阶段提供服务时的准时性
Q_{imj}	服务供应商 j 为农户 i 在第 m 阶段提供服务时的服务质量
X_{imj}	服务供应商 j 与农户 i 在第 m 阶段的农业生产作业中的协调度

续表

参数及变量	参数及变量说明
C_{imj}	服务供应商 j 为农户 i 在第 m 阶段提供服务时的服务成本
β	协调度对成本的影响系数
α_{jl}	服务供应商 j 与服务供应商 l 的配合程度
S_{imj}	服务供应商 j 为农户 i 在第 m 阶段提供服务时的资源富余度
G_j	服务供应商 j 的抗风险能力

优化模型如下：

目标函数：

$$\max Z_1 = \sum_{i=1}^{I}\sum_{j=1}^{J}\sum_{m=1}^{M}\mu_{imj}(t_i)\times Q_{imj}\times\theta_{imj} \tag{6-2}$$

$$\min Z_2 = \sum_{i=1}^{I}\sum_{j=1}^{J}\sum_{m=1}^{M}(1-\beta X'_{imj})\times C_{imj}\times\theta_{imj} \tag{6-3}$$

$$\max Z_3 = \sum_{i=1}^{I}\sum_{j=1}^{J}\sum_{m=1}^{M}X_{imj}\times\theta_{imj} + \sum_{i=1}^{I}\sum_{j=1}^{J}\sum_{m=1}^{M}\sum_{m=1}^{M-1}\alpha_{jl}\times\theta_{imj}\times\theta_{i(m+1)l} \tag{6-4}$$

$$\max Z_4 = \sum_{i=1}^{I}\sum_{j=1}^{J}\sum_{m=1}^{M}S_{imj}\times\theta_{imj} + \sum_{i=1}^{I}\sum_{j=1}^{J}\sum_{m=1}^{M}G_j\times\theta_{imj} \tag{6-5}$$

$$s.t.\sum_{j=1}^{J}\sum_{m=1}^{M}\mu_{imj}(t_i)Q_{imj}\times\theta_{imj}\geqslant Q_i^* \tag{6-6}$$

$$\sum_{j=1}^{J}\sum_{m=1}^{M}(1-\beta X'_{imj})C_{imj}\times\theta_{imj}\leqslant C_i^* \tag{6-7}$$

$$\sum_{i=1}^{I}\sum_{m=1}^{M}S_{imj}\times\theta_{imj}\leqslant S_j \tag{6-8}$$

$$\sum_{j=1}^{J}\theta_{imj}\leqslant 1 \tag{6-9}$$

模型中有四个目标函数，式（6–2）~式（6–5）表示四个优化目标，分别代表服务效果最大化、服务成本最小化、服务组合配合度最大化和服务组合柔性最大化；式（6–6）~式（6–9）表示四个约束条件，其中式（6–6）和式（6–7）分别表示农户 i 接受的服务组合的总质量要高于其预期、服务组合的总成本要低于其预期，式（6–8）表示服务供应商的资源约束，即他能满足的需求不能高于其资源储备，式（6–9）表示农户 i 在每一阶段至多选择一个服务供应商获取相应的生产服务。

6.5 算法介绍

本研究模型是典型的带约束的多目标优化问题，不仅需要考虑约束条件的限制，而且还要在可能存在冲突的不同目标之间进行权衡。这类问题属于NP难问题，当问题规模较大时采用精确类算法进行求解往往要花费较长时间，因此在解决此类复杂的NP难问题时，通常会采用元启发式算法。在元启发式算法局部搜索的基础上引入随机算法，避免陷入局部最优，搜寻全局最优解，如禁忌搜索算法、模拟退火算法、遗传算法、蚁群算法等（姚建明，2015a；鲁城华和寇纪淞，2018；杨扬和姚建明，2020）。由于模型的决策变量为0—1，针对此类整数规划问题，遗传算法不存在对函数连续性和求导的限定，并且具有较好的全局寻优能力（马永杰和云文霞，2012），同时相较于其他启发类算法，遗传算法具有自组织、自适应和自学习性（刘畅和姚建明，2020），比较适合文中模型的求解。因此，针对基于协调度刻画的农业服务供应链调度问题，本研究选取遗传算法进行求解，算法设计的基本思路参考Wang and Yao（2021）的算法设计。

6.5.1 约束条件的处理

为使算法能在有效的时间内取得满意解，本研究使用罚函数法将模型中的约束条件（6–6）、（6–7）、（6–8）加入目标函数中，其表述为：

$$F_1 = \sigma \sum_{i=1}^{I} \left[\max \left\{ 0, Q_i^* - \sum_{j=1}^{J} \sum_{m=1}^{M} \mu_{imj}(t_i) Q_{imj} \times \theta_{imj} \right\} \right]^2 \tag{6–10}$$

$$F_2 = \sigma \sum_{i=1}^{I} \left[\min \left\{ 0, C_i^* - \sum_{j=1}^{J} \sum_{m=1}^{M} (1 - \beta X'_{imj}) C_{imj} \times \theta_{imj} \right\} \right]^2 \tag{6–11}$$

$$F_3 = \sigma \sum_{j=1}^{J} \left[\min \left\{ 0, S_j - \sum_{i=1}^{I} \sum_{m=1}^{M} S_{imj} \times \theta_{imj} \right\} \right]^2 \tag{6–12}$$

$$F = F_1 + F_2 + F_3 \tag{6–13}$$

其中，σ 是一个充分大的正数，即罚因子。当约束条件（6–6）~（6–8）均被满足时，罚函数值为0。约束条件（6–9）为对决策变量的取值约束，该条件将会在后续编码过程中被满足。

6.5.2　目标函数的处理

本研究采用线性加权的方法将多目标优化问题转为单目标优化问题。由于模型的4个目标函数有的需要求最大值，有的需要求最小值，因此首先我们对求最大值的目标函数进行变换，取倒数将其转化为求最小值问题。将目标函数（6–2）、（6–4）、（6–5）转换为下式（6–14）~式（6–16）的最小值问题：

$$\min Z'_1 = \frac{1}{\sum_{i=1}^{I} \sum_{j=1}^{J} \sum_{m=1}^{M} \mu_{imj}(t_i) \times Q_{imj} \times \theta_{imj}} \tag{6–14}$$

$$\min Z'_3 = \frac{1}{\sum_{i=1}^{I} \sum_{j=1}^{J} \sum_{m=1}^{M} X_{imj} \times \theta_{imj} + \sum_{i=1}^{I} \sum_{j=1}^{J} \sum_{m=1}^{M} \sum_{m=1}^{M-1} \alpha_{jl} \times \theta_{imj} \times \theta_{i(m+1)l}} \tag{6–15}$$

$$\min Z'_4 = \frac{1}{\sum_{i=1}^{I} \sum_{j=1}^{J} \sum_{m=1}^{M} S_{imj} \times \theta_{imj} + \sum_{i=1}^{I} \sum_{j=1}^{J} \sum_{m=1}^{M} G_j \times \theta_{imj}} \tag{6–16}$$

同时，考虑到不同目标函数间的量纲存在差异，因此参考文献（Wang and Yao，2021）对目标函数进行无量纲化处理。通过对每个目标函数赋予相应权重，我们可以将多目标函数转化为单目标函数。目标间的权重会根据决策环境的不同而发生改变，例如当某一地区农户普遍种植技术相对成熟完备的作物时，服务平台会侧重考虑服务组合的配合度，在保证服务效用的基础上进一步提高当地的农业运作效率；再如当某一地区的农户资源基础较为薄弱、抗风险能力差时，服务平台会优先考虑服务组合的柔性，保障农户生产活动的顺利进行。因此，本模型的目标函数通过线性加权变为如下形式：

$$\min Z = a\frac{Z_1^{'}}{\min Z_1^{'}} + b\frac{Z_2}{\min Z_2} + c\frac{Z_3^{'}}{\min Z_3^{'}} + d\frac{Z_4^{'}}{\min Z_4^{'}} + F \tag{6-17}$$

其中，$\min Z_1^{'}$、$\min Z_2$、$\min Z_3^{'}$、$\min Z_4^{'}$ 分别是求解单目标时模型取得的最小值。a、b、c、d 分别是四个目标函数的权重，并且 $a+b+c+d=1$。

6.5.3 遗传算法流程

步骤1：初始化种群。本研究采用实数编码的方式。染色体长度取决于调度面向的所有农户的总决策个数，即 $I \times M$，因此第 im 位基因的取值含义为第 i 位农户在第 m 阶段选择的供应商编号。

步骤2：对亲代种群进行遗传操作，包括交叉、变异，生成新种群，与亲代种群混合至一起并计算每个个体的适应度。

步骤3：采用轮盘赌和精英策略来选择染色体，并保留每一代中最好的染色体形成下一代种群。

步骤4：判断是否停止。当程序的迭代次数达到设定的最大迭代次数时，停止运算。

遗传算法的编程逻辑如图6-2所示。

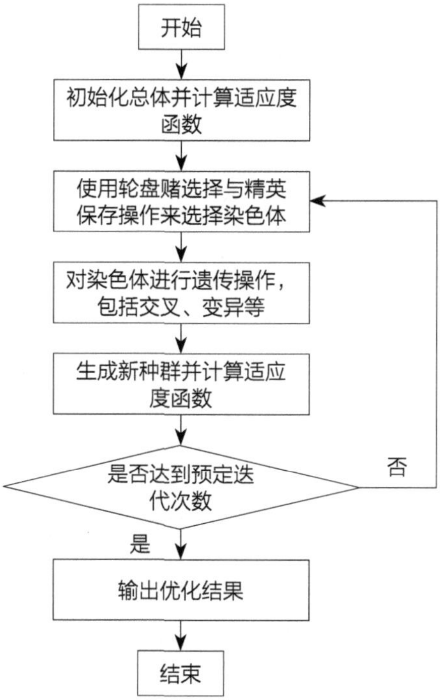

图6-2　遗传算法编程逻辑

6.6 算例分析

6.6.1 算例描述

本研究假设农户的决策之间是彼此独立的，因此下文将以一位农户的全阶段农业生产活动为例进行模拟仿真计算。其种植的作物在良种购买、播种育苗、农田灌溉、施肥撒药、作物收割、产品售卖六个阶段需要购买相应服务，我们以 $m_1 \sim m_6$ 分别表示。该农户所在县域共有8家农业服务供应商，分别以 $j_1 \sim j_8$ 表示，其中 $j_1 \sim j_4$ 为综合类农业服务供应商，他们可以在各个阶段为农户提供相应农业服务，$j_5 \sim j_8$ 为专业类农业服务供应商，他们可以为部分阶段的农业生产提供相应服务。每家农业服务供应商所提供的具体服务范围如表6-2所示。

表6-2　服务供应商提供的服务范围

	j_1	j_2	j_3	j_4	j_5	j_6	j_7	j_8
m_1	√	√	√	√	√		√	
m_2	√	√	√	√	√		√	
m_3	√	√	√	√	√	√		
m_4	√	√	√	√	√	√		
m_5	√	√	√	√		√		√
m_6	√	√	√	√		√		√

调度方案运作参数基于前文所述的多维度评价指标体系计算得出，表6-3为各阶段的农业服务供应商提供服务时的相应参数，表6-4为服务供应商的运营参数，包括与其他服务供应商的配合程度和抗风险能力。所有参数均经过去单位化和归一化处理。

表6-3　服务供应商提供服务的相应参数

阶段	供应商	服务质量	服务成本	协调度	资源富余度
m_1	j_1	0.46	0.7	0.69	0.45
	j_2	0.49	0.61	0.64	0.55
	j_3	0.53	0.64	0.61	0.54
	j_4	0.59	0.61	0.68	0.49
	j_5	0.64	0.76	0.74	0.65
	j_6	0.87	0.82	0.32	0.73
m_2	j_1	0.59	0.7	0.64	0.41
	j_2	0.47	0.6	0.62	0.54

续表

阶段	供应商	服务质量	服务成本	协调度	资源富余度
m_2	j_3	0.6	0.68	0.64	0.46
	j_4	0.59	0.68	0.61	0.41
	j_5	0.73	0.74	0.81	0.67
	j_6	0.89	0.84	0.58	0.77
m_3	j_1	0.52	0.69	0.61	0.58
	j_2	0.57	0.61	0.69	0.56
	j_3	0.47	0.64	0.7	0.47
	j_4	0.51	0.63	0.66	0.49
	j_5	0.72	0.75	0.73	0.65
	j_6	0.64	0.74	0.8	0.63
m_4	j_1	0.59	0.68	0.61	0.48
	j_2	0.57	0.64	0.62	0.36
	j_3	0.59	0.69	0.64	0.39
	j_4	0.55	0.62	0.68	0.44
	j_5	0.69	0.71	0.73	0.66
	j_6	0.72	0.72	0.76	0.62
m_5	j_1	0.49	0.63	0.6	0.37
	j_2	0.53	0.61	0.6	0.55
	j_3	0.55	0.61	0.62	0.36
	j_4	0.58	0.69	0.66	0.37

续表

阶段	供应商	服务质量	服务成本	协调度	资源富余度
m_5	j_6	0.71	0.71	0.79	0.65
	j_8	0.82	0.8	0.53	0.76
m_6	j_1	0.59	0.66	0.67	0.35
	j_2	0.53	0.65	0.66	0.37
	j_3	0.47	0.61	0.65	0.43
	j_4	0.47	0.69	0.65	0.39
	j_6	0.66	0.72	0.82	0.65
	j_8	0.79	0.89	0.45	0.8

表6-4 服务供应商之间的配合程度及抗风险能力参数

	抗风险能力	j_1	j_2	j_3	j_4	j_5	j_6	j_7	j_8
j_1	0.86	1	0.99	0.99	0.91	0.84	0.86	0.68	0.7
j_2	0.82	0.99	1	0.98	0.93	0.72	0.84	0.72	0.74
j_3	0.82	0.99	0.98	1	0.93	0.83	0.88	0.67	0.71
j_4	0.89	0.91	0.93	0.93	1	0.8	0.88	0.65	0.71
j_5	0.62	0.84	0.72	0.83	0.8	1	0.97	0.72	0.74
j_6	0.7	0.86	0.84	0.88	0.88	0.97	1	0.7	0.73
j_7	0.77	0.68	0.72	0.67	0.65	0.72	0.7	1	0.58
j_8	0.81	0.7	0.74	0.71	0.71	0.74	0.73	0.58	1

6.6.2　算例结果

本研究刻画的农业社会化服务供应链调度优化是一个多目标优化问题，包括服务效果最大化、服务成本最小化、服务组合配合度最大化和服务组合柔性最大化。本研究对这四个目标进行均衡考虑，相应权重分别是{0.3；0.3；0.2；0.2}。使用MATLAB_2020a软件进行编程，经过反复实验，确定较为适合的算法参数是：种群规模300、交叉概率0.9、变异概率0.6、迭代次数200次。对算例进行计算50次，平均计算时间为25.22s，计算效率较高；达到收敛时，最优适应度的平均值为1.138844，最大值为1.152477，最小值为1.131648，与平均值的偏差分别为1.20%和0.63%，计算结果比较稳定，算法的鲁棒性较好。在该算例中，最优调度方案对应的服务效果、服务成本、服务组合配合度和服务组合柔性四个目标函数值分别为4.37、4.51、8.19和8.44。图6-3为模型适应度收敛结果图，图6-4为四个目标函数收敛结果图，表6-5为最优调度方案。

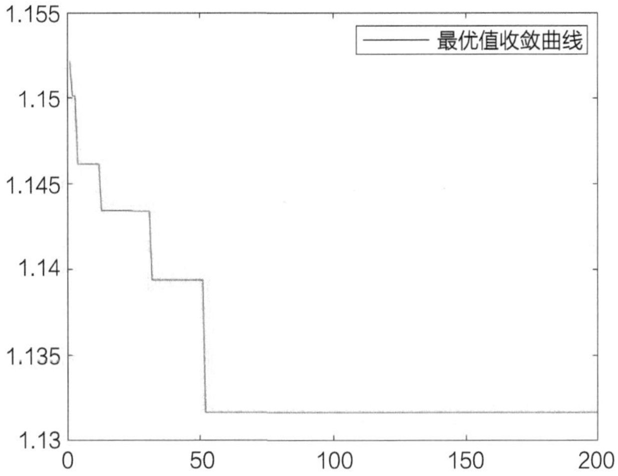

图6-3　模型适应度收敛结果

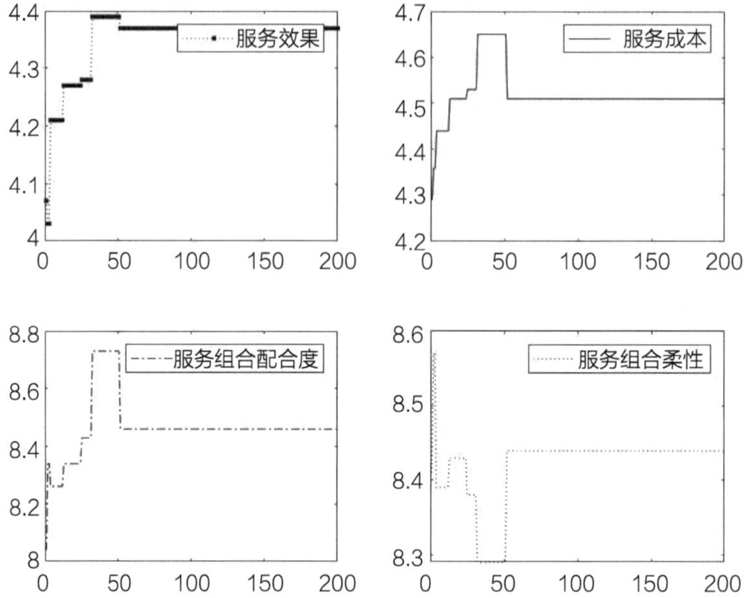

图6-4 目标函数收敛结果

表6-5 最优调度方案

	m_1	m_2	m_3	m_4	m_5	m_6
供应商选择	j_4	j_5	j_5	j_6	j_8	j_8

该调度方案给出农户在农业生产各个阶段的最优农业服务供应商，由服务供应商j_4提供第一阶段的良种购买服务，由服务供应商j_5提供第二阶段的播种育苗及第三阶段的农田灌溉服务，由服务供应商j_6提供第四阶段的施肥洒药服务，由服务供应商j_8提供第五阶段的作物收割及第六阶段的产品售卖服务。

通常来讲，综合类服务供应商提供的服务效用较为适中，但是由于其业务范围跨度广因而能够保证不同阶段的农业活动衔接顺畅，专业类服务供应商只在部分农业生产阶段提供服务，其服务效用较好，但难以兼顾与上下阶段供应商的协作配合。而在该最优调度方案中，既包含了综合类服务供应商，又包含了专业类服务供应商，因此能够在一定程度上平衡服务效用和服务组合运行效率。另外 j_5、j_6 与其他服务供应商的配合程度都比较好，因此在中期的农业生产活动中，它们两个被优先选择来保证服务组合运行顺畅，显示出该调度方案的合理性。总体来讲，本研究的模型与算法针对基于协调度刻画的多阶段农业社会化服务供应链调度问题给出了较好的求解结果。

6.7　结语

农业社会化服务体系的建设在农业现代化过程中越来越受到重视与关注，广泛的社会主体参与到农业的生产进程中为农业生产主体提供服务是提升农业集约化、专业化的前提和基础。但是农业生产者只是简单地在一个或多个环节获得社会化服务是无法形成有效体系的，也不会形成真正的现代化农业生产结构，生产效率的提升效果有限。因此本研究考虑依托农业服务平台，从整体系统的角度考虑农业服务供应链调度问题，为农业生产性服务规模化提供创新性的组织形式思路。

首先，本研究从提供农业服务的特殊性入手，指出农户与服务供应商之间的协作关系，从而强调两者在资源匹配程度即协调度的重要性，并提出协调度的多维评价体系；其次，在协调度刻画的基础上，本研究结合了农业生产活动的特点，构建了多目标、多阶段服务供应链优化模型；最后，根据模型对遗传算法进行设计和改进，并较好地验证了模型和算法的有效性。

随着农业社会化服务体系中主体逐渐丰富和多元，如何进行有效的调度，将资源分配到最合适的地方是进一步提高农业社会化服务体系运转效率的关键。在今后的研究中会进一步考虑农业社会化服务体系中主体的动态交互，对农业生产这一特殊情境下的服务供应链调度优化问题进行深入剖析研究。

7 考虑环境温度变化的生鲜宅配骑手资源调度优化研究

7.1 引言

伴随着新零售商业模式的兴盛，消费者对生鲜宅配的需求随着经济发展不断增长，而疫情又促使生鲜宅配模式在更广范围内得到应用，第三方配送平台、头部电商、传统商超企业纷纷在生鲜宅配领域探索出了多种类型的配送模式，充分满足消费者对生鲜配送的便捷性需求。总体而言，当前，生鲜宅配在中国市场呈现出蓬勃发展的态势。

然而，生鲜宅配在“最后一公里”上门配送时，一直存在生鲜变质、包装损坏、冷链成本过高等问题。到家的生鲜损耗率较高，消费者满意度较低，配送商成本较高。如遇保鲜包装袋破裂、骑手没能及时送达等问题，配送产品或将变味、损坏，引发食品安全问题，严重影响用户消费满意度和配送商成本，而骑手也会因订单的随机分配遇到上述情况而承担相应的惩罚后果。2017年，商务部出台文件提出冷链物流需保障食品安全，创新经营管理，提高物流信息化水平，促进消费升级。在《“十四五”冷链物流发展规划》中，国务院办公厅提出要聚焦“6+1”重点品类（包括肉类、水果、蔬菜、水产品、乳品、速冻食品等主要生鲜食品以及疫苗等医药产品），分类优化冷链服务流程与规范，完善仓储、运输、流通加工、分拨配送、寄递、信息等冷链服务功能。这都要求生鲜冷链配送过程中，更加注意品类要素，优化配送结构，保障食品安全。

生鲜宅配“最后一公里”问题频发，对公共食品安全、生鲜配送商、消费者和骑手都有着重大影响。所以，解决生鲜宅配“最后一公里”问题的关键在于，如何根据异质性环境，尤其温度变化情况下，基于异质性的订单对骑手资源进行调度。

针对上述现状，当前已有学者研究了生鲜电商末端降本增效的调度优化问题（邓慧和张志彬，2021），计算机方向的学者关注了如何用物联网技术提高快件末端配送效率等方面（李晓茹等，2021），但都没有将温度变化与订单品类的要素纳入物流调度的模型中。另一方面，已有研究分析得出生鲜宅配情况下，影响消费者满意度的问题集中在：不同品类的保鲜程度、货物完好程度、运输包装形式、配送时效性（蓝骁，2022）……但并未提出合理的解决方案。而本研究将把温度要素纳入生鲜“最后一公里”的骑手调度模型中，基于温度变化及订单对骑手资源进行调配。

因此，为解决生鲜宅配“最后一公里”生鲜品质差损耗率高、消费者的时效满意度低及配送商成本过高的问题，本研究将从生鲜宅配“最后一公里”的场景问题入手，分析该场景中温度变化较大的特点，基于生鲜产品的独特属性，基于异质性条件下骑手资源调度这一核心问题，构建生鲜宅配“最后一公里”调度决策的多目标优化数学模型，并给出算法，进行求解。

7.2 “最后一公里”生鲜配送关键问题的场景分析

与普通的“最后一公里”配送不同的是，生鲜宅配的产品大多为瓜果蔬菜、蛋肉奶类、水产类、冷冻熟食甜品等，对保温、保鲜要求较高，且不同品类食物的保温、保鲜条件各不相同。在物流配送途中，生鲜的品类特性必然要求更严苛的制冷和保温条件、更精准的保鲜条件、更及时的送达时间、更完善的包装保护条件。因此，生鲜的“最后一公里”配送要求骑手更精准、更快速地送达生鲜，以降低生鲜损耗率，根据实时气温、订单数等异质性环境对异质性的订单进行配送。可见，在当前的生鲜宅配问题中，最核心的是“最后一公里”产品的品质保障与时效性、成本的综合问题，因为生鲜宅配的特点在于异质性的环境对配送质量有着实时的、迅速变化的影响。比如，因为中午气温高，如果要配送冰激凌、酸奶等产品，则需要更快的配送速度、更完备的保温条件，需要骑手有相应的素质条件来应对高温环境。

7.2.1 生鲜产品物流配送的特征分析

（1）多样化的生鲜品类

不同的生鲜品类在质量保证、食用指标上有多种类型的特性，而不同的消费者又对生鲜产品的特性有不同的权重评价。综合来说，用户对生鲜订单中某一类产品的某一特性会有其特殊的评价指标，这些评价指标将整合为多个生鲜特性的维度，这些维度的评价分数将影响消费者对配送到家的生鲜损耗率评价。

比如以下生鲜产品有五类对应特性，这五类特性将受到消费者的重点关注。消费者对不同品类的生鲜产品在五类不同特性上，将给出不同的评价权重，这将导致这些品类的生鲜出现两大类损耗率的衡量维度：易腐性和脆弱性。表7-1展现了多个种类的生鲜产品，其各自具有一定的权重，会影响生鲜配送到家的损耗率程度，如：蔬菜瓜果（时效性，腐烂、损坏）、肉类/冻鱼制成品（时效性、保鲜）、冰激凌（包装、制冷）、大闸蟹/水产/活禽类（损坏）……

表7-1　生鲜品类

衡量维度	生鲜特性	用户评价权重										
		叶类蔬菜	多汁皮薄瓜果	根茎类果蔬	红白肉类	冷冻肉禽类	活鱼水产	圈养活禽	虾蟹壳类	糕点熟食	冷冻甜品	备注
……	……											
易腐性	易腐烂程度											−
	保温程度											+
	保鲜程度											+
参数σ_d												
脆弱性	易损坏程度											−
	鲜活程度											+
参数σ_f												
……	……											

如图7–1所示，用户对特定品类生鲜的特性关注程度不同，故对不同品类的生鲜货物给出2类生鲜损耗率衡量维度：易腐性σ_d与脆弱性σ_f。基于生鲜品类的本身特性σ，在具有品类m的订单配送到用户n手中的过程里，生鲜产品本身将产生一个损耗率因子，该损耗率因子将构成生鲜品类特性TP_{mn}，对生鲜损耗率R_b产生影响，从而影响用户的服务体验。由于用户对生鲜损耗率衡量维度的权重因人而异，故后文模型建构中，订单的生鲜品类特性以专家打分的方式进行简化。

（2）易变性的温度环境

生鲜送达用户手中时，除生鲜品类自身特性影响了生鲜损耗程度，骑手运输过程中的环境温度也将加重生鲜损耗的程度。考虑到生鲜运输大多是24h内配送，且一日24h内温差与四季温差变化同理，故本研究选择一天

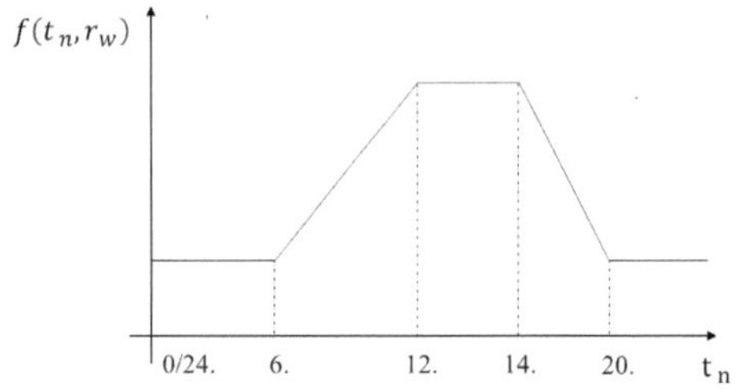

图7-1　生鲜配送的环境温度模型

24h内的温度变化作为参数指标。若骑手于早上出发，生鲜产品受到炎热气温的影响较小，损耗程度较低，送达用户手中的满意度也将更高；若骑手于中午出发，生鲜产品容易受到高温影响，加重产品损耗程度。天气与一日的时间有关，设定24h的时间为两部分，从早上6点到中午12点为转热期，从中午12点到下午2点为高温保持期，从下午2点到晚上8点为转凉期，从晚上8点到第二日早上6点为低温保持期。

如上文所述，生鲜品类特性自身对生鲜损耗率已经造成了影响 TP_{mn}，而环境温度将进一步加剧这一影响。骑手的出发时间决定了此时环境中存在一个温度影响因子，记为天气系数 TR_w，该天气系数将继续对生鲜损耗率产生叠加影响。此时，生鲜损耗率 R_{bmn} 同时受到 TP_{mn} 和 TR_w 的双重叠加作用。假设基于生鲜的品类特性，存在5类订单，这5类订单的订单品类特性指数 TP_{mn} 各不相同，发出时间存在4种可能性，则订单的生鲜损耗率关系如表7-2所示。

表7-2　订单品类特性及发出时间天气系数示例表

订单品类特性	发出时间的天气系数 TR_w				生鲜损耗率 R_{bmn}
	转热期 TR_{w1}	高温期	转凉期	低温期 TR_{w4}	
TP_{mn1}	(TP_1, TR_1)				$TP_1 * TR_1$
TP_{mn2}					

续表

订单品类特性	发出时间的天气系数 TR_w				生鲜损耗率 R_{bmn}
	转热期 TR_{w1}	高温期	转凉期	低温期 TR_{w4}	
TP_{mn3}					
TP_{mn4}					
TP_{mn5}				（TP_5, TR_4）	$TP_5 * TR_4$

如表7–2所示，发出时间处于升温期的订单，都将在配送途中产生转热系数 r_{wu} ，在骑手配送过程中，TR_{wu} 将对生鲜损耗率 R_b 产生正向影响；发出时间处于降温期的订单，将在配送途中产生转凉系数 r_{wd} ，即 TR_{wd} 将对生鲜损耗率 R_b 产生负向影响；发出时间处于高温保持期的订单，天气系数对生鲜损耗率的影响系数维持在12点的强度；发出时间处于低温保持期的订单，天气系数对生鲜损耗率的影响系数维持在晚8点的强度。

7.2.2　骑手属性对订单配送的调度影响

基于前文分析，生鲜配送需要降低损耗率，提高配送效率。配送商需要根据品类和天气，以提高消费者满意度和降低配送商成本为前提，根据第三方骑手的各类属性对骑手进行调配。当前市场上骑手具备不同条件的配送装备，比如，部分骑手已装备了简易制冷保温箱，在配送受高温条件影响严重的货物时，有更大的优势。对于保鲜要求高的货物，骑手的配送速度越快、同期接单率越低，则对于货物送达时的高质量影响程度越大。

在配送货源稳定且优质的情况下，配送商只需要在订单池集中进行选择，基于商品品类挑选某特定属性的订单。在特定的天气条件下，赋予特定属性的骑手，以此实现高满意度、低成本的配送。

比如某骑手 i 具有以下属性：单次配送的载重量 we_i ，即一次配送可以承接的产品数量；骑手平均速度 v_i ，这取决于骑手装备的质量，速度越快则配送过程中受到环境温度的影响越小，生鲜产品因此损耗程度越低；骑手自身装备的制冷条件或保温条件 $cond_i$ ，制冷或保温条件越好，生鲜产品在运输过程中受到环境温度影响越小，其自身品类特性对生鲜损耗程度影响也越小；单个骑手送一个订单的成本 co_i ，该成本仅为人力成本，不考虑产品相关因素。骑手属性示例如表7–3所示，基于骑手的各类属性，可以将不同品类组合的生鲜订单调配给不同骑手，以保障生鲜产品运送的高质量、高效率。

表7–3　骑手属性示例表

属性	骑手1	骑手2	骑手3	……	骑手i
we_i					
v_i					
$cond_i$					
co_i					
……					

7.3 “最后一公里”生鲜配送调度中的多指标优化目标构建

7.3.1　生鲜损耗率 R_{bmn} 的满意度

生鲜宅配情境下，生鲜损耗率为配送服务商的重点关注。不同于其他商品，消费者网购生鲜的目的在于便捷性，无须前往商店提取水果生鲜，而是随时随地以较低价格获取新鲜的产品。

某一生鲜产品在“最后一公里”配送时，其生鲜损耗率 R_{bmn} 取决于某订单n的订单品类特性 TP_{mn} ，及订单n在发出时间点 t_n 时的天气温度情况 TR_n ，清晨配送瓜果蔬菜的损耗率和正午配送冷冻鱼的损耗率之间必然存在巨大的差异。生鲜发出时间的天气因素与生鲜订单品类特性对生鲜损耗率的影响分别为TR_w和TP_{mn}，R_{bmn}为订单n的生鲜损耗率，表达式为：

$$R_{bmn} = TP_{mn} * TR_w$$

此处将24h全天纳入考虑范围，不考虑运输时间T_n，运输时间将放入生鲜损耗成本及消费者满意度中计算，运输时间越长将导致运输成本越高，消费者满意度越低。

（1）生鲜品类

如上文所述，生鲜产品包括瓜果类、蔬菜类、水产类、蛋奶类、肉类、冷冻类及熟食类等，而这些不同品类的生鲜产品都具有一定的损耗特性。比如，易腐性表示瓜果肉鱼类等需要冷冻保鲜类的产品，会因为气温高、运输速度慢等原因而坏掉σ_d；脆弱性表示高端瓜果、蛋奶类等易碎产品，需要安全的包装，如运输过程中有物理损伤，将影响生鲜损耗率σ_f。其他生鲜产品如鲜果汁、熟食、蛋糕面点等虽易腐性和脆弱性程度较低，但也因易损坏程度等二级特性突出，也纳入考虑范围。用户对每类生鲜产品的易腐性σ_d和脆弱性σ_f评价程度不同，即σ_d与σ_f因m而变化。

TP_m表示因为生鲜品类特性而造成的、下单用户对某个生鲜品类的参数，这将对生鲜损耗率R_b产生进一步影响。品类特性TP_m表达式如下，σ 表示生鲜产品具有的某种易损耗特性，其中ρ为[0,1]之间的随机参数：

$$TP_m = \rho * \prod_1^m \sigma_m$$

将全部生鲜产品m按照品类特性TP_m进行整合，打包后组成订单n，依据特定权重组合各类TP_m（TP_1，TP_2，…，TP_m），得到用户衡量该生鲜订单n的订单品类特性指数TP_{mn}，表达式为：

$$TP_{mn} = \sum_1^n \rho * \prod_1^m \sigma_m \text{。}$$

（2）生鲜配送时的天气温度

生鲜发出时，当天时间点为t_n，天气系数为r_w。转热和转凉期间皆存在对生鲜损耗率的天气系数：转热系数r_{wu}和转凉系数r_{wd}。r_w天气系数与发出时间点t_n将对生鲜配送的保鲜程度有关键性作用。当配送时间处于转热期或转凉期时，生鲜损耗率将受到发出时间t_n和天气系数R_w的交互影响；当配送时间处于低温或高温保持期时，损耗率将维持在最高温或最低温的损耗常数程度。

因现实的生鲜配送必然存在不为0的损耗系数，故本研究假设在某天的转热期开始前，已存在一定的损耗率，即生鲜损耗率函数为$f\left(t_n,r_w\right)$，取值不为0，且暂不考虑第一日与第二日之间存在温差变化，故当t_n处于0点到6点的取值，与20点到24点的生鲜损耗函数表达式一致。其中，天气系数R_{wu}为[0,1]之间的随机参数，R_{wd}为[−1,0]之间的随机参数：

$$TR_w = f\left(t_n,r_w\right) = \begin{cases} r_{wu}\left(t_n-6\right), 6<t_n\leqslant 12 \\ \max\left(r_{wu}\left(t_n-6\right)\right), 12<t_n\leqslant 14 \\ r_{wd}\left(t_n-14\right), 14<t_n\leqslant 20 \\ \min\left(r_{wd}\left(t_n-14\right)\right), t_n\in\left[0,6\right],\left[20,24\right] \end{cases}$$

7.3.2 消费者的服务满意度S_{mn}

消费者在生鲜宅配的场景下，主要受运达时长、生鲜损耗程度的影响，运达时间过长将导致消费者退款或差评等结果，生鲜损耗率过高更将直接降低服务满意度。消费者的服务满意度评价S_{mn}是一个极为重要的指标，将直接影响生鲜配送商的未来订单情况。

q为生鲜发出时的质量，对配送商而言，所有品类进入配送中心时的质量一致，在配送中心储存期间不存在明显的品类损耗，皆为q。在货物发出之后，生鲜订单开始出现损耗。消费者满意度同时受到运输时长和生鲜配送损耗程度的影响，而生鲜损耗程度受到骑手出发时间点的环境温度和订单品类特性的影响。

如能及时送达，消费者满意度为不为0的函数，由以下等式表示，其中，T_n为运输时长，p为时长与满意度函数的系数，为[−1,0]的常数：

$$S_{mn}=p*T_n+q*R_{bmn}$$

即

$$S_{mn}=p*T_n+q\left(TP_{mn}*TR_w\right)$$

若不能及时送达（包括提前送达、滞后送达），因为生鲜质量将会继续变差，增加配送商服务商的协商成本，发生此类超时状况时，消费者满意度函数如下，其中 ε 为[-1,0]的参数：

$$S_{mn}=\varepsilon*\max\left\{\left(\alpha_{in}-lt_n\right),\left(\alpha_{in}-rt_n\right)\right\}$$

上式中，α_{in} 表示骑手 i 送达用户n的时间，t_n 为骑手出发的时间点，且 $\alpha_{in}=t_n+T_n$，表示用户n的时间窗左端，rt_n 表示用户n的时间窗右端。

故消费者的服务满意度函数为：

$$S_{mn}=\begin{cases}p*T_n+q*R_{bmn},lt_n\leqslant\alpha_{in}\leqslant rt_n\\ \varepsilon*\max\left\{\left(\alpha_{in}-lt_n\right),\left(\alpha_{in}-rt_n\right)\right\},lt_n\geqslant\alpha_{in}\cup rt_n\leqslant\alpha_{in}\end{cases}$$

7.3.3　配送商总成本 C_{mni}

基于生鲜宅配的特殊属性，配送商需要同时考虑运输时的冷链保鲜成本（技术成本）、运输载重成本（骑手人工成本）、生鲜损耗赔偿成本（当消费者满意度低于某个值时才产生）。其中，（1）技术成本指的是，为了保持生鲜质量稳定，物流配送时，配送商在产品运输过程中为保障生鲜损耗率最低，配送到消费者手中质量最好，需要付出技术成本 C_{te}。技术成本体现在骑手属性中，如“可制冷骑手”的运输装备中技术成本更高，即制冷能力越好的骑手亦即 $cond_i$ 越高，C_{te} 越高。（2）运输载重成本指的是，骑手人工运输的成本 C_d，在骑手的单人单次运输过程中，骑手载重属性 we_i 越好，则骑手人工成本越高，而生鲜损耗率越低，用户的服务满意度越高。（3）生鲜损耗成本指的是，当消费者满意度 S_{mn} 低于某一特定值时，即生鲜发生严重损坏情况或严重超时送达时，存在一定的赔偿成本，比如商品因运输不慎而损坏，严重超时导致用户要求退款等，这将产生生鲜损耗成本C_b，而该损耗成本将伴随骑手速度v_i的增加而降低，伴随骑手运输时长T_n的增加而增高，并伴随单位时间内的生鲜损耗率R_{bmn}增加而增加，C_b可表示为下式，其中，γ为[0,1]之间的参数：

$$C_b = \gamma \frac{T_n R_{bmn}}{v_i}$$

对某一骑手而言，配送商需要付出的成本为：

$$C_{mn} = n*(C_{te} + C_b + C_d) + co_i$$

故，配送商总成本如下式：

$$C_{mni} = i*(n*(C_{te} + C_b + C_d) + co_i)$$

为简化研究问题，本研究基于以下假设搭建模型：（1）生鲜供应商对配送商的供给充足且持续；（2）配送商从供应商处获取生鲜货物时，生鲜货物的初始损耗值皆为同一个固定值，且骑手取得货物出发前都不会对生鲜质量造成损耗；（3）配送商给1位骑手一次只派1个订单组合，其中包含多种品类的生鲜产品，即该订单组合类似于配送商对用户订单进行的二次组合分配，以最大化配送效率。

7.4　求解目标函数和算法算例

在刻画该调度模型过程中，我们需要根据订单产品品类特性，选取合适的骑手提供配送服务，实现运输损耗率最小化、服务满意度最大化和成本最小化。表7–4为参数及变量说明。

表7–4　参数及变量说明表

参数及变量	参数及变量说明
i	配送商自身所拥有的骑手索引
m	生鲜产品的品类索引
n	用户订单索引

续表

参数及变量	参数及变量说明
t_{mn}	配送商接到订单n之后配送出商品的时间点
T_{mn}	配送商发出m类产品订单n到用户收到产品的时间段，即骑手骑行时间
σ	基于生鲜品类的产品质量损耗特性，σ 与运输时间无关，仅表达生鲜损耗程度收到产品自身特性影响的属性
we_i	骑手 i 的配送载重，表达单次运输的订单容量
v_i	骑手 i 的速度
$cond_i$	骑手 i 的保温条件及制冷条件
co_i	骑手 i 的单人单次运输成本
R_{bmn}	基于生鲜品类与环境温度的生鲜损耗率
TR_n	环境温度对生鲜损耗率的影响系数
TP_{mn}	骑手 i 单次运输中，订单内生鲜品类对生鲜损耗率的影响系数
C_{mni}	配送商对骑手 i 进行调度配送的总成本

本研究构建了基于生鲜品类的多层时间窗配送调度优化数学模型，其优化目标主要包括三个方面：（1）保证准确运达时间，确保生鲜货物配送的量充足、质优良，提升消费者满意度；（2）配送商成本最小化，从而提高利润；（3）降低生鲜损耗率，以保证生鲜物流配送的整体质量，保证食品安全。

7.4.1　目标函数

$$\min Z_1 = \min \sum_{1}^{i} \frac{we_i}{v_i} R_{bmn} = TP_{mn} * TR_w = \sum_{1}^{i} \sum_{1}^{m} \frac{we_i}{v_i} * \rho * \prod_{1}^{m} \sigma_m * f\left(t_n, r_w\right) \quad (7-1)$$

其中，
$$TR_w = f(t_n, r_w) = \begin{cases} r_{wu}(t_n - 6), 6 < t_n \leqslant 12 \\ \max(r_{wu}(t_n - 6)), 12 < t_n \leqslant 14 \\ r_{wd}(t_n - 14), 14 < t_n \leqslant 20 \\ \min(r_{wd}(t_n - 14)), t_n \in [0,6],[20,24] \end{cases}$$

$$\text{Max}Z_2 = \text{Max}\sum_1^n nS_{mn} \#(2) \tag{7-2}$$

其中，
$$S_{mn} = \begin{cases} p * T_n + q * R_b, lt_n \leqslant \alpha_{in} \leqslant rt_n \\ \varepsilon * \max\{(\alpha_{in} - lt_n), (\alpha_{in} - rt_n)\}, lt_n \geqslant \alpha_{in} \cup rt_n \leqslant \alpha_{in} \end{cases}$$

$$\text{Min}Z_1 = \text{Min}C_{mni} = \sum_1^i \sum_1^n i * (n * (C_{te} + C_b + C_d) + co_i) \#(3) \tag{7-3}$$

其中，
$$C_b = \gamma \frac{T_n R_{bmn}}{v_i}$$

7.4.2 约束条件

本研究为带时间窗的车辆路径问题（VRPTW）。VRPTW问题指的是，存在一定数量客户，各自有不同数量的货物需求，配送中心向客户提供货物，配送人员负责分送货物组织适当的行车路线，以满足客户需求，在一定约束条件下，达到路程最短、成本最小等问题。

在本研究中，VRPTW需要达到的目标是多目标的集合，约束条件为：（7–1）时间窗约束，即需要所有货物都按时送达，单个骑手不可违背 $W(n)$ 的约束即所有骑手违反时间窗约束之和；（7–2）骑手的货载量，即某时刻路上所有骑手的货载量不可违背 $Q(m)$ 的约束即所有违反容量约束之和，亦即配送商中心掌握的所有生鲜资源。

考虑生鲜配送的“最后一公里”用户的时间窗问题，所有骑手的车载容量/订单数不会大于库存总数，给出以下约束条件：

$$s.t.quan(i) = \sum_1^i we_i * i \leqslant Quan(i) \#(1) \tag{7-4}$$

$$w(n) = \sum_1^n \max\{(\alpha_{in} - rt_n), 0\} \leqslant W(n) \#(2) \tag{7-5}$$

其中，$q(i)$表示配送生鲜时违反的容量约束之和，$w(n)$表示所有用户违反的时间窗约束之和。α_{in}表示一名骑手i从配送中心开始出发，到送完某位用户n的订单的花费时间，lr_n表示一位用户n的右时间窗。上式（7-4）用于约束（7-3）式中的成本，（7-5）式用于约束（7-2）式中的满意度指标。

7.4.3 算法

本研究所建模型是带约束的多目标优化问题，要考虑约束条件的限制，在多种目标中进行权衡优化，这类问题属于NP-hard问题，采用精确类算法求解往往需要花费较长时间，所以通常采用启发式算法，在启发式算法局部搜索的基础上引入随机算法，避免陷入局部最优，搜寻全局最优解，如模拟退火算法、禁忌搜索算法、遗传算法、蚁群算法等（鲁城华和寇纪淞，2018；杨扬和姚建明，2020）。

7.4.4 算例

基于以上算法思路，表7-5、表7-6将给出基于环境温度变化和产品品类的订单特性下，骑手调度配送案例的仿真模拟计算。在某一配送场景下，有四类不同品类特性的订单，会受到产品品类和环境温度的影响呈现出不同的损耗率，我们以$TP_{1n} \sim TP_{4n}$分别表示。配送商接到这四类用户订单后，共有5名骑手可以调度，分别以$i_1 \sim i_5$表示，骑手根据其自身的速度、配送载重、保温或制冷条件和单人单次运输成本的不同，对四类品类特性的订单提供的服务参数各不相同。以下所有参数都进行了去单位化和归一化处理。

表7-5 骑手配送生鲜产品的时间温度

订单品类特性	骑手出发时间的温度 TR_1			
TP_{mn1}	(TP_1 , TR_1)			
TP_{mn2}				
TP_{mn3}				
TP_{mn4}				
TP_{mn5}				(TP_5 , TR_4)

表7-6 骑手配送生鲜产品的服务参数

订单品类特性	骑手	产品损耗率	服务满意度	服务总成本
TP_{1n}	i_1	0.46	0.7	0.69
	i_2	0.49	0.61	0.64
	i_3	0.53	0.64	0.61
	i_4	0.59	0.61	0.68
	i_5	0.87	0.82	0.32
TP_{2n}	i_1	0.59	0.7	0.64
	i_2	0.47	0.6	0.62
	i_3	0.6	0.68	0.64
	i_4	0.59	0.68	0.61
	i_5	0.89	0.84	0.58
TP_{3n}	i_1	0.52	0.69	0.61
	i_2	0.57	0.61	0.69
	i_3	0.47	0.64	0.7
	i_4	0.51	0.63	0.66
	i_5	0.64	0.74	0.8
TP_{4n}	i_1	0.59	0.66	0.67
	i_2	0.53	0.65	0.66
	i_3	0.47	0.61	0.65
	i_4	0.47	0.69	0.65
	i_5	0.79	0.89	0.45

7.5　结语

生鲜宅配是当前新零售业态日益繁荣的折射窗口，越来越受到物流行业、消费者和社会主体的广泛关注。生鲜配送的“最后一公里”将生鲜售卖场景扩展到消费者家门口，售卖最后环节的场景从生鲜门店挪移到骑手配送的路上。但是，生鲜宅配因产品的特殊属性，尤其生鲜损耗程度，会受到运输时长、配送时环境温度的影响，从而对用户消费体验和配送商成本产生影响。因此本研究将配送时环境温度、生鲜产品品类特性作为考量因素，考虑骑手的实时配送情况，提出更高效和创新的物流配送调度方案。

本研究基于生鲜宅配这一特殊场景，创新地刻画了基于配送时环境温度和生鲜产品品类特性的生鲜损耗率指标，并将骑手特性与具有生鲜损耗率特征的产品订单进行筛选匹配，构建了多目标配送调度优化模型，根据模型对算法进行改进和求解，较好地验证了调度模型和算法的有效程度。

随着物流配送“最后一公里”场景不断更新和变化，如何对骑手进行调度，根据配送产品特性和骑手特征高效配送，提高全社会“最后一公里”物流网络的运行效率，将是未来研究的关键。本研究依然存在弊端和不足，在今后的研究中，考虑“最后一公里”骑手网络的构建、多订单协调交互等问题，将有助于进一步分析生鲜宅配这一场景，并为其他产品的“最后一公里”配送提供借鉴思路。

第三篇

无人零售模式下的供应链运作优化研究

作为新零售的重要代表形式，无人零售终端（例如，无人货架、自动售货机和无人便利店）一方面凭借着体积小的优势，广泛分布于静态（例如，办公室、商场、医院、社区等）和动态（例如，地铁、高铁等）等多类商业场景中；另一方面通过运用各类新技术（如人工智能、大数据等），给消费者带来便利的购物体验，同时也将大量人力从繁杂的零售业务中解放出来。然而，在无人零售模式推广使用的过程中，尚存在着商品品类难以满足消费者多样化需求以及服务中断现象频发等多项挑战，阻碍了新零售模式优势的发挥。

为应对上述挑战，推动无人零售终端新业态的不断成熟，有必要从其背后运行的整体供应链网络入手，探索如何使无人零售终端提供更加贴合消费者需求的商品或服务，同时保持服务的持续性和稳定性。显然，在不同场景下无人零售终端面对的消费者群体和具体运行环境不尽相同，其在供应链运作之中面临的挑战也有鲜明的差异，这就决定了各类企业、相关部门在整合无人零售的相关供应链资源或布局无人零售产业时需要从多种维度入手考虑。

在本篇中，我们选择了动态和静态、强社交与弱社交等多样化场景，探索无人零售模式供应链网络的运作优化问题，旨在高效整合供应链资源，布局稳定可靠的服务网络，提升消费者的购物体验，推动无人零售模式的长足发展。

8 考虑顾客需求偏好的无人零售终端供应链资源整合优化

8.1 引言

随着人们生活品质的提升，消费者越来越注重购物体验价值。为了提升消费者的购物体验价值，新零售这一新兴的零售模式应运而生（苏东风，2017；王正沛和李国鑫，2019）。无人零售终端（本研究仅探讨无人货架、自动售货机和无人便利店）作为新零售的一种表现形式，开始在全球范围内广泛布局。

然而，无人零售终端在向顾客提供商品和服务时，较多关注不同场景下顾客的商品类型偏好（如向学生提供文具、向办公室提供盒饭），往往忽略了不同场景下顾客对商品价格、品质和终端操作便捷性等差异化需求，这就导致顾客的购物体验价值大打折扣。显然，无人零售终端在向不同场景下的顾客提供商品时，需要以其背后运行的供应链网络为支撑，如信息商对终端缺货信息的监控，供货商基于相应的信息提供顾客所需的商品，物流服务商提供商品配送服务等。因此，为了满足不同场景下顾客对商品价格、品质和终端操作便捷性等差异化需求，核心企业必须从供应链网络整体入手，有针对性地做出整合决策。核心企业能否高效整合无人零售终端的供应链网络，既影响着消费者的购物体验，也影响着无人零售模式的长远发展。

由于无人零售终端分布场景广泛，其供应链涉及的成员种类和数量均较多。核心企业在对供应链资源进行整合时，面临着一些急需解决的问题：第一，核心企业如何准确地把握不同场景下顾客差异化的需求偏好，并将其引入到后续的整合决策和优化模型中；第二，如何将顾客差异化的需求与供应链网络中各类资源联系起来，从整体性角度把握供应链成员的整合适宜度。

当前，学者们对无人零售终端的研究大多集中在以下几个方面：（1）售货机的内部存货和补货问题：如Sakai et al.（1999）研究了售货机内部存储空间划分的问题；Miyamoto et al.（2003）建立了整数线性规划模型和启发式算法来研究最优的商品种类数量和补货时间点等；（2）售货机的销量预测问题：如钱永渭和余世明（2011）采用BP神经网络实现了罐装饮料智能售货机销售额的预测；洪鹏和余世明（2015）建立了一个ARMA模型，通过预测受制约销量来补偿实际销量以优化预测模型；（3）商品配送决策：如Rusdiansyah and Tsao（2005）以带时间窗的周期性车辆路径规划问题为基础，以补货频率为自变量，综合考虑了售货机的库存因素，建立了售货机的配送优化模型；Park and Yoon（2012）以最小化运输成本和缺货成本为目标，研究了自动售货机的配送问题。可以看出，目前有关无人零售终端的研究多数聚焦于其供应链资源中的某些环节展开，而从供应链整体角度进行探讨的文献较少。因此，从供应链整体角度对无人零售终端运行需要整合的供应链资源进行研究是十分必要的。

通过研读国内外学者在其他领域有关供应链管理、整合的理论及方法文献（姚建明，2011；姚建明，2012；姚建明，2015c；Yao, 2010），本研究从系统性角度出发，通过分析不同场景下顾客差异化的需求偏好，量化表示了不同场景下顾客对商品价格、品质以及终端操作便捷性等主要因素的敏感程度。在此基础上，探讨了供应链成员的筛选机理，采用模糊综合评价法量化分析了成员特征因素和顾客需求偏好之间的相关关系值，进而有针对性地提出了关键因素的筛选和分类方法。最后，搭建了相应的整合优化模型，设计了改进的蚂蚁算法对模型进行求解，并通过算例验证了模型和算法的可行性、有效性与可操作性。

8.2　不同场景下顾客的需求偏好分析

无人零售终端的特点是向不同场景下的顾客提供不同类型的商品，如向社区居民提供水果蔬菜、向车站旅客提供饮料和零食。但由于无人零售终端所处场景的差异性以及不同场景下顾客在学历、年龄、收入、购买习惯等方面的差异，导致了不同场景下顾客差异化的需求偏好，即对商品价格、品质和终端操作便捷性等的敏感程度不同，具体体现如表8-1所示。其中，终端操作便捷性是指顾客在不同类型的无人零售终端选购商品时，具体操作步骤和支付方式等的复杂程度。例如，有些终端需要通过下载App并注册后才能购买到优惠商品，而有些终端则只需通过微信关注便可实现。

表8-1　不同场景下顾客的差异化需求偏好举例

场景M	差异化的需求偏好	含义	表现
场景1（老年社区）	终端操作便捷性>价格>品质	老年群体对终端操作的复杂程度较为敏感	若终端操作较为复杂，老年人操作有困难会放弃购买商品
场景2（办公场所）	品质>价格>终端操作便捷性	办公场所的顾客对商品品质较为敏感	若无人零售终端所售盒饭的品质（如温度、口感等）不符合顾客的需求，顾客则不会选择购买商品或购买后满意度较低
……	……	……	……
场景m（学校）	价格>品质>终端操作便捷性	校园场景的顾客较为关注商品价格	若无人零售终端所售商品的价格过高则会影响学生的购买意愿

由表8-1可见，不同场景下的顾客具有差异化的需求偏好，无人零售终端在提供商品和服务时，如果不能满足顾客对商品价格、品质和终端操作便捷性的需求，就会导致顾客的购物体验价值和购买意愿下降。如图8-1所示，为了提升顾客的满意度，核心企业应从不同场景下顾客对商品价格、品质和终端操作便捷性等方面的敏感程度入手来制定相应的整合决策。如某场景下顾客对商品品质较为敏感，核心企业在进行资源整合时应重点改善影响商品品质的供应链成员和环节。因此，科学地量化不同场景下顾客对商品价格、品质和终端操作便捷性的敏感程度并引入到后续的优化模型中，才能筛选出较为优异的成员，制定相应的整合决策。

这里，顾客对商品价格的敏感程度指商品价格的变化对顾客购买量（购买意愿）的影响程度。本研究用商品价格变动率除以顾客购买量的变化率表示顾客对商品价格的敏感程度系数。例如，某场景m顾客对某类商品g的价格敏感程度系数为：$\theta pmg=(\Delta pg/pg)/(\Delta sg/sg)$，其中$\Delta pg/pg$表示商品价格变动率；$\Delta sg/sg$表示顾客对商品g购买量的变动率。同理得，顾客对商品品质的敏感系数为：$\theta qmg=(\Delta qg/qg)/(\Delta sg/sg)$，对终端操作便捷性的敏感程度系数为：$\theta hmg=(\Delta hg/hg)/(\Delta sg/sg)$。

基于上述计算公式，本研究通过对不同场景下的顾客进行实地调研并结合统计学相关方法，得到不同场景下顾客对商品价格、品质和终端操作便捷性的敏感程度系数，具体如表8-2所示。

表8-2　各场景下顾客的敏感程度系数

场景M	顾客的敏感程度系数		
	商品价格	终端操作便捷性	商品品质
场景1（居民区）	θ^{p}_{1}	θ^{h}_{1}	θ^{q}_{1}
场景2（车站）	θ^{p}_{2}	θ^{h}_{2}	θ^{q}_{2}
场景3（医院）	θ^{p}_{3}	θ^{h}_{3}	θ^{q}_{3}
……	……	……	……
场景m	θ^{p}_{m}	θ^{h}_{m}	θ^{q}_{m}

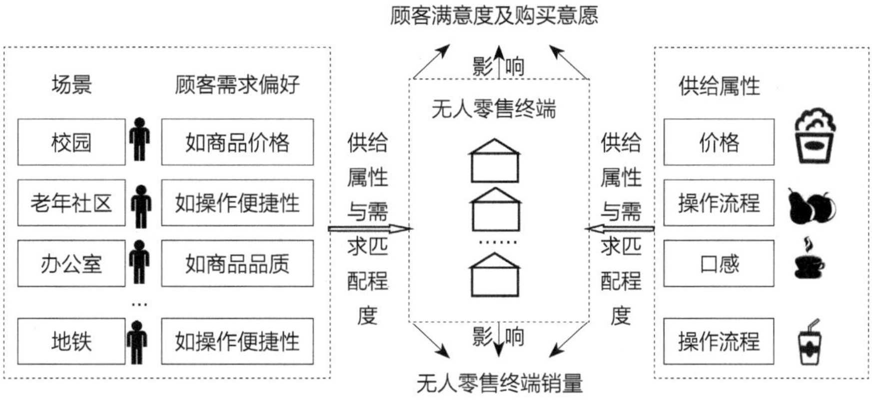

图8-1　顾客需求偏好与无人零售终端供给匹配过程

8.3　基于顾客需求偏好的成员筛选机理分析及关键因素挖掘

8.3.1　基于顾客差异化需求的成员筛选机理分析

面向无人零售终端进行供应链资源整合的目的是实现不同场景下顾客满意度的提升。核心企业在整合过程中，应基于不同场景下顾客对商品价格、品质和终端操作便捷性的差异化需求，筛选出较为优异的供应链成员。如某场景下的顾客对商品价格较为敏感，则核心企业应选取那些运营成本和服务成本均较低的成员作为整合对象，并在此基础上做出相应的整合决策。由于无人零售供应链网络中涉及的成员相对较多，如各类商品供应商、物流配送商、终端维护商等，核心企业需要通过相应的因素来把握成员的整合适宜度（姚建明，2015；Yao, 2010）。但由于成员自身有较多的特征因素，如物流服务商的信息化程度、技术水平、配送车辆状况等，因此核心企业可以通过特征因素与顾客需求偏好之间的相关关系值来选取较为关键的因素，并基于各成员关键因素的具体运作水平进行相应的筛选与整合。

需要注意的是，面向无人零售终端的资源整合不是简单的成员选择问题，而是需要根据顾客的需求偏好以及供应链成员的实际情况，对其投入一定的整合成本来改善供应链成员的不足。若某些成员在整合过程中达不到核心企业的要求，核心企业可以新建供应链成员。还需要注意的是，核心企业在依据不同场景下顾客的差异化需求偏好对供应链成员进行整合时，并不意味着割裂某一场景与其他场景之间的联系，若某些成员同时服务于多个场景，核心企业应根据各场景对该成员的要求做出相应的综合整合决策。面向无人零售终端的供应链资源整合示意图详见图8-2。

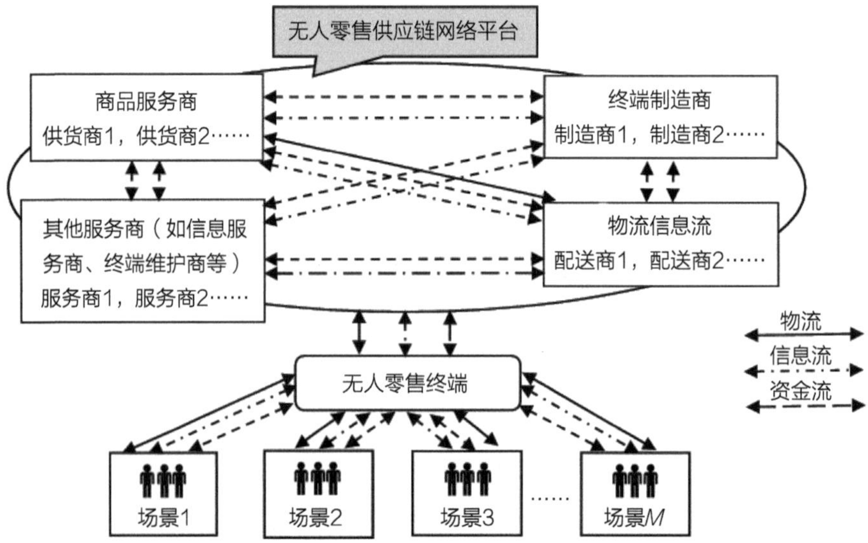

图8-2 面向无人零售终端的资源整合示意图

8.3.2 整合关键因素的筛选与分类

本研究通过相关关系值表示成员特征因素与顾客需求偏好之间的关系，相关关系值表示特征因素对商品价格、品质和终端操作便捷性的影响程度，并量化成员特征因素与顾客需求偏好之间的相关关系。核心企业可以根据相关关系值的大小筛选相应的关键因素并基于不同的需求偏好对关键因素进行分类。由于确定特征因素与顾客需求偏好之间的相关关系是定性评价过程且具有一定的模糊性，故本研究采用模糊综合评价法（张立军，2003），通过挖掘特征因素的根源性指标（二级因素）来量化成员特征因素与顾客需求偏好之间的相关关系值。以终端制造商的技术水平和商品价格的相关关系为例进行说明，具体的推导和设定如下所示。

（1）确定特征因素与商品价格之间的评价因素论域

细化各特征因素的指标，挖掘出根源性的指标。例如，技术水平与商品价格之间的评价因素集为：$U=(u_1,u_2,\cdots,u_x)$，$i=1,2,\cdots,x$。u_i表示被考虑评价的因素，包括（但不限于）出货技术、商品识别技术、商品冷藏和保温技术等。

（2）确定各个评价因素之间的权重分配

在对技术水平与商品价格相关关系的评价过程中，各个评价因素的重要程度是不同的。如相较于出货技术和商品识别技术，冷藏和保温技术对价格的影响更大，在评价过程中应该设定更大的权重。引入权重分配集$A=(a_1,a_2,\cdots,a_x)$，其中$a_i>0$，且$a_1+a_2+\cdots+a_x=1$。a_i表示第i个因素的权重。

（3）确定评价的等级论域

设定评价的等级论域为：$V=(v_1,v_2,\cdots,v_y)$，$j=1,2,\cdots,y$，v_j表示评价标准。如$V=$（非常相关，较相关，一般，较不相关，极不相关）。

（4）确定模糊关系矩阵

对每一个需要进行评判的特征因素而言，评价因素和评价等级之间的关系（即从U到V的模糊关系）可以用模糊评判矩阵加以描述，用R表示。

$$R=\left(r_{ij}\right)_{xy}=\begin{bmatrix} r_{11} & r_{12} & \cdots & r_{1y} \\ r_{21} & r_{22} & \cdots & r_{2y} \\ \vdots & \vdots & \vdots & \vdots \\ r_{x1} & r_{x2} & \cdots & r_{xy} \end{bmatrix} \tag{8-1}$$

其中，$i=1,2,\cdots,x$；$j=1,2,\cdots,y$。r_{ij}表示就影响因素u_i考虑，该特征因素能够被评价为等级v_j的隶属度。

（5）综合评判

由权重集A和模糊关系矩阵R，通过模糊数学的模积合成矩阵计算出模糊评判向量。

$$B = A \cdot R = (a_1, a_2, \cdots, a_x) \cdot \begin{bmatrix} r_{11} & r_{12} & \cdots & r_{1y} \\ r_{21} & r_{22} & \cdots & r_{2y} \\ \vdots & \vdots & \vdots & \vdots \\ r_{x1} & r_{x2} & \cdots & r_{xy} \end{bmatrix} = (b_1, b_2, \cdots, b_y) \tag{8-2}$$

由于本研究需要对该评价进行具体的量化以应用于后文的优化模型，因此，引入评判集上的考核评分列向量$C=(c_1,c_2,\cdots,c_y)^T$。通过相应计算得出技术水平与商品价格的最终得分（相关关系）值为：

$$B = H \cdot C = (b_1, b_2, \cdots, b_y) \cdot (c_1, c_2, \cdots, c_y) = d \tag{8-3}$$

以此类推，可以分别得到技术水平与商品品质、操作便捷性的关系值。同样，通过计算可以得到供应链成员其他特征因素与顾客需求偏好的相关关系值，具体如表8-3所示。表8-3中，$d^{p}_{ml,z}$、$d^{h}_{ml,z}$、$d^{q}_{ml,z}$（且均大于等于零）分别表示特征因素$k_{ml,z}$与商品价格、操作便捷性和商品品质的相关关系值。

表8-3　特征因素与需求偏好的相关关系

需求偏好	筛选标准	供应链成员L的关键因素Z			
		1	2	…	$k_{ml,z}$
商品价格	τ^{p}_{m}	$d^{p}_{ml,1}$	$d^{p}_{ml,2}$	…	$d^{p}_{ml,z}$
操作便捷性	τ^{h}_{m}	$d^{h}_{ml,1}$	$d^{h}_{ml,2}$	…	$d^{h}_{ml,z}$
商品品质	τ^{q}_{m}	$d^{q}_{ml,1}$	$d^{q}_{ml,2}$	…	$d^{q}_{ml,z}$

在确定了顾客需求偏好与特征因素的相关关系值后，核心企业可以根据相应的筛选标准对特征因素进行筛选和分类，具体步骤如下：

（1）根据表8–3，明确供应链成员的特征因素与商品价格、品质和操作便捷性的相关关系值。如特征因素$k_{ml,z}$与商品价格的关系值为$d^{p}_{ml,z}$，与商品品质的关系值为$d^{q}_{ml,z}$，与操作便捷性的关系值为$d^{h}_{ml,z}$。

（2）确定与需求偏好相对应的关键因素筛选标准。本研究通过设定商品价格、品质和操作便捷性的筛选标准值筛选出相应的关键因素，如表8–3所示。例如，设商品价格的筛选标准值为τ^{p}_{m}（$0<\tau^{p}_{m}$），若某特征因素与商品价格的相关关系值大于筛选标准值τ^{p}_{m}，则该特征因素为商品价格所对应的关键因素。同理，可筛选出与商品品质、终端操作便捷性对应的关键因素。

（3）确定关键因素分类后的集合。在上述分析的基础上基于顾客的差异化需求偏好可以分别得到商品价格、商品品质和终端操作便捷性所对应的关键因素集合：$K^{p}_{ml}=\{d^{p}_{ml,1}, d^{p}_{ml,2},\cdots, d^{p}_{ml,z}\}$；$K^{q}_{ml}=\{d^{q}_{ml,1}, d^{q}_{ml,2},\cdots, d^{q}_{ml,z}\}$；$K^{h}_{ml}=\{d^{h}_{ml,1}, d^{h}_{ml,2},\cdots, d^{h}_{ml,z}\}$。

8.4　面向无人零售终端的整合优化目标分析

基于前文分析，核心企业可以根据关键因素的运作水平筛选出相对优异的成员，并根据不同场景下顾客对商品价格、品质和终端操作便捷性所具有的差异化敏感程度，对各类型关键因素做出相应的改善，以提升顾客满意度。故本研究设定如下两个方面的优化目标。

8.4.1　顾客满意度最大化

一般来讲，顾客的满意度主要受两方面原因的影响：一方面是顾客对商品价格、品质和终端操作便捷性的敏感程度；另一方面是终端所售商品的实际价格、实际品质以及终端操作的便捷性。因此，本研究基于不同场景下顾客差异化的敏感程度系数构建商品价格满意度、终端操作便捷性满意度和商品品质满意度的评价公式，具体如下所示。

（1）商品价格满意度。商品价格对顾客满意度的影响来源于两个方面，一是参考价格（顾客平时购买商品的经验价格），二是实际价格。设$p^1{}_m$为商品的参考价格，$p^2{}_m$为终端商品的实际价格。$p^3{}_m$为顾客能接受的最高价格，顾客所能接受的最高价格与其需求偏好相关，若顾客对价格较为敏感，其所能接受的最高价格较低，故$p^3{}_m=p^1{}_m（1+1/\theta^p{}_m）$。根据上述分析，商品价格对顾客满意度的影响表示如式（8–4）所示：

$$S_m^p=\begin{cases} 0 , & p_m^2>p_m^1(1+\dfrac{1}{\theta_m^p}) \\ \dfrac{p_m^3-p_m^2}{p_m^2-p_m^1} , & p_m^1<p_m^2\leqslant p_m^1(1+\dfrac{1}{\theta_m^p}) \\ 1 , & p_m^2\leqslant p_m^1 \end{cases} \tag{8–4}$$

（2）终端操作便捷性满意度。设$h^1{}_m$表示顾客在未购物时对终端操作便捷性的期望水平，$h^2{}_m$表示顾客感知的实际操作便捷性水平，$h^3{}_m$为顾客能接受的最低便捷性水平。顾客能接受的最低便捷性水平与需求偏好相关，即顾客对操作便捷性越敏感，其所能接受的便捷性水平越接近于期望水平，故$h^3{}_m=h^1{}_m（1-1/\theta^h{}_m）$。根据上述分析，终端操作的便捷性对顾客满意度的影响表示如式（8–5）所示：

$$S_m^h=\begin{cases} 0 , & h_m^2<h_m^1(1-{}^1\!/_{\theta_m^h}) \\ \dfrac{h_m^2-h_m^3}{h_m^1-h_m^2} , & h_m^1(1-{}^1\!/_{\theta_m^h})\leqslant h_m^2<h_m^1 \\ 1 , & h_m^2\geqslant h_m^1 \end{cases} \tag{8–5}$$

（3）商品品质满意度。顾客普遍希望买到高品质产品。本研究假设不同场景下的顾客对商品品质的要求是一个约束条件，即整合后的商品品质水平大于顾客能接受的最低水平。

8.4.2　整合成本最小化

核心企业在资源整合过程中需要投入一定的成本，整合成本具体包括以下三个方面：第一，企业投入一定的选择成本来评价和选取较为优异的供应链成员，如供货成本较低的服务商；第二，企业投入相应的改造成本来改善供应链成员自身的关键因素，以满足不同场景下顾客的需求偏好；第三，企业投入一定的协作成本来提升成员间协作水平，进而保证信息流、资金流和物流的顺畅流动，降低因成员之间信息不对称等问题所产生的协作成本（Arshinder and Deshmukh, 2008; Chen and Lee, 2012）。因此，整合成本最小化是本研究的优化目标之一。

8.5　整合优化模型

8.5.1　相关参数及整合模型

面向无人零售终端的供应链资源整合涉及不同的场景，将各场景用$M(m=1,2,3,\cdots,M)$表示；设每个场景又涉及$N(n=1,2,\cdots,N)$个服务阶段成员（如供货商、数据服务商等）的参与，每个服务阶段又对应着$L(l=1,2,\cdots,L)$种不同类型的成员，如水果供货商、饮料供货商等。由此，设不同场景下各服务阶段所对应的不同类型成员的关键因素索引为$y^{p}_{mn,lz}$、$y^{q}_{mn,lz}$、$y^{h}_{mn,lz}$。

设整合前，各供应链成员实际的服务能力为$A_{mn,l}$，如保证终端24小时营业、终端及时的清洁和维修等。期望各场景下供应链成员需要具备的服务能力为$A^{Dem}_{mn,l}$。场景M下顾客对商品价格、品质和终端操作便捷性的敏感程度系数分别为：θ^{p}_{m}、θ^{q}_{m}、θ^{h}_{m}。各场景下各类商品$g(g=1,2,\cdots,G)$的实际价格、品质为p_{mg}、Q_{mg}。期望的商品品质为Q^{ex}_{mg}。顾客在终端购物时的操作便捷性为h_{mg}。核心企业为各场景所能投入的整合成本最高为C^{max}_{m}。场景M下顾客期待的商品信息（如商品类型、生产日期、保质期等）获取量为Inf_{mg}。场景M下顾客对某类商品数量的需求为T_{mg}。

设整合过程中，核心企业为选取优异成员所付出的成本为$C^{s}_{mn,l}$。核心企业为降低商品价格对关键因素$y^{p}_{mn,lz}$所投入的实际改造成本为$C(\theta^{p}_{m})_{mn,lz}$，为提升操作便捷性对关键因素$y^{h}_{mn,lz}$所投入的实际改造成本为$C(\theta^{h}_{m})_{mn,lz}$，为提升商品品质对关键因素$y^{q}_{mn,lz}$所投入的实际改造成本为$C(\theta^{q}_{m})_{mn,lz}$。核心企业为提升各成员间的协作水平所投入的协调成本为$C^{cor}_{mn,ij}$(i,j=1, 2, …, L且$i\neq j$)。总的整合成本为C_{Tol}。整合过程中，各场景供应链成员服务能力的改善量为$\Delta A_{mn,l}$。

设整合后，各场景下商品价格为p^{*}_{mg}，各场景下商品品质为Q^{*}_{mg}，各场景下顾客操作便捷性为h^{*}_{mg}。供应链成员能为各场景顾客所能提供商品的信息量为$Inf^{*}_{mn,lg}$。供应链成员所能提供的某类商品数量为$T^{*}_{mn,lg}$。

设$\gamma(t)_{mn,l}$为选择变量，若$\gamma(t)_{mn,l}=1$，表示在整合时刻t，场景M下第n种服务阶段所对应的供应链成员L被选作整合对象，否则表示未被选中。

8.5.2 整合优化目标及约束条件

（1）优化目标

$$\max S=\max\sum_{m=1}^{M}\sum_{g=1}^{G}(\omega_{m}^{h}\cdot S_{mg}^{h}+\omega_{m}^{p}\cdot S_{mg}^{p})\cdot\gamma(t)_{mn,l} \tag{8-6}$$

$$\begin{aligned}\min C_{Tol}&=\min(C_{选择成本}+C_{改造成本}+C_{协调成本})\\&=\min[\sum_{m=1}^{M}\sum_{n=1}^{N}\sum_{l=1}^{L}C_{mn,l}^{s}\cdot\gamma(t)_{mn,l}\\&+\sum_{m=1}^{M}\sum_{n=1}^{N}\sum_{l=1}^{L}\sum_{z=1}^{Z}C(\theta_{m}^{p})_{mn,lz}\cdot\gamma(t)_{mn,l}\\&+\sum_{m=1}^{M}\sum_{n=1}^{N}\sum_{l=1}^{L}\sum_{z=1}^{Z}(C(\theta_{m}^{q})_{mn,lz}+C(\theta_{m}^{h})_{mn,lz})\cdot\gamma(t)_{mn,l}\\&+\sum_{m=1}^{M}\sum_{n=1}^{N}\sum_{l=1}^{L}\sum_{j=1}^{L}\sum_{i=1}^{L}C_{mn,ij}^{cor}\cdot\gamma(t)_{mn,l}]\end{aligned} \tag{8-7}$$

（2）约束条件

$$Q_{mg}^{*}\cdot\gamma(t)_{mn,l}\geqslant Q_{mg}^{ex}\cdot\gamma(t)_{mn,l} \tag{8-8}$$

$$A_{mn,l}^{Dem}\cdot\gamma(t)_{mn,l}\leqslant(A_{mn,l}+\Delta A_{mn,l})\cdot\gamma(t)_{mn,l} \tag{8-9}$$

$$C_{Tol}\leqslant\sum_{m=1}^{M}C_{m}^{\max} \tag{8-10}$$

$$\sum_{m=1}^{M}\sum_{n=1}^{N}\sum_{l=1}^{L}\sum_{g=1}^{G}T_{mn,\lg}^{*}\cdot\gamma(t)_{mn,l}\geqslant\sum_{m=1}^{M}\sum_{g=1}^{G}T_{mg} \tag{8-11}$$

$$\sum_{m=1}^{M}\sum_{n=1}^{N}\sum_{l=1}^{L}\sum_{g=1}^{G}Inf_{mn,\lg}^{*}\cdot\gamma(t)_{mn,l}\geqslant\sum_{m=1}^{M}\sum_{g=1}^{G}Inf_{mg} \tag{8-12}$$

在优化目标中，式（8–6）表示顾客满意度最大化，包括价格满意度和操作便捷满意度。式（8–7）表示整合成本最小化，整合成本包括改善关键因素所投入的成本、选择新的供应链成员所投入的成本和改善成员之间协同水平所投入的成本。

在约束条件中，式（8–8）表示商品品质的约束，保证终端所售商品品质优于顾客预期的商品品质。式（8–9）为动态服务能力约束关系，即供应链成员具有足够的服务能力来保证终端24小时不间断运营。式（8–10）表示整合成本约束，即企业实际投入的整合成本应小于企业整合前的预算投入成本。式（8–11）表示成员所提供的商品数量大于顾客在任意时间段内的需求量，该约束保证了商品的供给量大于需求量，防止终端出现长时间缺货的现象。式（8–12）表示整合后供应链成员能够提供足够的商品信息来满足不同场景下顾客对商品信息的需求（如顾客在购物前对商品类型、品牌、数量、生产日期、保质期等信息具有明显的需求），这是整合供应商时的基本要求，否则顾客可能因为某商品的对应信息缺乏而不去购买。

8.6　算法分析

面向无人零售终端的资源整合优化模型实质是带约束的多目标优化模

型，多目标优化问题一般只能求出相对最优解（Coello et al., 2004; Gong et al., 2008）。同时，上述各优化目标之间的关系较为复杂，具有较强的动态性，导致整合过程中需要对各成员进行动态的系统协调。目前，众多文献（姚建明，2015b；黄学文等，2018；马良和项培军，2001）的研究表明蚂蚁算法在处理多目标约束条件下的复杂模型时具有显著的优点，故本研究通过改进的蚂蚁算法来求解模型。

根据蚂蚁算法的原理，面向无人零售终端的供应链资源整合过程中的每类蚂蚁可以根据不同场景及各场景顾客差异化的需求偏好进行划分。设每类蚂蚁用H_{ij}（$i=1,2,3$；$j=1,2,3,\cdots,M$）表示，i表示顾客的需求偏好，j为M个不同的场景。在设定蚂蚁后，为了保证运算结果的合理性，需要构建各类蚂蚁在选择爬行路径时的概率。本研究引入价格满意度最大化、终端操作便捷满意度最大化和整合成本最小化的规则来设定蚂蚁爬行时的选择概率，具体如式（8-13）~式（8-15）所示：

$$P_{H_{ij}}^{p}=\frac{Y(p)_{ij,jl}}{\sum_{l=1}^{L}Y(p)_{ij,jl}} \tag{8-13}$$

$$P_{H_{ij}}^{h}=\frac{Y(h)_{ij,jl}}{\sum_{l=1}^{L}Y(h)_{ij,jl}} \tag{8-14}$$

$$P_{H_{ij}}^{c}=\frac{Y(c)_{ij,jl}}{\sum_{l=1}^{L}Y(c)_{ij,jl}} \tag{8-15}$$

式（8-13）~式（8-15）中，$Y(p)_{ij,jl}$和$Y(h)_{ij,jl}$为蚂蚁经过供应链成员l_{mn}时所留下的信息素量，信息素量与商品价格满意度、顾客操作便捷满意度成正比。$Y(c)_{ij,jl}$为蚂蚁经过供应链成员L时所留下的信息素量，信息素量与整合成本成反比。

为了实现前文设定的商品品质、服务能力以及商品数量和信息等约束问题，算法中可以设定排斥概率解决可能形成的蚂蚁拥堵问题。设非H_{ij}类蚂蚁H_{uv}通过个体l_{mn}后遗留的信息素分别为$\pi_{uv,jl}$、$\sigma_{uv,jl}$和$\varphi_{uv,jl}$，则其对H_{ij}类蚁群的排斥概率为：

$$P_{reject}^{\pi}=\frac{\pi_{uv,jl}}{\sum_{l=1}^{L}\pi_{uv,jl}} \tag{8-16}$$

$$P_{reject}^{\sigma}=\frac{\sigma_{uv,jl}}{\sum_{l=1}^{L}\sigma_{uv,jl}} \tag{8-17}$$

$$P_{reject}^{\varphi}=\frac{\varphi_{uv,jl}}{\sum_{l=1}^{L}\varphi_{uv,jl}} \tag{8-18}$$

其中，$(u=i,v\neq j;\ u\neq i,v=j;\ u\neq i,v\neq j)$。

综上所述，蚂蚁H_{ij}的路径选择概率为：

$$\begin{aligned}P_{Total}&=\omega_m^1 P_{H_{ij}}^{p}+\omega_m^2 P_{H_{ij}}^{h}+\omega_m^3 P_{H_{ij}}^{c}+\omega_m^4(1-P_{reject}^{\pi})\\&+\omega_m^5(1-P_{reject}^{\sigma})+\omega_m^6(1-P_{reject}^{\varphi})\end{aligned} \tag{8-19}$$

式（8–19）中，由于不同场景下顾客的需求偏好不同，故需对不同类型的满意度赋予不同的权重，而$\omega^1{}_m$、$\omega^2{}_m$、$\omega^3{}_m$、$\omega^4{}_m$、$\omega^5{}_m$、$\omega^6{}_m$则反映了各概率的期望权重，且同一场景下的权重系数之和为1，即$\omega^1{}_m+\omega^2{}_m+\omega^3{}_m+\omega^4{}_m+\omega^5{}_m+\omega^6{}_m=1$，$m=1,2,\cdots,M$。其中，信息的更新规则和具体的算法步骤可参考文献（姚建明，2012；姚建明，2015c）。

8.7 算例分析与管理启示

8.7.1 算例分析

北京市某无人零售终端企业在学校、办公室和老年社区等场景布置了各类无人零售终端向不同场景下的顾客提供相应的商品。该企业在运营前期疏于对各场景下顾客需求偏好的分析和供应链整体的管控，经常出现商品售价高于一般价格、商品变质以及顾客抱怨终端操作流程过于复杂等问题，导致顾客的购物满意度持续降低，各场景下无人零售终端的商品销量也在持续减少。

为了提升顾客满意度，增强顾客的购买意愿，该企业试图从不同场景下消费者的需求偏好入手进行供应链资源整合，以提升商品销售量。通过对实地调研数据进行分析处理，得出不同场景下顾客对商品价格、品质和操作便捷性等方面的敏感程度系数，具体如表8-4所示。

表8-4　各场景下顾客的敏感程度系数

场景	顾客的平均敏感程度系数		
	商品价格	操作便捷性	商品品质
场景1（学校）	9.3	1.1	4.2
场景2（老年社区）	8.9	9.6	5.1
场景3（办公室）	3.7	1.05	9.4

由表8-4可知，学生对商品价格最敏感，办公人员对商品品质最敏感，老年群体对终端操作便捷性和商品价格较敏感，但目前该企业的无人零售终端在提供服务时，未能满足上述场景下顾客的需求偏好。因此，试图通过本研究所描述的资源整合决策方法进行改善。

以提升老年社区场景下顾客的满意度为例，该企业通过分析老年社区场景下顾客的需求偏好与供应链成员特征因素的相关关系并且建立了关键因素筛选规则（商品价格、商品品质和操作便捷性的相关系数应分别大于0.55、0.60和0.50）。针对不同需求偏好筛选出的关键因素如表8-5所示。

表8-5　各服务商关键因素筛选

供应链成员		相关系数		
		商品价格	商品品质	操作便捷性
供货商	品牌知名度	0.71	0.85	0
	信息化程度	0.4	0.5	0
	与关联方关系	0.8	0.75	0.14
	运营效率及质量	0.4	0.81	0
终端制造商	防盗性能	0.73	0.85	0.6
	技术水平	0.79	0.62	0.81
	支付端口的多样性	0.7	0.24	0.83
	服务质量	0.51	0.67	0.4
	运作协同性	0.78	0.65	0.6
物流服务商	冷藏/保温技术水平	0.72	0.85	0
	配送车辆状况	0.42	0.5	0
	配送网络建设情况	0.61	0.75	0
	配送人员的专业性	0.48	0.81	0
	运作协同性	0.74	0.69	0.15

基于表8-5，企业通过设置相应的筛选标准对关键因素进行筛选与分类，并根据实际情况初选了符合要求的15家服务商，其中有5家终端制造商、5家供货商、5家物流服务商。各类服务商的整合运作参数如表8-6所示，其中整合成本是基于表8-5中各关键因素与需求偏好的相关系数以及关键因素的实际运作水平计算得出的。表8-6数据是经归一化和去单位化处理后的数据。

表8-6 老年社区场景下各服务商的整合运作参数

成员	运作参数	$Msup_1$	$Msup_2$	$Msup_3$	$Msup_4$	$Msup_5$
终端制造商	整合成本	0.71	0.56	0.52	0.55	0.54
	商品价格满意度	0.53	0.77	0.79	0.65	0.57
	操作便捷满意度	0.58	0.82	0.77	0.61	0.63
	商品品质	0.49	0.55	0.51	0.56	0.57
	商品品质的最低要求	0.5				
	成员服务能力	0.37	0.5	0.49	0.46	0.48
	服务能力的最低要求	0.45				
	商品信息与数量	0.55	0.7	0.52	0.66	0.62
	商品信息与数量的最低要求	0.6				
		$Gsup_1$	$Gsup_2$	$Gsup_3$	$Gsup_4$	$Gsup_5$
供货商	整合成本	0.75	0.64	0.76	0.81	0.66
	商品价格满意度	0.57	0.68	0.51	0.55	0.81
	操作便捷满意度	0	0	0	0	0
	商品品质	0.53	0.57	0.52	0.47	0.52
	商品品质的最低要求	0.5				
	成员服务能力	0.5	0.48	0.46	0.47	0.46
	服务能力的最低要求	0.45				
	商品信息与数量	0.7	0.58	0.55	0.62	0.74
	商品信息与数量的最低要求	0.6				
		$3PL_1$	$3PL_2$	$3PL_3$	$3PL_4$	$3PL_5$
物流服务商	整合成本	0.57	0.71	0.53	0.64	0.66
	商品价格满意度	0.83	0.59	0.73	0.55	0.45
	操作便捷满意度	0	0	0	0	0
	商品品质	0.52	0.61	0.53	0.68	0.54
	商品品质的最低要求	0.5				
	成员服务能力	0.28	0.59	0.32	0.68	0.6
	服务能力的最低要求	0.45				
	商品信息与数量	0.63	0.65	0.64	0.71	0.51
	商品信息与数量的最低要求	0.6				

由于面向老年社区的无人零售终端供应链资源整合，重点需要提升该场景下顾客的操作便捷满意度，其次是提升商品价格满意度、降低相应的整合成本以及满足相应的约束条件。因此，在优化过程中需要根据不同类型成员的特点，动态地设置相应的权重系数，具体设置情况如下例。通过运用Matlab2016a进行仿真计算，讨论如下：

（1）针对终端制造商的整合。此处算法选择系数分别为$\omega^1{}_m$=0.25、$\omega^2{}_m$=0.35、$\omega^3{}_m$=0.15、$\omega^4{}_m$=0.1、$\omega^5{}_m$=0.05、$\omega^6{}_m$=0.1，收敛结果如图8-3所示。从图8-3可见，经过若干批次的运行，蚂蚁最终选择了$Msup_2$。原因如下：在老年社区中，终端操作便捷性和商品价格对居民满意度的影响最大，从表8-6可见，尽管$Msup_2$的整合成本和商品品质相比$Msup_4$和$Msup_5$不具有明显的优势，但$Msup_2$在终端操作便捷性和商品价格方面具有明显的优势。与此同时，从图8-3可见，选择$Msup_3$的蚂蚁数量经过小幅度增长后，便迅速下降。这主要是因为$Msup_3$在商品价格和整合成本上具有一定的优势，但由于该成员提供商品信息的意愿较为薄弱，经过一段时间的运行，蚂蚁最终选择了$Msup_2$。该收敛结果充分体现了多目标之间的权衡关系。

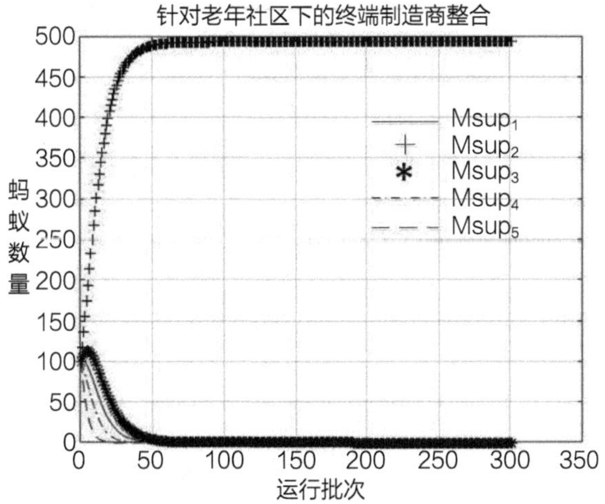

图8-3　针对终端制造商的仿真结果

（2）针对供货商的整合。由表8–5可见，供货商对终端操作便捷性的影响较小，故此处的算法选择系数为$\omega^1{}_m$=0.3、$\omega^2{}_m$=0、$\omega^3{}_m$=0.2、$\omega^4{}_m$=0.25、$\omega^5{}_m$=0.1、$\omega^6{}_m$=0.15，收敛结果如图8–4所示。从图8–4可见，经过运算，蚂蚁最终选择了$Gsup_5$。但在运行初期，选择$Gsup_2$的蚂蚁数量呈现出先增长后下降的趋势，这主要是因为$Gsup_2$在整合成本和商品品质上具有一定的优势，但由于老年社区场景下的顾客对价格的敏感程度仅次于终端操作便捷性，而从表8–6可见，$Gsup_2$在商品价格方面的表现不如$Gsup_5$，故通过权衡，蚂蚁最终选择了$Gsup_5$。

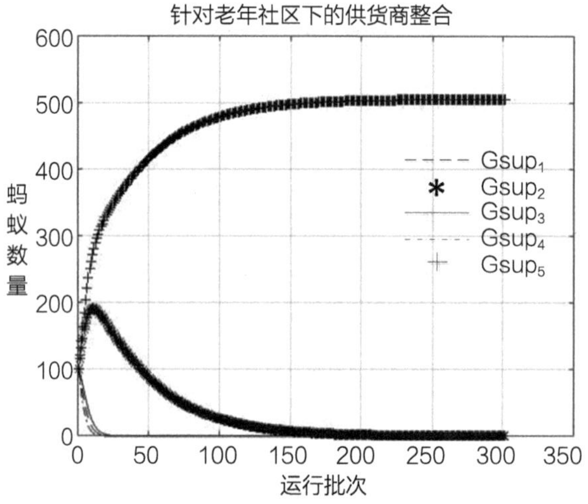

图8–4　针对供货商的仿真结果

（3）针对物流服务商的整合。由表8–5可见，物流服务商对顾客操作便捷性需求影响较小，故此时算法选择系数为$\omega^1{}_m$=0.3、$\omega^2{}_m$=0、$\omega^3{}_m$=0.2、$\omega^4{}_m$=0.25、$\omega^5{}_m$=0.1、$\omega^6{}_m$=0.15，运行结果如图8–5所示。从图8–5可见，蚂蚁同时选择了$3PL_1$和$3PL_3$，这主要是因为从资源的服务能力角度来看，只有$3PL_2$和$3PL_4$能满足服务能力方面的要求，但$3PL_2$和$3PL_4$在商品价格和整合成本方面不具备明显的优势。由于老年社区的顾客对商品价格较为敏感，根据表8–6可知，$3PL_1$和$3PL_3$在商品价格满意度和整合成本上具有明

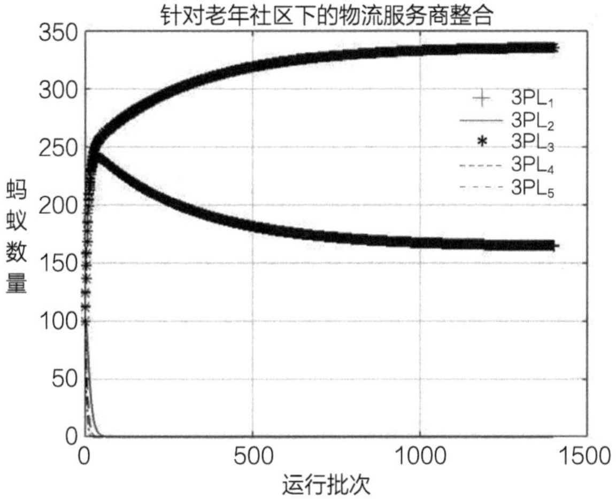

图8-5　针对物流服务商的仿真结果

显的优势，但各自的服务能力相对较弱，故蚂蚁在经过若干批次运算后选择了$3PL_1$和$3PL_3$，实现两者之间的能力互补。收敛结果显示算法在处理复杂约束问题方面具有较高的灵活性。

8.7.2　管理启示

本研究对无人零售终端核心企业提升顾客满意度有较强的指导意义，具体体现在：

（1）核心企业在整合供应链网络中的各类资源时，应着重把握成员特征因素与顾客需求偏好之间的关系，根据影响消费者满意度的偏好因素有针对性地整合供应链成员。以猩便利为例，由于办公室场景下的无人零售终端消费群体对商品品质较为看重，猩便利在资源整合时，倾向于通过自建鲜食生产基地的方式进行供货，而非采用低成本的第三方鲜食供应商，以保证提供更加新鲜、安全的食品。

（2）整合决策时，核心企业应该对不同场景下消费者需求的偏好因素进行量化分析。通过量化分析，可以使核心企业对不同场景消费群体的需求偏好进行精准、客观的把握，并依据量化结果制定相应的资源整合策略。例如，通过对北京市某高校的校内无人零售终端数据进行分析，基于本研究对需求偏好的量化分析方法，得出学生对校内无人零售终端的商品价格、商品品质和操作便捷性的敏感程度系数依次为9.35、4.23和1.16。该结果表明，学生对这三种因素的偏好大小依次为价格、品质、操作便捷性。显然，核心企业在制定相应的资源整合策略时应将上述结果作为重要参考。因此，对偏好因素进行量化分析是核心企业进行无人零售终端资源整合决策时的重要依据。

（3）核心企业在进行供应链资源整合时应从供应链总体角度出发来对各类资源的有效利用进行考虑，不能仅关注其中的某类资源。例如，在针对某无人零售终端场景进行资源整合时，如果仅考虑如何通过整合来满足顾客需求偏好以及价格等因素，则核心企业可能在整合时更多地关注对物流服务商的考察，而忽略对供货商、信息服务商等相关资源的关注。这样，尽管好的物流服务商资源能有效降低配送成本，但物流服务商与供货商之间的协作成本（如拣货成本）以及信息商之间的信息成本（如信息失真成本）可能会得不到有效控制，最终影响资源整合的效果。

8.8 结论

随着“以提升顾客的体验价值为核心”这一概念得到越来越多企业的认可，无人零售终端能否满足顾客的需求偏好，决定了其能否获取更多收益，能否赢得顾客更多的认可以及能否树立更好的口碑和拥有更广阔的发展前景。

因此，本研究从不同场景下顾客差异化的需求偏好入手，重点探讨了面向无人零售终端资源整合的供应链成员筛选机理，有针对性地提出了关键因素的筛选和分类方法，建立了相应的整合优化模型并提出了相应的求解算法。

鉴于面向无人零售终端供应链管理问题的新颖性，在后续的研究中，还应重点探讨供应链网络中各成员的收益及风险偏好、各成员与核心企业之间的动态博弈等问题。

9 面向新零售供应链的资源整合优化研究

9.1 引言

随着科学技术的发展以及人均可支配收入的不断提高（石奇等，2009），消费者逐渐偏好于品质化、便利化、体验式的购物过程，传统的电子商务渠道及实体零售渠道均难以满足日益增进的消费者购物体验需求（杜睿云和蒋侃，2017）。当前，以互联网为依托，通过运用大数据、人工智能等先进技术，对商品的生产、流通与销售过程进行升级改造，并对线上服务、线下体验及现代物流进行深度融合的零售新模式（杜睿云和蒋侃，2017；徐印州和林梨奎，2017；赵树梅和徐晓红，2017）出现，为消费者购物体验价值的提升带来了新的契机，如图9-1所示。

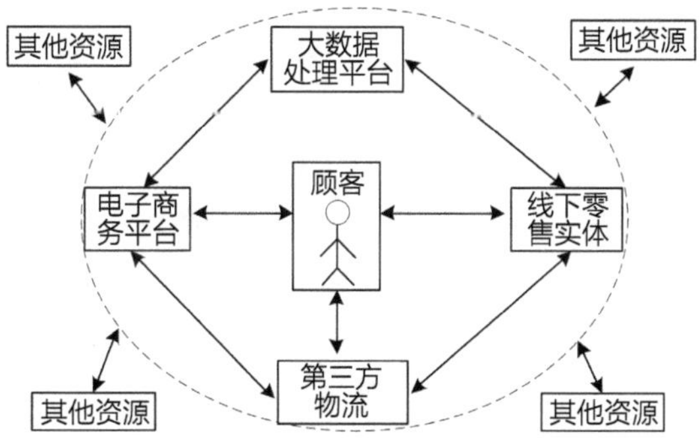

图9-1　新零售构成示意简图

例如，新零售通过数据提供商和数据运营商的整合来分析消费者购物的相关数据，对消费者实行精准化营销，更好满足消费者需求；而且新零售通过对物流、电子商务平台以及实体零售店的整合，给消费者提供了更好的物流服务。以盒马鲜生为例，消费者可以通过网上App下单也可以到店选购，通过网上选购商品的消费者在30分钟内便能收到所选商品，极大地缩短了收货时间。可见，新零售不仅整合了线上线下资源，而且借助大数据及人工智能等新技术手段，更好地满足了消费者的购物体验需求。新零售模式下消费者购物示意图参见图9-2。

如何更好地将新零售模式的优势发挥出来，这就需要通过供应链网络来支撑。无论是精准营销还是极速送达，新零售模式下的供应链网络均需要具有灵活性、快速响应等特征。因此，为了提升新零售模式下供应链的灵活性和快速响应性，就需要改善新零售供应链网络中资源个体（协作成员）自身的服务质量，增进资源个体之间的协调，更好地整合供应链网络。但是，相比于传统线下或线上渠道，新零售模式下的供应链网络涉及

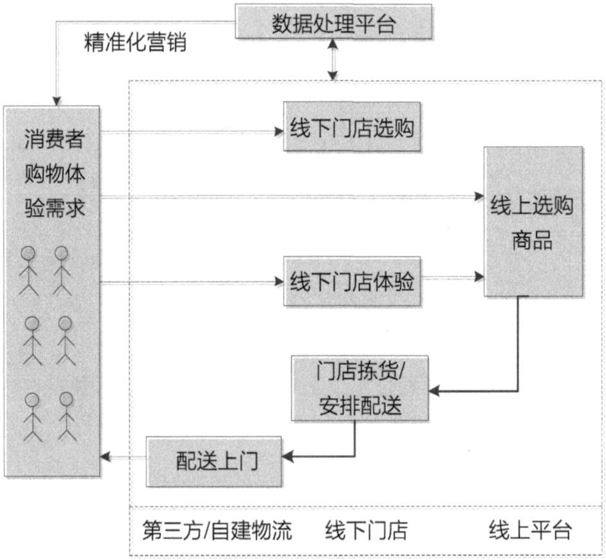

图9-2　新零售模式下消费者购物示意图

的成员更多（如：电子商务平台、零售实体、第三方物流、各类支付平台等）。如何更好地协调这些资源个体的关系、整合供应链资源、提高供应链网络的灵活性和快速响应性显得更为复杂。

如果不能及时、有效地对供应链网络进行协调，必然会使新零售的体验价值大打折扣。例如，数据运营商具有数据分析的能力和手段，但缺乏相应的数据；电商及零售实体具有大量客户信息，但无法进行数据分析。只有协调，才能满足客户个性化需要。与此同时，数据运营商与零售实体在利益、目标上存在或多或少的不一致，导致二者无法有效地协调，进而无法满足消费者个性化的购物体验需求，购物体验价值也就大打折扣。因此，如何有效地对新零售模式下的供应链资源进行整合、协调与监控，在满足消费者购物体验需求的前提下实现整个供应链网络的收益最大化是目前需要解决的一个问题。

尽管目前围绕供应链资源整合的研究得到了学者的重视，但有关供应链资源整合问题的研究仍主要针对生产型企业，如不确定环境下供应链资源整合问题、与资源整合有关的供应链库存控制问题等。针对新零售模式下的服务型企业的供应链资源整合研究则相对较少。因此，本研究在对消费者购物体验需求类型进行深入分析的基础上，探究了新零售供应链资源整合的关键因素，并以此入手对新零售模式下的供应链资源整合问题进行研究。在上述基础上，本研究还构建了相应的数学优化模型并研究了求解算法。最后，通过算例验证了优化过程的可行性与有效性。

9.2 消费者购物体验需求类型

9.2.1 购物体验过程的划分

面向新零售供应链的资源整合优化的核心目的是为了更好地满足消费者个性化的购物体验需求。因此，明确消费者在购物时有什么样的体验需求显得十分重要，只有在充分了解消费者不同体验需求的前提下，才能有针对性地对新零售模式下的供应链网络资源进行整合。消费者的需求类型多种多样，对其进行合理的划分是必要的。

处于不同的购物阶段，消费者的购物体验需求类型不同。在此，本研究对购物过程进行划分，将消费者的购物过程划分为三个阶段，即购物前阶段、购物交互阶段以及购物后阶段。

购物前阶段是为购物交互阶段做准备的，关系到消费者选择什么样的购物方式或者地点等。在整个购物过程中，消费者首先会产生需要（比如买一支牙膏），消费者在头脑中会对牙膏的品牌、效能等进行考虑，参考以往的购物体验，如对购物方式（超市、便利店、网购）进行选择，做出能满足其购物体验需求的决策。

购物交互阶段是在消费者进行一系列决策后的实施阶段，消费者的购物过程，也是供应链上的各资源个体通过不同方式为消费者提供服务的过程（如支付方式、个性化服务等）。

在购物后阶段，以售后服务模式为例，假设消费者购买的产品未能满足消费者需求或发生故障等，则需要退货，退货也可分为退货上门取货、实体店退货等多种方式，满足不同类型消费者的购物体验需求。

9.2.2 消费者购物体验需求类型

以上将整个购物过程划分为三个阶段，在每个阶段，消费者都有不同的购物体验需求。各阶段的需求类型分析如表9–1所示。

表9-1　消费者购物体验需求类型举例

购物前阶段		购物交互阶段		购物后阶段	
购物方式	……	支付方式	……	售后服务方式	……
类型1	……	类型q	……	类型k	……
（电商＋超市）		（现金支付）		（退货上门取货）	
类型2		类型q＋1		类型k＋1	
（电商＋便利店）	……	（手机支付）	……	（上门安装）	……
类型3		类型q＋2		类型k＋2	
（无人零售终端）	……	（刷卡支付）	……	（实体店退货）	……
⋮	……	⋮	……	⋮	……
类型p	……	类型m	……	类型n	……

在购物前阶段，影响消费者购物体验需求类型的因素会有很多，比如购物方式、门店品牌等。在不同因素的影响下，都会产生不同的需求类型。以购物方式为例，假设某办公人员想要买一瓶饮料，办公区有无人售货机及超市两种购物方式可供选择，办公人士会根据自己的需要，选择不同的购物方式（如：久坐需要活动将选择超市，事情太多未完成需要便利将选择无人售货机）。

在购物交互阶段，影响消费者购物体验需求类型的因素也不胜枚举，比如购物过程的氛围、支付方式等。以支付方式的不同为例，假设分为偏好现金支付的消费者与偏好移动客户端支付的消费者两种。现金收款可以更好地为那些偏好现金的消费者服务，增加移动客户端收款可以满足消费者付款方式多样化的需求。

在购物后阶段，影响消费者购物体验的因素主要体现在售后服务方面。例如，消费者购买产品出现损坏时，消费者会依据自己的需求选择合适的售后服务方式，如邮寄、送至门店或者商家上门取货。

通过上述分析可知，消费者在不同的购物阶段有不同的购物体验需求。新零售只有满足消费者的多种购物体验需求，才能提高消费者的购物体验价值。

但需要指出的是，消费者的购物过程是一个有机统一的整体，各阶段的购物体验需求不能被孤立对待，只有从系统的角度把握，才能有效地对新零售模式下的供应链网络资源进行有效的整合。

9.3 整合决策过程中的关键因素挖掘

面向新零售供应链的资源整合优化是在满足消费者体验需求的基础上，提升资源个体的质量，增强供应链网络的协调，达到供应链网络资源优化配置的目的。

相比于传统的线下或线上渠道，新零售模式下的供应链网络涉及的成员较多、分布也更加广泛。要实现新零售供应链资源的有效整合，需要对新零售供应链网络资源进行深层次挖掘以及合理的评判选取。因此，确定选取哪些因素来进行把握是必需的。

据前文分析，在不同的购物阶段，消费者有不同的购物体验需求，不同的服务模式在满足这些需求上的功能和作用是不同的。以购物后阶段的售后服务方式为例，类型1（退货上门取货）、类型2（实体店退货）等都是围绕售后服务模式展开的，在对售后服务方式进行整合时，需要从被整合对象的若干特征进行评判和选择（如信誉、运营能力、信息化程度、技术水平等）。

由于消费者购物体验需求类型决定了新零售企业如何满足消费者的购物体验需求，如何提升消费者在购物过程中的体验价值。因此，可以通过探究消费者在各个购物阶段的不同购物体验需求类型来挖掘供应链资源个体的考评因素。

基于上述的分析，本研究构建了一个关系表，见表9–2。表9–2中的f_{nh}表示资源个体特征的选择系数，如果选择该特征作为关键因素，则$f_{nh}=1$，否则$f_{nh}=0$。a_{nh}为消费者购物体验需求类型同供应链资源个体特征之间的相关关系，整合时，a_{nh}可以根据实际情况进行赋值（$0 \leqslant a_{nh} \leqslant 1$）。

表9-2　消费者个性化购物体验需求类型同资源个体特征之间的关系

		资源个体特征						
需求类型	各需求类型权重	特征1	系数	特征2	系数	……	特征h	系数
类型1	ω_{1h}	a_{11}	f_{11}	a_{12}	f_{12}	……	a_{1h}	f_{1h}
类型2	ω_{2h}	a_{21}	f_{21}	a_{22}	f_{22}	……	a_{2h}	f_{2h}
类型3	ω_{3h}	a_{31}	f_{31}	a_{32}	f_{32}	……	a_{3h}	f_{3h}
⋮	⋮	⋮	⋮	⋮	⋮	⋮	⋮	⋮
类型n	ω_{nh}	a_{n1}	f_{n1}	a_{n2}	f_{n2}	……	a_{nh}	f_{nh}

表9-2中各购物体验需求类型的权重w_{nh}表示消费者对该需求类型所对应的服务模式的重视程度。例如，在未来一段时期内，消费者对退货上门取货业务的需求较大，则新零售企业应重视售后服务模式中的“退货上门取货”，并赋予其较大的权重数值。

对消费者购物体验需求类型的服务模式，可以根据表9-2所示关系挖掘出其对应的关键因素。挖掘关键因素的步骤如下。

（1）根据表9-2，计算出供应链网络中各资源个体不同特征的重要程度Inh。则具体计算公式如下：

$$I_{nh} = \sum_{j=1}^{n} \sum_{i=n}^{h} f_{ij} * \omega_{ij} * a_{ij}, (i=1,2,\cdots,n; j=1,2,\cdots,h) \qquad (9\text{-}1)$$

（2）确定关键因素的选取规则。筛选规则可以通过判断某一重要程度的值是否大于某一数值作为关键因素的选取标准。如以$I_{nh} \geqslant 0.6$为选取标准。

（3）确定整合关键因素集合。针对表9-1中购物体验需求类型进行上述操作，可得供应链资源整合的关键因素集合。

$$A=\left\{K_{iy(1)},\ K_{iy(2)},\cdots,K_{iy(m)}\right\}\ (i=1,2,\cdots,n;\ y(m)<h) \qquad (9-2)$$

需要注意的是，供应链网络中资源个体的运营特征之间具有相关性。因此，在对资源个体进行整合时，需要考虑为改善资源个体某一关键因素运作水平而投入的改善成本也可能对资源个体其他关键因素产生一定的影响。

9.4 整合优化模型

继消费者购物体验需求类型的分析以及整合决策过程中关键因素的把握后，需对整个供应链网络进行优化并建立相应模型。但需要注意的是，资源个体的各项特征不可能全部符合整合主体的要求。因此，只有通过整合并改造供应链网络中的资源个体，才能达到供应链网络整体运作水平提升的目的。

9.4.1 模型参数与变量定义

设各需求类型i（$i=1,2,\cdots,n$）可供整合的资源个体的数量为P_{il}，每个资源个体的索引为p_{il}（$l=1,2,\cdots,L$）。

$\beta(p_{il})$为选择变量。$\beta(p_{il})=1$，则表示资源个体p_{il}被选中；$\beta(p_{il})=0$，则表示未被选中。

设资源整合后，整合主体对关键因素$K_{iy(m)\cdot l}$的期望运作水平为$F(K_{iy(m),\ l})$（$i=1,2,\cdots,n;m=1,2,\cdots,M;l=1,2,\cdots,L$）。

设整合主体对资源个体p_{il}关键因素改善的期望的投入时间为$T(K_{iy(m)\cdot l})$。

设为改善p_{il}的关键因素$K_{iy(m)\cdot l}$所投入的整合成本为$C(K_{iy(m)\cdot l})$，整合后关键因素$K_{iy(m)\cdot l}$达到的运作水平为$F^*(K_{iy(m),\ l})$。

设整合后，资源个体p_{il}为消费者需求类型i所能提供的服务质量为$Q(p_{il})$，而该类服务所需要的质量标准为$Q^*(p_{il})$。

设整合后，资源个体p_{il}为消费者需求类型i提供的服务能力为$A(p_{il})$，而该类服务所需要的最小服务能力为$A^*(p_{il})$。

设整合资源个体p_{il}的关键因素$K_{iy(m)\cdot l}$起始时间为$T_{sta}(K_{iy(m)\cdot l})$，终止时间为$T_{end}(K_{iy(m)\cdot l})$。关键因素改善的期望时间长度为$T(K_{iy(m)\cdot l})$。对关键因素整合时长的最大容忍性为：

$$T^*(K_{iy(m)\cdot l})=T(K_{iy(m)\cdot l})-(T_{end}(K_{iy(m)\cdot l})-T_{sta}(K_{iy(m)\cdot l}))$$

9.4.2　优化目标及约束条件

$$\min C_{整合成本}=\sum_{i=1}^{n}\sum_{m=1}^{M}\sum_{l=1}^{L}\Big(C\big(Kiy(m)\cdot l\big)\Big)\beta(pil) \tag{9-3}$$

$$\min T_{整合时长的最大容忍性}=\sum_{i=1}^{n}\sum_{m=1}^{M}\sum_{l=1}^{L}\Big(T^*\big(Kiy(m)\cdot l\big)\Big)\beta(pil) \tag{9-4}$$

$$s.t.\ F(K_{iy(m),\ l})\leqslant F^*(K_{iy(m),\ l}) \tag{9-5}$$

$$Q(p_{il})\leqslant Q^*(p_{il}) \tag{9-6}$$

$$A(p_{il})\leqslant A^*(p_{il}) \tag{9-7}$$

模型中，式（9–3）和式（9–4）为优化目标，分别表示整合成本最小化和整合时间最小化。式（9–5）~式（9–7）为约束条件，分别表示对整合后的运作水平、资源个体服务质量、服务能力的约束。

9.5　算法设计

由于上述优化模型为多目标优化问题，选择合适的算法进行求解显得尤为重要。蚁群算法是一种新型启发式优化算法，是在研究求解旅行商问题（TSP）的过程中提出的。蚁群算法具有良好的性能，如快速得到全局近似最优解，可以求解随机动态问题等。并且蚁群算法在求解多种组合优化问题中得到了广泛的应用，如动态调度、二次分配、路由等。将该算法应用到上述目标的优化中非常合适。但在对上述目标的优化过程中，需要对算法进行相应的设计和改进，具体操作可以参考文献（姚建明，2011；2012）。

9.6　算例

某新零售企业在售后服务方面一直以消费者实体店退货方式为主。随着消费者对购物体验需求的提高，为了给消费者提供多样化的售后服务类型，决定在未来一段时间内推出退货上门取货等业务。通过消费者购物体验需求类型与供应链资源个体特征之间的相关关系调查分析，得出表9–3关系表。通过建立关键因素选取规则，最终挖掘出7个关键因素。以下通过对第三方合作商的资源整合决策为例进行讨论。

通过市场调研，找出可以整合的7家合作商。各合作商的整合运行参数如表9–3所示。表9–3中的数据已经做了标准化处理，表中的数字表示重要程度。

表9–3　资源个体在购物需求类型上的关键因素

售后服务需求类型	资源个体特征							
	技术水平	信息化程度	运营能力	资金状况	信誉状况	与利益相关者关系	社会知名度	组织结构
1（上门安装）	0.7	0.8	0.9	0.8	0.9	0.6	0.5	0.3
2（实体店退货）	0.6	0.7	0.8	0.7	0.8	0.6	0.7	0.4
3（退货上门取货）	0.8	0.9	0.9	0.8	0.9	0.7	0.6	0.3
选取规则	重要程度＞0.5							
类型1的关键因素	是	是	是	是	是	是	否	否
类型2的关键因素	是	是	是	是	是	是	是	否
类型3的关键因素	是	是	是	是	是	是	是	否

为便于计算及说明，本研究以售后服务需求类型中的上门安装和退货上门取货为例，对资源个体的运行参数进行了标准化的处理，具体如表9–4所示。

表9-4　各资源个体的运营参数

整合运营参数	需求类型	上门安装				退货上门取货		
	合作商	SUP_{11}	SUP_{12}	SUP_{13}	SUP_{14}	SUP_{31}	SUP_{32}	SUP_{33}
整合成本		0.54	0.50	0.55	0.53	0.65	0.69	0.67
整合时间长度		0.51	0.51	0.50	0.54	0.31	0.30	0.35
资源个体业务能力		0.44	0.45	0.43	0.42	0.76	0.75	0.70
规划能力需求		0.31				0.52		

注：表中的数据均经过单位化和归一化处理

以上门安装和退货上门取货为例，本研究运用MATLAB对上述数据进行仿真。讨论及仿真结果如下。

（1）针对上门安装业务的资源整合。由图9–3可知，所有蚂蚁选择SUP_{12}。由表9–2可见，SUP_{12}在整合成本方面具有明显优势，尽管其资源有效的时限误差相比SUP_{13}大，但多目标之间的权衡后，蚂蚁仍选择SUP_{12}。

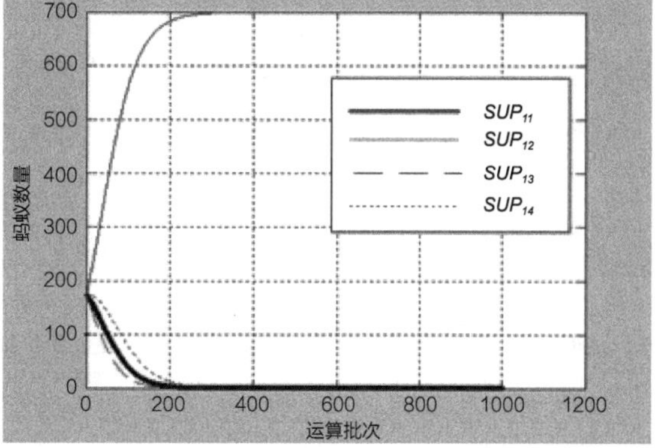

图9-3　蚂蚁的收敛结果

（2）针对退货上门取货业务的资源整合。如图9-4所示，蚂蚁选择了SUP_{31}，但选择SUP_{32}的数量呈先升后降的趋势，这是因为，起初该个体较优越的时限性误差吸引着大量的蚂蚁。随着运算的推进，结合整合成本及时限性误差的综合计算，呈下降趋势。

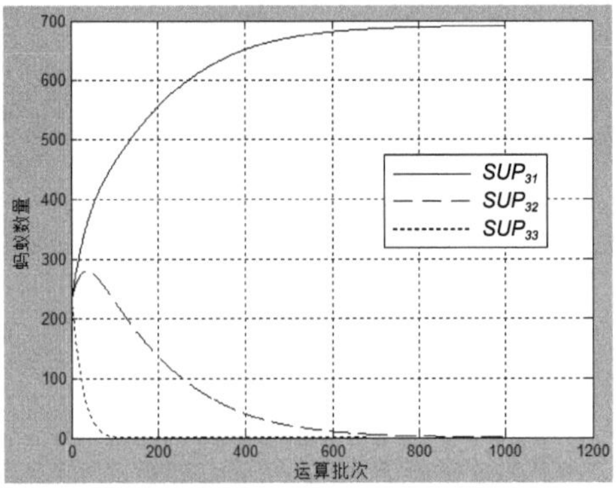

图9-4　蚂蚁的收敛结果

9.7　结论

本研究的意义主要在于以下两个方面：第一，以消费者购物体验需求为起点，通过分析需求（消费者对购物体验的不同需求类型）—供给（新零售所能提供的服务及相应能力）的匹配性关系，探究出新零售供应链网络中各资源个体的关键因素，并以关键因素作为切入点实现供应链资源整合的量化分析；第二，通过构建整合决策优化模型及算法设计，增加了实践的应用性。

鉴于新零售下供应链整合管理问题的研究相对较少，在今后的研究中，还应深入探讨新零售资源整合过程中供需能力动态匹配的问题等。

10 考虑顾客需求的无人零售终端选址优化研究

10.1 引言

随着我国经济社会的不断发展，传统零售行业竞争越来越激烈，新零售的概念应运而生。与企业的生产和服务转型理念相一致，新零售模式关注的焦点在于如何更好地为顾客提供满意和超值的商品零售服务。

无人零售终端作为新零售的代表形式，以其智能化、系统化、线上线下联动的特点成为新零售重点布局领域，是未来零售行业发展的风向标（王坤和相峰，2018；赵树梅和徐晓红，2017）。

由于无人零售终端在不同的场景下，企业所面临的顾客购物需求具有很大差异，而不同的购物需求需要通过配置不同类型的零售终端进行匹配。因此，为了方便地实现在不同场景下根据不同的个性化顾客需求进行精准的商品配货和营销的目的，以提高顾客的满意度，提升零售效率，获取更大的利润，往往需要根据不同场景的顾客需求状况进行差异化、个性化的无人零售终端配置。

然而，当前商家在配置无人零售终端时，可能会因为更多地关注利润而忽略顾客需求能否得到满足的问题。因此，为了方便补货和管理，往往会在一台无人零售终端中只配置某一类产品。同时，商家一般会根据平均人流量、人均消费水平、土地租用价格等传统因素来决定终端的选址和投放数量，很少根据不同场景下顾客的不同需求进行终端的配置决策。而这些终端配置决策上的问题可能会带来无人零售终端销量不佳的现象。

除此之外，无人零售终端往往具有无人值守、内部空间狭小和服务范围有限等特点，容易导致顾客需求反馈不及时和商品数量不足等问题。因此，在无人零售终端的实际运行过程中，即使出现了配置不合理、商品质量不达标和缺货断货等现象，无法及时向供应商反馈，降低了零售的效率，使顾客满意度大打折扣。

上述这些无人零售终端在实际运行中出现的问题说明了在不同场景下，顾客对商品的属性、数量、质量、价格等因素有不同的需求偏好，因此对于无人零售终端而言，能否满足顾客多方面的需求偏好，必将对顾客的购物满意度产生影响。所以，我们在对无人零售终端进行配置优化的过程中，需要从顾客偏好的角度对这些多方面的因素进行考量。

为了实现这一目的，本研究在对新零售模式下的无人零售终端的特点进行深入分析的基础上，提出顾客多维满意度分析和动态刻画的思路，将上述多方面的需求偏好通过“多维”体现和反映出来。在此基础上，提出多维满意度的动态测量方法，并将其引入到后续的无人零售终端配置优化过程中。

10.2 无人零售终端配置优化的顾客满意度分析

前文指出，在新零售模式下的无人零售终端的配置优化中，顾客对商品的需求在不同场景下会有很大的不同，并且会随着时间发生变化，导致需要配置的无人零售终端的种类也不相同。因此，新零售模式下无人零售终端的配置优化问题与既有的商业网点选址配置问题具有较大差异。

在既有的配置优化类问题的研究（高太光等，2013；秦固，2006；Coello et al., 2004；Gong et al., 2009）中，学者们普遍考虑到了地租价格、区域消费差异、采购成本、运输成本等客观因素对设施选址、配置优化的影响，但较少考虑顾客的主观感受和顾客满意度对优化决策的影响。随着近些年新零售模式的兴起和发展，对顾客需求的精准刻画越来越受到商家的重视，这也反映到了近些年配置优化类的研究文献中。例如，部分研究考虑了顾客的不同需求对商家配置优化的重要影响，将顾客的行为、心理纳入优化过程中，如韩珣等（2018）运用分段函数刻画不同顾客对各服务产品的距离满意度，通过联合覆盖刻画顾客行为受到多个设施的影响，从而建立竞争环境下的自提点服务组合优化模型；侯玉梅等（2015）和Favaretto et al.（2007）使用软时间窗函数，以时间满意度表示顾客满意度，并将其作为决策目标引入物流配送的路径选择问题中，以便更好地解决整车物流配送问题；陈义友等（2016）根据顾客的分布和提货方式的选择，对顾客的心理活动进行分析和刻画，并依据前景理论和MNL模型进行物流设施的选址，等等。

为了进一步阐述新零售模式下无人零售终端需求中的这一特征，这里再看一些例子：城市办公区的白领在用餐时间更加偏好购买加热饭菜，而在非用餐时间则偏好购买零食甜点；社区居民在下班回家之后偏好购买新鲜的瓜果蔬菜；学校学生在放学之后偏好购买零食玩具等，同时顾客对商品属性、价格、质量等方面也有不同的需求。

可以说，在新零售模式下，顾客的满意度在经营者的眼中显得更为重要。因此，新零售模式下在无人零售终端的配置优化过程中必须将如何提升顾客的满意度作为核心问题加以考虑。这是因为顾客对购物是否满意往往来源于其需求能否得到满足，需求的满足程度直接决定了顾客满意度的高低。基于此，本研究将引入顾客满意度来表示和衡量顾客需求得到满足的程度。

10.3　多维满意度指标构建、刻画和动态测量方法

10.3.1　多维顾客满意度指标的构建

通过上述分析可知，顾客对于无人零售终端中出售的商品是否满意主要取决于商品数量是否满足顾客需求，服务是否及时，价格是否合适，商品的质量和属性是否与顾客的需求相契合等多个方面（Park and Yoo, 2013），显然顾客满意的衡量指标必须从多维的角度刻画。

在现有的有关满意度指标构建的研究中，国内外学者从多个方面进行了深入的探索。比如，在营销学领域的研究中，Zeithaml和Parasutaman（1988）指出，商家提供的服务和商品的质量会影响顾客的满意度，并进一步影响其消费行为：较高的商品质量和服务质量可以提高顾客满意度，从而降低顾客流失率，给商家带来利润。在此基础上，Parasutaman et al.（1996）提出了服务质量的概念模型，并论述了顾客在形成满意度感知时会受到商品质量、交付时间、商品属性等不同维度因素的影响。Cho et al.（2011）检验了影响顾客满意度的另一个重要维度——顾客价格容忍程度。商品的价格与顾客满意度息息相关，顾客的满意度越高，对价格变化的容忍程度就越低。May and Monga（2014）发现顾客的购物等待时间也会对满意度产生影响，建议商家加强对等待时间的管理。除此之外，曹国昭等（2013）认为在信息不对称的情况下，商品的库存量和替代商品的竞争也会对顾客的满意度和商家的补货决策行为产生影响。当顾客光临的第一个零售商的库存为0时，他们往往会转而光顾其他销售替代品的零售商，等等。

可以看出，既有的针对满意度指标和模型的构建以及影响因素的测量研究，大多是围绕顾客对单个商品或一组替代商品的满意度进行探讨的，多数假设顾客是无差别个体，忽略了顾客的异质性需求。但在新零售模式下的无人零售终端配置优化问题中需要更为综合地从多维度、动态性的角

度分析顾客满意度的刻画和测量的问题。

因此，本研究基于现实中无人零售终端配置中出现的各类问题和新零售带来的诸多变化（陈义友等，2016），结合多次走访调研无人零售终端企业的经验，从顾客满意度的来源入手，首先对顾客满意度应该考虑的多个维度进行了概括总结，表10–1阐述了其中的五个维度。

表10-1　顾客满意度维度及示例

顾客满意度维度	含义	示例
购物有效满意度	顾客对无人零售终端中的商品数量充足而产生的满意感。	由于无人零售终端容量有限（商品数量有限），在顾客期待获得服务的时间范围内，无人零售终端能保证商品的供应，不至于缺货断货，这会使顾客产生满意感。
顾客时间满意度	顾客因商家在特定时间里提供顾客需求的产品而产生的满意感。	顾客的需求在一天之内不断变化，能够在特定的时间提供顾客需求的特定商品，可以降低顾客的搜寻成本、等待成本，使其获得满意感。
商品价格满意度	顾客因商家提供的商品价格在可接受范围内而产生的满意感。	顾客在购物之前会对商品的价格有一个预期范围，商家的标价在预期范围内，才会令顾客满意。
商品属性满意度	顾客因商家提供的商品属性符合自己期望而产生的满意感。	在不同的消费场景中，顾客的需求具有明显差异，商家提供的商品属性与顾客需求的契合程度是属性满意度的来源。
商品质量满意度	顾客因商家提供高质量商品而产生的满意感。	顾客普遍希望购买到具有高质量的产品，这里的质量是一个约束条件，例如商品的保质期、适用性等因素。

在此基础上，我们将探讨如何对上述多维满意度进行刻画和动态测量的计算方法。在测量和计算方面，本研究提出了满意度进度条假设，以此来表示到某一台无人零售终端进行消费的所有顾客总体满意度的累计过程；并对到无人零售终端进行消费的顾客的行为进行了细分，以便更准确

地预测顾客总体满意度，进而将其引入到后续的无人零售终端配置优化模型的建立和求解算法中。

10.3.2 总体满意度进度条假设

通过表10-1分析可知，在新零售模式下的无人零售终端配置优化过程中，顾客的购物满意度主要来源于对商家提供商品的数量、服务的准时性、产品的质量、属性和价格的契合感受。因此，在顾客需求的时间段内，提供与顾客预期（数量、价格、质量、属性、时间等）最大程度契合的商品，可以有效地提高满意度。考虑到在不同的无人零售场景下，任意一台无人零售终端都需要面对不同客户的不同需求，如果我们只单一刻画一个顾客的购物满意度则无法有效反映该场景下某台终端的实际需求。因此，需要从特定时间内总体满意度的视角分析某台无人零售终端的多维满意度刻画和测量问题。这里可设总体满意度是一台无人零售终端的所有顾客满意度的累计。

首先，从个体满意度计算方法入手，假设 $f(x)$ 表示某顾客在 x 时间段内对某台无人零售终端的多维满意度，则可设 $f(x)=\omega_1 S_E+\omega_2 S_T+\omega_3 S_P+\omega_4 S_A+\omega_5 S_Q$。其中 S_E 表示购物有效满意度，S_T 表示顾客服务时间满意度；S_P表示顾客商品价格满意度；S_A 表示顾客商品属性满意度；S_Q 表示顾客质量满意度；ω_{1-5} 表示不同类别满意度在总体满意度中所占的权重，$\omega\in(0,1)$，$\omega_1+\omega_2+\omega_3+\omega_4+\omega_5=1$。

接下来，为了更为直观地表现总体满意度的测算，本研究提出了顾客总体满意度进度条的假设，如图10-1所示：在一天之内，顾客群体对某台无人零售终端的满意度是一个不断累积的过程，顾客对无人零售终端的期望满意度为 $f(q)$，而在购买过程中产生的实际满意程度为 $f(s)$。当 $f(s)\geqslant f(q)$时，说明顾客对这台无人零售终端中出售的商品整体满意，并会购买其中的商品；当 $f(s)<f(q)$ 时，说明顾客对这台无人零售终端

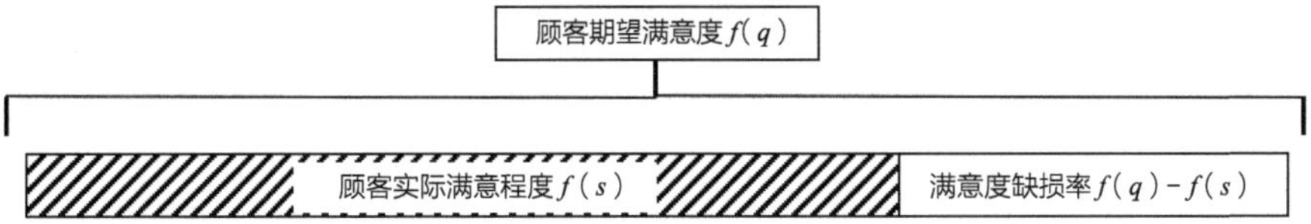

图10-1　总体满意度进度条

不满意，此时顾客有两种选择，一是不购买任何商品，二是购买替代商品。当顾客购买了替代商品，总体满意度会发生损耗，损耗值为期望值$f(q)$-实际值$f(s)$。

上述总体满意度的具体计算方法如下：假定某台无人零售终端的总体满意度*TS*为100%，在x时间段内，共有*TC*名顾客来到无人零售终端消费。顾客每从无人零售终端中购买一件符合自己需求的商品，顾客满意度进度条增加100%/*TC*，即顾客对此台无人零售终端中售卖的产品十分满意，体现在进度条上就是进度条的增长。否则满意度进度条增加0，说明顾客对此台无人零售终端中售卖的产品不够满意；当顾客没有购买到符合自己期望的商品，但购买到了该商品的替代品时，满意度出现损耗，损耗值为期望值$f(q)$-实际值$f(s)$，即顾客对此台无人零售终端相对满意。如果购买不到该商品的替代品，满意度进度条增加0，说明顾客对此台无人零售终端售卖的产品十分不满意。

10.3.3　顾客购买行为刻画

从上述整体满意度进度条来看，总体满意度中会有很大程度的缺损率。而缺损率产生的原因在于顾客消费行为的差异性，这个差异性一方面体现在顾客群体购买行为的差异上，另一方面体现在顾客总体满意度在某特定时段中不同时间点的波动上。讨论如下：

首先，去无人零售终端购物的顾客大致可以划分为两类：一类顾客偏好明确，来到无人零售终端购物“直奔主题”，当无人零售终端没有心仪的商品，或该商品已经售罄，这类顾客会选择离去，不再购买；而另一类顾客则无明显偏好，来到无人零售终端挑选购物，当无人零售终端没有心仪的商品，这类顾客会选择买走替代品，如果替代品售罄，则会离去，不再购买。

经过调研，本研究发现上述两类顾客在人群中所占比例大致为2∶8，即有明确偏好的顾客约占20%，无明确偏好的顾客约占80%。基于此，本研究认为在总体满意度的计算上，需要对不同顾客群体的消费行为进行刻画，提高满意度测量和预测的准确性。因此，本研究将顾客群体进行细分为A、B两类：A类顾客有明确偏好，他们对某种商品的购买期望函数为 $f(a) \in [0.8,1]$；B类顾客无明确偏好，他们对某种商品的购买期望 $f(b) \in [0,0.8]$。不同顾客群体的购买流程如图10-2所示：

其次，顾客的总体满意度在一天的不同时段内总是不断变化的。无人零售终端的顾客总体满意度在不同时点上会产生较强的波动性，这主要是因为每天在无人零售终端购买商品的顾客数量和顾客的偏好不尽相同，而如果无人零售终端中的商品数量和种类有限，无法满足所有顾客在同一时

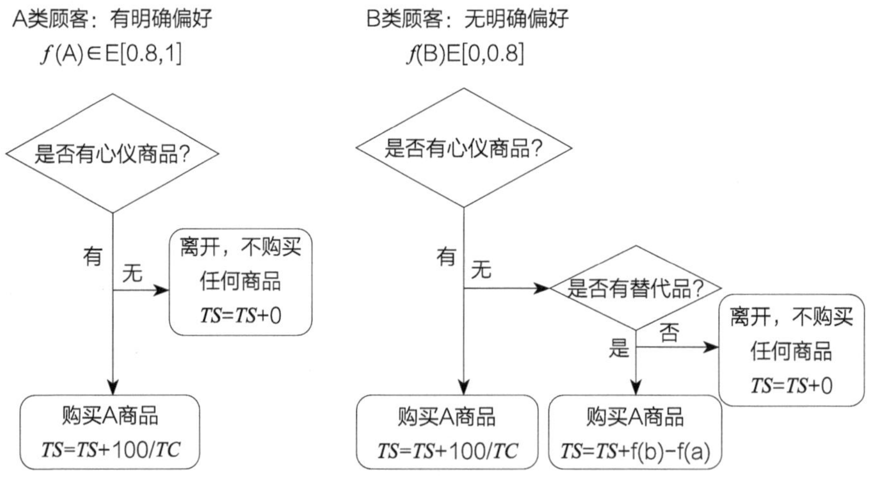

图10-2 无人零售终端顾客购买行为细分

间点上的需求，这样一来就会产生顾客满意度损耗。可以说，在新零售模式下的无人零售终端需求中，动态变化性是顾客总体满意度的重要特征之一，因此，如何在数学关系上对总体满意度随时间变化的动态性进行描述是非常重要的。

上述总体顾客满意度动态变化的数学描述如式（10–1）所示，$S_{i(x)}$ 表示*time*时刻顾客某一台无人零售终端 L_i 的总体满意度：

$$S_{i(x)}=\begin{cases} TS+100\%TC\ (\text{顾客购买到了符合期望的产品}) \\ 0\ (\text{顾客未购买到符合期望的产品}) \\ TS+f(b)-f(a)\ (\text{顾客购买到了替代品}) \end{cases} \tag{10–1}$$

10.4　配置优化模型构建

10.4.1　优化目标的建立

通过前文分析可知，本研究旨在解决：在考虑顾客总体满意度的情况下，不同种类的无人零售终端如何在不同消费场景中进行配置优化的问题。即在不同的场景下，如何配置不同的无人零售终端使顾客总体满意度最大化，同时创造更多的利润、服务更大范围的人群，这是要研究的重点问题。

因此，无人零售终端的配置优化目标主要应该包括三个方面：（1）提高利润，降低成本，使每台无人零售终端创造的利润和价值最大化。（2）提高顾客总体满意度。由于顾客总体满意度在很大程度上决定了销量和购买人数，总体满意度的缺损率会导致部分顾客的流失。因此，在可能的情况下将顾客总体满意度最大化，有利于提高无人零售终端的销量和购买人数。（3）实现每台无人零售终端能够服务的人群范围相对最大化。在无人零售终端的配置优化问题中，能够覆盖越多的消费人群，就越能说明其未来的前景和利润空间大。

在优化目标设定时，本研究首先设最多需要在某区域内配置M台无人零售终端，共有I个备选地点（$I \geqslant M$），每个地点索引为i（$i=1,2,3,\cdots,I$）；设每个备选地点可以放置一台或者多台无人零售终端，每个终端索引为$L_{i(x)}$（x表示备选地点i下无人零售终端的编号）；同时，设无人零售终端的辐射半径为$r_{i(x)}$，辐射范围为$AREA_{i(x)}$。

（1）无人零售终端利润构成

无人零售终端的利润等于其总收益减去总成本。

无人零售终端$L_{i(x)}$的总收益$E_{i(x)}$构成如式（10-2）所示：

$$E_{i(x)}=p \times n \tag{10-2}$$

其中，p为商品的平均出售价格，n为售出的商品数量。

无人零售终端$L_{i(x)}$的总成本$U_{i(x)}$构成如式（10-3）所示：

$$U_{i(x)}=C_{\text{固定成本}}+C_{\text{商品成本}}+C_{\text{运输成本}}+C_{\text{固定管理费用}} \tag{10-3}$$

其中，固定成本为购买和安置无人零售终端的费用；商品成本为商品进价之和；商品运输成本为供应商为该无人零售终端进行配送的运输费用，是供应商平均每千米运输成本与无人零售终端和配送中心距离的函数；固定管理费用为物流配送中心在进行产品配送时所发生的配送管理费用。对于每一台无人零售终端而言，固定成本和固定管理费用是相对确定的，而商品成本和运输成本则会随着顾客流量的变化而变化。

（2）无人零售终端服务范围

每台无人零售终端$L_{i(x)}$有各自不同的服务区域，其服务范围大致为：以无人零售终端$L_{i(x)}$所在点为圆心，$r_{i(x)}$为半径的圆形区域。无人零售终端$L_{i(x)}$的服务范围$AREA_{i(x)}$约为$\pi r_{i(x)}^2$。

在不考虑昼夜差异和人口的短暂性迁移问题等前提下，假设人口在某终端待配置区域内呈均匀分布，则服务面积/总体面积＝服务人口/总人口，即无人零售终端能提供服务的人口数量和服务面积正相关。因此，在知悉区域总人口T_H和区域总面积T_AREA的情况下，可以根据无人零

售终端的服务半径 $r_{i(x)}$ 估计出无人零售终端 $L_{i(x)}$ 服务的人口数量，如式（10–4）所示：

$$H_{i(x)} = {AREA_{i(x)} * T_H} \Big/ {T_A REA} \quad （10–4）$$

10.4.2　优化模型

基于上述对优化目标的分析，构建新零售模式下的无人零售终端配置优化模型，如式（10–5）～式（10–11）所示：

目标函数：

$$\max Profit = E_{i(x)} - U_{i(x)} \quad （10–5）$$

$$\max Satisfaction = S_{i(x)} \quad （10–6）$$

$$\max H_{i(x)} \quad （10–7）$$

约束条件：

$$s.t. L \leqslant M, (L = 1, 2, 3, \cdots, M) \quad （10–8）$$

$$Q_{i(x)} \geqslant Q_{i(x)}^E \quad （10–9）$$

$$u_{i(x)} \geqslant u_{i(x)}^E \quad （10–10）$$

其中，式（10–5）为无人零售终端 $L_{i(x)}$ 利润最大化目标函数；式（10–6）为无人零售终端 $L_{i(x)}$ 的服务人群在*time*时间段的总体满意度最大化优化目标；式（10–7）表示使无人零售终端 $L_{i(x)}$ 服务的顾客人群数量最大化优化目标；式（10–8）～式（10–11）为约束条件；式（10–8）表示无人零售终端的配置数量应小于等于该区域可配置终端数量的最大限制；式（10–9）表示无人零售终端 $L_{i(x)}$ 中售卖的商品质量应优于顾客预期的商品质量；式（10–10）表示产能约束，即无人零售终端 $L_{i(x)}$ 中商品数量应多于顾客需求的商品数量。

10.5　算法分析

考虑到上述无人零售配终端配置优化问题是一个多目标优化问题，多目标优化问题一般不存在唯一的最优解，而是存在一组或多组非劣解。同时，上述优化问题具有动态性的突出特点，导致在无人零售终端的配置问题上需要动态地进行系统协调。因此，本研究选取蚁群算法进行求解（姚建明，2006；姚建明，2015a）。一般来讲，该算法具有如下两个明显的特点：一方面，能够快速收敛到全局近似最优解，同时方便携带多属性特征；另一方面，算法的求解过程是按照不同批次蚂蚁的觅食寻优机理推进的，因此，在不同的执行时间节点上可以灵活调整算法的优化过程，这对于求解按时间变化的动态优化问题具有较强的适用性和重要价值。

10.5.1 算法说明

（1）为了解决前述模型反映出的无人零售终端配置优化过程中的动态性问题，在算法设计上，将算法中各参数和变量设计为随时间动态变化的数学表述，即设各参数和变量是随不同时刻t动态变化的，因此，将（t）作为一个主要因素引入算法的数学描述中。

（2）无人零售终端配置优化问题同蚂蚁觅食优化行为的对照关系如表10–2所示。

表10–2 无人零售分布选择与蚁群寻优行为之间的对应关系

巢穴	食物	不同类型的蚂蚁	觅食路径	觅食行为的多目标优化
开始	结束	不同偏好的顾客	无人终端	终端配置的多目标优化

（3）在任意动态时刻（t），设各无人零售终端之间互不干涉，运行参数独立；每台无人零售终端中商品的平均价格 p（t）和其服务半径 $r_{i(x)}$（t）都是确定的，且在算法运行中每一时刻都有相对确定的运行参数。

（4）顾客总体满意度的预测：根据前文描述，顾客总体满意度是研究的重点，在算法实现上进行如下操作：针对动态时刻（t），首先，针对不同无人零售场景收集到若干名顾客的满意度数据（为了使数据具有代表性，建议数据量大于2000），然后抽取0到1之间的随机数对顾客进行分类，当随机数落在（0,0.8]区间内，则将其划入无明确偏好顾客类；当随机数落在（0.8,1）区间内，则将其划入有明确偏好顾客类。最后，需要通过蒙特卡洛模拟，预测某一台无人零售终端的顾客总体满意度。

（5）在任意动态时刻（t），假设一种售卖机只售卖一类商品，不得混售，以此来进行总体满意度的区分测算。同时会在算法加速收敛的过程中设定一些节点，例如产能约束节点、质量约束节点和最大面积约束节点，不能满足这些基本条件的无人零售终端将无法进入算法。

（6）服务人群与服务半径问题：无人零售终端服务人群所占总体区域人数的比率等于无人零售终端服务面积和区域总体面积之比。这需要我们确定区域内不同功能分区，例如学校区、健身区等功能分区，且分区不能随意调整。

（7）无人零售终端的配置优化是一个系统性问题，三个优化目标需要协调考虑，在任意动态时刻（t），由于各项指标的测量单位不同，可以将其转化为比例系数。每个优化目标占有不同的权重，在实际运算和配置优化过程中，需要根据具体情况对三个优化目标配置不同权重，一般可通过德尔菲法对三个优化目标赋予权重。

10.5.2　算法构建

（1）在任意动态时刻（t），根据顾客行为将蚂蚁的类别进行两类划分，蚂蚁类别用I（t）表示。一类蚂蚁对应有明确偏好顾客，i（t）$=1$；另一类蚂蚁对应无明确偏好顾客，i（t）$=2$。由于每一类顾客的购物行为不同，所以每一类蚂蚁所对应的参数也不同，设每类蚂蚁用A_{ij}（t）（i（t）$=1, 2$；$j=1, 2, \cdots, J$（t））表示，J（t）代表每一类偏好下的不同顾客索引。

（2）在前文的设定中包括一系列限制性条件，为了加快算法收敛，本研究将这些限制性条件设置设为禁入节点。

（3）根据利润最大化规则设定路径的选择概率。设 $\pi_{(p)}$（t）为 A_{ij}（t）经过 $L_{i(x)}$（t）后遗留的信息素，与利润最大化目标成正比，所以，无人零售终端 $L_{i(x)}$（t）对 A_{ij}（t）的吸引概率为：

$$P_{(Profit)}(t)A_{ij}(t)=\pi_{(p)}(t)\Big/\sum_{i=1}^{L}\pi_{(p)}(t) \quad （10-11）$$

（4）根据顾客总体满意度最大化规则设定路径的选择概率。设 $\pi_{(S)}(t)$ 为 $A_{ij}(t)$ 经过 $L_{i(x)}(t)$ 后遗留的信息素，与顾客总体满意度最大化目标成正比，所以，无人零售终端 $L_{i(x)}(t)$ 对 $A_{ij}(t)$ 的吸引概率为：

$$P_{(Satisfaction)}(t)A_{ij}(t)=\pi_{(S)}(t)\Big/\sum_{i=1}^{L}\pi_{(S)}(t) \quad （10-12）$$

（5）根据服务人群数量最大化规则设定路径的选择概率。设 $\pi_{(AREA)}(t)$ 为 $A_{ij}(t)$ 经过 $L_{i(x)}(t)$ 后遗留的信息素，与服务人群数量最大化目标成正比，所以，无人零售终端 $L_{i(x)}(t)$ 对 $A_{ij}(t)$ 的吸引概率为：

$$P_{(AREA)}(t)A_{ij}(t)=\pi_{(AREA)}(t)\Big/\sum_{i=1}^{L}\pi_{(AREA)}(t) \quad （10-13）$$

（6）排斥概率。基于前文设定的产能和质量约束问题，可以设定排斥概率解决可能形成的蚁流拥塞问题。设非 $A_{ij}(t)$ 类蚂蚁 $A_{pq}(t)$ 通过 $L_{i(x)}(t)$ 后遗留的信息素为 $\mu_{pq.L_i}(t)$，（简记为 μ ），它对 $A_{ij}(t)$ 类蚁群的排斥概率为：

$$P_{(Reject)}(t)=\mu(t)\Big/\sum_{i=1}^{L}\mu(t) \quad （10-14）$$

$$(p(t)=i,q(t)\neq j;p(t)\neq i,q(t)=j;p(t)\neq I,q(t)\neq j)$$

（7）综上所述，$A_{ij}(t)$ 选择无人零售终端 $L_i(t)$ 的综合概率为：

$$\begin{aligned}P_{(Total)}t=&\alpha(t)P_{(Profit)}tA_{ij}(t)+\beta(t)P_{(Satisfaction)}tA_{ij}(t)\\&+\gamma(t)P_{(AREA)}(t\quad A_{ij}(t)+\delta(t)\ 1-P_{(Reject)}t)\end{aligned} \quad （10-15）$$

式（10-15）中，$\alpha(t)$、$\beta(t)$、$\gamma(t)$、$\delta(t)(0<\alpha(t)$、$\beta(t)$、$\gamma(t)$、$\delta(t)$

<1; $\alpha(t)+\beta(t)+\gamma(t)+\delta(t)=1$）为调整系数，反映了吸引和排斥概率的期望权系数。其中，信息素的更新经算法自动完成。

10.6　案例分析

北京某多功能大型住宅小区T，总体面积为80万平方米，居住人口约3万人。T小区包含小学、初高中、某大型公司及娱乐场所等多种功能区。T小区人流密集、消费需求大，由于早期规划考虑不周，周边大型商超数量少，该小区内仅有三家小型便利商店，出售饮料食品、生鲜蔬菜等商品。每到上下班和用餐高峰时期，便利商店十分拥挤，供不应求，商品交易效率低下，顾客对此十分不满。因此，T小区决定在整个小区范围内安装多台无人零售终端，满足业主们的消费需求，缓解拥挤现象。在安装无人零售终端之前，需要根据本研究提出的动态配置优化方法进行分析。

由于本研究提出的配置优化思路为动态优化过程，这在优化模型以及算法中也得到了体现。动态性主要体现到两个方面，一方面是通过一段时间内顾客整体满意度的刻画和测量来反映该段时间内顾客满意度随时间的动态变化情况；另一方面是反映在配置优化过程的动态变动上，即在不同的配置优化时刻，由于各种内外部因素的影响与变动，导致无人零售终端配置优化中的各变量发生了变化，需要重新进行优化计算。例如，在不同场景下，不同的终端优化配置方案可能需要根据情况一个月变动一次，或者一个季度调整一次，等等。但不论是哪一次无人零售终端的优化配置过程，其优化机理和算法的运行逻辑都是相同的。因此，本例只以某动态配置优化时刻作为分析对象，对优化过程和算法进行检验。

针对某配置优化时刻，经过观察，T小区内主要消费人群包括：学生、上班族、家庭主妇、老年人等。主要消费场景包括：校园区、住宅区、休闲中心、办公场所等。

在实地调研中发现，T小区内的顾客在每个消费场景中的需求都不同，因此T小区需要根据顾客的不同需求对无人零售终端进行优化配置，提高顾客满意度，扩大服务范围。

根据先导调查，有三种类型的无人零售终端将会在T小区中布局，分别为饮料零食售卖机、智能售饭机、生鲜食品售卖机。这三类无人零售终端的价格、成本、服务半径及顾客对其的总体满意度如表10-3所示。

基于前文关于整体满意度的刻画方法，表10-3中不同消费场景下的顾客整体满意度是通过获取一段时期之内（这里选取1天）动态变化的顾客潜在零售需求满意度计算出的。

表10-3 三种无人零售终端及配对消费场景需求情况（示例）

零售终端种类	P_{ave} 平均价格	不同消费场景顾客整体满意度				r 服务半径	U_{L_i} 总成本
		校园区	住宅区	休闲中心	办公场所		
饮料零食机	10元	93分	76分	85分	92分	50m	700元
智能售饭机	15元	85分	90分	80分	97分	135m	1200元
生鲜食品机	25元	24分	93分	75分	84分	175m	1800元

基于前文关于整体满意度的刻画方法，表10-3中不同消费场景下的顾客整体满意度是通过获取一段时期之内（这里选取1天）动态变化的顾客潜在零售需求满意度计算出的。（通过问卷测量方法）

由于无人零售终端的平均价格、服务半径成本和满意度情况的测量单位不同，无法统一进入算法中，所以将其通过归一化处理。归一化后的参数如表10-4所示。

在T小区中配置三种不同的无人零售终端，需要满足不同消费场景下顾客的需求，同时创造更大价值，服务更多顾客，因此这是一个系统优化的过程，需要从整体的角度考虑优化目标之间的权衡。T小区根据优化需求对优化模型的参数进行设置调整，以满足不同目标重要性的权衡。在此处设算法选择系数 $\alpha=0.32$ 、$\beta=0.5$ 、 $\gamma=0.18$ ，分别对应价格最优目标、满意度最优目标和服务范围最优目标。通过MATLAB运算得出配置优化的仿真结果如图10–3所示。

表10-4　三种无人零售终端的配置参数

零售终端种类	成本参数	服务参数	收益参数	满意度参数							
				校园区		住宅区		休闲中心		办公场所	
				A类顾客	B类顾客	A类顾客	B类顾客	A类顾客	B类顾客	A类顾客	B类顾客
饮料零食机	0.36	0.42	0.33	0.78	0.85	0.29	0.35	0.79	0.83	0.6	0.87
智能售饭机	0.54	0.67	0.48	0.56	0.61	0.66	0.87	0.63	0.88	0.88	0.95
生鲜食品机	0.67	0.85	0.52	0.12	0.18	0.85	0.92	0.18	0.37	0.31	0.45

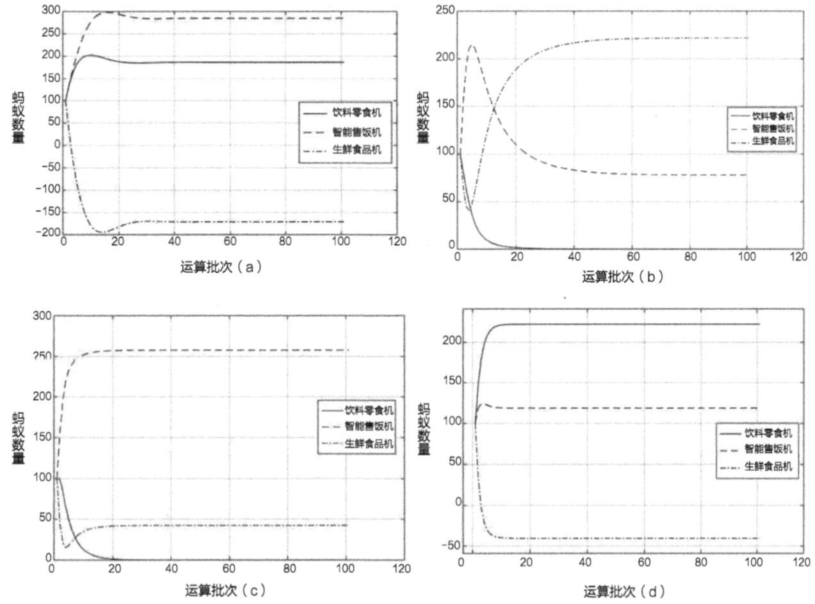

图10-3　不同消费场景下无人零售终端的优化配置仿真结果

如图10–3所示，通过分析不同消费场景下的目标函数收敛趋势图可以看出，顾客对于无人零售终端的选择是建立在价格、满意度和服务范围的优势比较的基础上进行的。（1）在校园消费场景中[见图10–3（a）]，饮料零食机和智能售饭机对顾客的吸引力较强，这是因为相较于生鲜食品机而言，饮料零食机和智能售饭机更能满足校园消费场景中顾客的需求，更加满足利润最大化和服务人群最大化的优化目标，因此T小区应该在校园中配置饮料零食机和智能售饭机，并根据具体需要服务的人群数量安排具体应该配置多少台无人零售终端；（2）在住宅消费场景中[见图10–3（b）]，生鲜食品售卖机和智能售饭机对顾客的吸引力较强，因此应该在住宅区重点配置智能售饭机和生鲜食品机；（3）在休闲中心场景下[见图10–3（c）]，智能售饭机对顾客的吸引力最强，所以应该在休闲中心配置智能售饭机，并根据需要服务的人群数量决定无人零售终端的配置数量；（4）在办公场所的情景下[见图10–3（d）]，饮料零食机和智能售饭机更能满足顾客的需求，因此，在办公场所应该配置饮料零食机和智能售饭机，并根据需要服务的人群数量决定无人零售终端的配置数量。

10.7 结论

随着新零售模式的不断发展，“以提升顾客的体验价值为核心，线上线下融合”这一概念得到越来越多的人的认可。新零售已成为零售行业新的战场，谁能满足顾客的需求，把握引领顾客的心理，谁就能在这场战役中斩获更多收益，赢得更多认可，树立更好的口碑，迎来更广阔的发展前景。

本研究基于新零售模式的特点，通过构建顾客多维满意度的动态测量方法，将顾客总体满意度纳入无人零售终端的优化配置过程中，为新零售模式下的无人零售终端配置优化问题提供了新的解决思路与方法。

除此之外，本研究通过理论研究和算例仿真得到了如下结论：（1）新零售模式下的无人零售终端配置优化问题并不仅仅是供应商单边决策，更是供需双方需求匹配优化的过程；（2）与既有的配置优化研究所关注的单一因素不同，本研究通过对顾客行为的分析，围绕利润最大化、顾客总体满意度最大化和服务人群最大化三大目标构建了基于顾客多维满意度刻画的配置优化模型；（3）本研究将顾客的主观感受纳入模型中，并尝试通过蒙特卡洛模拟进行顾客总体满意度的分布预测，并将其引入到决策模型中，拓展了现有的优化配置问题的研究方向；（4）本研究算法在求解新零售模式下的无人零售终端多目标优化问题过程中十分稳健。

本研究以新零售模式下的无人零售终端优化配置为例，尝试性地从供应商与顾客双方入手，结合客观条件（价格、服务人群）和主观感受（顾客总体满意度），构建了新零售模式下的配置优化模型。在零售行业不断变革，顾客地位逐步提高的背景下，由于考虑到了顾客的实际需求与消费场景的匹配关系，本研究所提出的终端配置优化思路与方法将给我国城市规划和零售业态的合理规划布局提供新的参考思路。

11 动态情景下的无人零售终端补货供应链调度优化研究

11.1 引言

随着我国社会经济的不断发展，“新零售”的概念应运而生（王坤和相峰，2018；赵树梅和徐晓红，2017）。智能无人零售终端作为新零售的代表形式，致力于满足特定场景下的即时随机需求，成为未来零售行业发展的风向标（王墨竹和姚建明，2019）。在实践中，智能无人零售终端已经被应用于办公室、商场、地铁站、学校、医院、社区等不同的场景中，不过这些场景都是静态的（艾瑞咨询研究院，2018）。而动态场景对无人零售模式的需求却因为各种限制导致的补货困难问题无法得到满足。

以高铁为例，其优势除了快速高效之外，还在于其高质量的服务（张焕勇等，2013）。智能无人零售终端的出现能够进一步提升高铁服务水平。然而高铁并非一般的静态购物场景，而是具有明确运输目的动态场景，这不仅意味着高铁场景下的一切活动都受到列车运行时刻的制约，还意味着高铁场景用于商品储存的空间有限，无人零售终端想在旅途全程提供持续的服务，需要依赖高铁在经停站及时进行补货。

一般来讲，对无人零售终端进行补货，首先要确定需要补货的商品，进而合理选择商品的供应商以及第三方配货商等资源。在补货决策完成后，由第三方配货商在各供应商处取货，统一将商品补入终端。需要说明的是，实际操作中可能存在第三方配货商将商品运送至高铁站，然后由乘务人员协助将商品补入终端的情况。由于这两种配货形式没有本质区别，因此为了后文讨论的方便，本研究将乘务人员的补货行为也同样纳入第三方配货过程中。本研究将上述过程称之为补货的供应链调度过程，其优化的关键是在合适的时间调配合适的资源（姚建明，2015）。当前，不同场景下的供应链调度优化研究受到广泛关注（姚建明，2015；李民等，2019；姚建明，2015a；王帆等，2017；Kaveshgar and Huynh, 2015；Yao et al., 2020），为研究高铁场景下的供应链调度优化问题提供了理论和方法借鉴。

因此，如何将补货的供应链调度过程与高铁场景的特殊性结合起来，在多重限制的条件下，选择最优调度方案是研究的核心问题。为此，本研究从高铁场景的特殊性入手，深入分析了高铁场景的特征及其需求特点，说明了这些特征是如何影响供应链调度过程的，并由此搭建了符合高铁场景要求的补货供应链调度多维度评价体系。在此基础上，构建了高铁场景下无人零售终端的补货供应链调度优化数学模型，并探讨了求解算法。

11.2 高铁场景下补货供应链调度特征分析

11.2.1 高铁场景及其消费者需求特征分析

高铁场景不同于一般场景，对其特殊性及其需求特点的准确把握是实现无人零售终端补货供应链调度优化的基础。

高铁的主要功能是交通运输，商品零售只能作为主要功能之外的辅助服务功能。高铁作为交通工具，其内部的空间分配是经过精细设计的，可供其储存商品的空间有限。此外，高铁场景是有规律的动态场景。高铁运行严格遵循时刻表，这对高铁上无人零售终端的补货活动形成约束，补货行为只能发生在高铁到站经停期间。高铁场景本身特征决定了无人零售终端补货受到时间和空间的双重制约。

高铁场景下的消费者在出行状态中，其购物欲望多产生于旅途中出现的饥饿和口渴状态。因此，高铁场景下旅客所需的商品种类集中且以餐饮商品为主，并且同种类食品（或饮品）之间在一定程度上是可以互相替代的。此外，还应充分认识到高铁场景下商品需求存在动态变化的特点，从而能够更好地指导商品需求预测。商品需求根据高铁行进过程中地理位置和时间的变化而有所改变（比如，德州扒鸡在高铁行驶于山东境内时销售量增加，泡面在接近午餐时间时销售量增加等）。因此，基于即时数据结合历史数据对商品短期需求进行预测，结果更为精准，而这对补货供应链调度过程提出了更高要求。

11.2.2 高铁场景对无人零售终端补货供应链调度的影响

上述高铁场景特征及其商品需求特点，决定了在该场景下进行无人零售终端补货供应链调度时应重点考虑以下方面。

首先，应考虑如何确定某一件商品是否需要及时补货。高铁上的储存空间有限，因此需要补充补货迫切程度最高的商品。除了缺货情况这项基础衡量指标之外，高铁场景下的商品待补货迫切程度测量还需要考虑商品价值以及同种类商品彼此间的替代性。值得注意的是，在补货供应链调度过程中，核心企业需要与供应商及第三方配货商保持良好的沟通，以便能够在有限时间内及时传达实时补货决策。

其次，应考虑商品补货的准时性。高铁场景下的补货供应链调度对于准时性有着极高的要求。旅客迟到尚无法顺利登车，补货更是如此。因此，核心企业进行调度决策时需要充分考虑供应商的备货时间和第三方配货商的运输时间，以确保补货商品顺利登车。此外，还应重视商品补货的及时性，对于迫切需要补货的商品，核心企业应尽量选择较近的经停站进行补货，尽可能避免商品缺货这种极大损害顾客满意度的情况发生。

最后，应考虑综合网络的均衡问题。高铁场景下的补货过程受到场景动态运输特征的影响，一次补货完成后只能在下一个经停站进行补货。需要注意的是，高铁行驶中可能会途经经济状况差异巨大的地区，存在下一站的商品补货成本高于或低于这一站的可能性。因此，核心企业进行补货供应链调度时既要考虑到达临近站点时的情况，同时也要考虑后续站点的情况才能实现合理补货。

11.3　高铁场景下补货供应链调度中的多维度评价体系构建

基于前文分析，高铁场景下无人零售终端补货供应链调度要统筹好补货商品的确定、运输准时性、补货及时性以及综合网络环境下的成本问题。需搭建多维度评价体系，使核心企业能够在高铁场景多重限制的条件下，更为高效合理地完成补货供应链调度决策。

11.3.1　商品待补货迫切程度评价

高铁场景下对商品待补货迫切程度进行评价时，应考虑到一段时间内商品缺货的风险以及其对消费者满意度的影响，因此除了要考虑商品利润和当前数量短缺情况这两项基础指标外，还应考虑商品受欢迎程度以及不可替代程度。本研究假定，一台无人零售终端能够服务的范围有限，不同无人零售终端的服务对象没有重叠。因此，每台终端商品待补货迫切程度的情况都需要进行单独评价。由此，本研究搭建了商品补货迫切程度评价模型（终端索引$i=1, 2, \cdots, I$，商品索引$u=1, 2, \cdots, U$）。

a_{iu}为商品利润水平，$a_{iu}=E[p_u/\max p]$。其中，p_u表示单件商品u的净利润，$\max p$表示全部商品中的单件最高净利润，由于不同的调度方案利润存在差异，因此取平均值。b_{iu}为数量短缺情况，$b_{iu}=s_{iu}/S_{iu}$。其中，s_{iu}表示终端i上商品u的短缺数量，S_{iu}则表示商品u的最大储存量。c_{iu}为受欢迎程度，$c_{iu}=ads_u/\max ads$。其中，ads_u表示商品u的即时销售水平，$\max ads$表示全部商品中的最高销售水平。d_{iu}为不可替代程度，$d_{iu}=1-\theta_u$。此处采用反向计算方式。其中，θ_u表示同种类其他品牌商品对目标商品的替代程度，$\theta_u= E(D_{/u})/E(D_u)$，$E(D_u)$表示商品$u$不缺货时该种类商品的一般销售水平；$E(D_{/u})$表示商品$u$缺货情况下同种类商品的一般销售水平。

在每件商品的四个维度的指标都测算完毕之后，进行加权平均，计算出商品最终的待补货迫切程度$ED(u,i)=a_{iu}\times w_1+b_{iu}\times w_2+c_{iu}\times w_3+d_{iu}\times w_4$。其中，决策重视度（$w_1,w_2,w_3,w_4$）表示核心企业对于不同评价维度的重视程度。核心企业根据补货商品筛选规则$f(ED)$确定补货商品集合$goods_i=\{g_1,g_2,\cdots,g_x\}$，$x\leqslant u, x=1,2,\cdots,X$。

11.3.2 补货及时性评价

筛选出值得补货的商品后，通过无人零售终端记录的即时数据得到的商品消费速率可以预测其短期需求量。由于各种随机原因，预测结果不可能完全准确，真实需求量会存在波动，见图11-1（由Excel生成的随机数据绘制）。因此，本研究将某一商品的决策时刻至到达时刻这一有限时间区间内的需求量假定为趋势需求量加波动量。本研究以为，真实需求量会围绕趋势需求量上下浮动，且导致波动的应为独立发生的小概率事件的叠加。由中心极限定理可知，一些现象受到许多相互独立的随机因素的影响，当每个因素所产生的影响都很微小时，总的影响可以看作服从正态分布的。因此，本研究认为使用正态分布描述需求量的波动更为合理。故本研究假设：$D=v_0\times t^*+\varepsilon$。其中，$D$表示预测需求量；$v_0$表示当前该商品的消费速率；$t^*$表示决策时刻至补货时刻的时间；$\varepsilon$则为随机波动量，且$\varepsilon\sim N(0,\sigma^2)$。为了最大限度地避免缺货这种极大损害顾客满意度的情况发生，需求量的确定应当根据可接受范围内波动的最大值进行计算，则有$D=v_0\times t^*+\varepsilon_{max}$。此时在高铁服务水平$\alpha$的指导下，$\varepsilon_{max}=Z_{(1-\alpha)/2}\dfrac{\sigma}{\sqrt{n}}$。

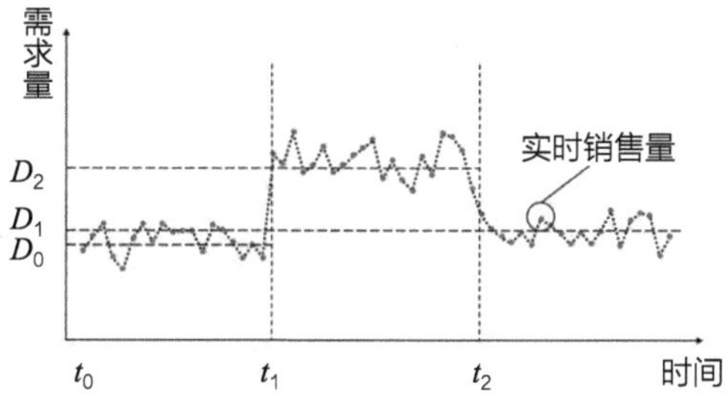

图11-1　某商品的实时销售量

旅客需求D随时间的增加而增大，截至补货时刻，商品当前库存量r如果能够满足预期旅客需求D，那么此时进行补货是及时的；而当库存量无法满足这一时段的旅客需求时，其与旅客需求的差异越大，则补货及时程度越低。量化计算公式为：

$$TB=\begin{cases}1, & D\leqslant r\\ \dfrac{r}{D}, & D>r\end{cases} \tag{11-1}$$

11.3.3　运输准时性评价

运输准时性是在综合考虑供应商以及第三方配货商的服务水平和信誉水平基础上，对其能够准时运输补货商品至高铁站的可能性的评价指标，计算公式为：

$$TY=\frac{t^*}{\left(T_{\max}^{j}\times G+T_{\max}^{k}\right)}-1 \tag{11-2}$$

其中，$T_{\max}^{j}$表示供应商（$j, j=1,2,\cdots,J$）在其服务水平和信誉水平限制下的单件物品最大备货时间，G表示需补货商品总数量；$T_{\max}^{k}$表示第三方配货商（$k, k=1,2,\cdots,K$）在其服务水平和信誉水平限制下的最大运输时间；t^*表示决策时刻距离补货时刻的时间。

11.3.4　成本评价

高铁无人零售终端补货供应链调度过程中的成本包括商品成本、运输成本、沟通成本以及管理费用。计算公式如下：

$$Cost = C_{商品} + C_{运输} + C_{沟通} + C_{管理} \quad (11\text{-}3)$$

其中，商品本身的成本和管理成本取决于选择的供应商。运输成本由距离S和第三方配货商单位运输成本 $C_{运输}^{k}$ 共同决定，即 $C_{运输} = S \times C_{运输}^{k}$。沟通成本由供应商及第三方配货商的联系强度决定，即$C_{沟通=g(j,k)}$。

11.4　高铁场景下补货供应链调度优化模型

11.4.1　优化目标的确定

本研究旨在解决：如何将无人零售终端补货供应链调度过程与高铁场景的特殊性结合起来，在多重限制的条件下，选择最优的补货供应链调度方案，即确定需补货商品以及选择供应商和第三方配货商。基于前文分析，在补货供应链调度过程中，核心企业需要获取商品售卖的实时数据，并结合经验数据计算每一件商品的待补货迫切程度，并根据规则筛选出值得补货的商品，确定补货清单。然后，确定可以提供商品的供货商资源以及可以提供配送服务的第三方配货商资源。最后，在补货及时性、运输准时性和成本评价的基础之上选择最优补货供应链调度方案，即决定在哪一站由哪一个供应商提供哪些商品，以及由哪一个第三方配货商进行配送。

本研究通过搭建商品待补货迫切程度评价模型的方法筛选出了需要补货的商品，而供应商和第三方配货商资源的选择则要基于补货及时性、运输准时性和成本评价，是更为复杂的多目标优化问题。因此，构建了高铁场景下无人零售终端的补货供应链调度优化数学模型，其优化目标主要包括三个方面：（1）补货及时性最大化，从而降低商品缺货风险，提升顾客满意度；（2）运输准时性最大化，从而保障商品在列车驶离车站前配送到位；（3）成本最小化，从而进一步提升利润。

11.4.2　模型假设

本研究基于以下假设搭建模型：（1）高铁正常运行；（2）无人零售终端采用全新零售技术，可以通过RFID等识别技术进行货物存量监控，掌握实时数据；（3）无人零售终端采用有效的防盗技术，不存在因为货物失窃造成的损失。

11.4.3　优化模型

在构建调度优化模型之前，需对变量进行量化处理，同时为使用无量纲参数实现多目标的合成，还需对模型目标函数中的参数进行规范化处理。详见表11-1。

表11-1　参数及变量说明表

参数及变量	参数及变量说明
i	无人零售终端索引
x	需要补货的商品索引
j	供应商索引
k	第三方配货商索引
γ_{jkx}	决策变量，供应商j经由第三方配货商k补货x时，$\gamma_{jkx}=1$，否则，$\gamma_{jkx}=0$
TB_{ijx}	供应商j向终端i补货商品x的补货及时性
TY_{jk}	供应商j经由第三方配货商k补货时的运输准时性
T_{max}^{j}	供应商j在服务水平范围内的单件商品最大备货时间
T_{max}^{jk}	第三方配货商k在信誉范围内将商品由供应商j处运送至高铁的最大时间
t^{*}	决策时刻至补货时刻的时间
$C_{商品}^{jx}$	供应商j的商品x成本
S_{j}	供应商j和车站之间的距离
$C_{运输}^{k}$	第三方配货商k的单位运输成本

续表

参数及变量	参数及变量说明
$C^{jk}_{沟通}$	供应商j与第三方配货商k之间的沟通成本
$C^{j}_{管理}$	供应商j的管理费用
r_{ix}	终端i上，x商品的现存量
G_{ix}	终端i上，商品x的补货量，$G_{ix}=1-r_{ix}$
p_x	商品x的价格
Q_{jx}	供应商j的商品x的库存总量

模型如下：

$$\max Z_1=\sum_{k=1}^{K}\sum_{x=1}^{X}\sum_{j=1}^{J}\sum_{i=1}^{I}(TB_{ijx}\times\gamma_{jkx}) \tag{11-4}$$

$$\max Z_2=\sum_{k=1}^{K}\sum_{x=1}^{X}\sum_{j=1}^{J}(TY_{jk}\times\gamma_{jkx}) \tag{11-5}$$

$$\min Z_3=\sum_{k=1}^{K}\sum_{x=1}^{X}\sum_{j=1}^{J}\sum_{i=1}^{I}\left(\left(C^{jx}_{商品}+S_{jk}\times C^{k}_{运输}\right)\times G_{ix}+C^{jk}_{管理}+C^{j}\quad\right)\times\gamma_{jkx} \tag{11-6}$$

$s.t$

$$Q_{jx}\geqslant\sum_{i=1}^{I}G_{ix} \tag{11-7}$$

$$\sum_{x=1}^{X}\sum_{j=1}^{J}\sum_{i=1}^{I}\left(\left(C^{jx}_{商品}+S_{jk}\times C^{k}_{运输}\right)\times G_{ix}+C^{jk}_{沟通}+C^{j}_{管理}\right)\times\gamma_{jkx}\leqslant\sum_{i=1}^{I}\sum_{x=1}^{X}p_x\times G_{ix} \tag{11-8}$$

$$T^{j}_{\max}\times G_{ix}+T^{jk}_{\max}<t^{*} \tag{11-9}$$

模型中，式（11–4）~式（11–6）为多目标函数，式（11–4）表示方案补货及时性最大化；式（11–5）表示方案运输准时性最大化；式（11–6）表示成本最小化。式（11–7）~式（11–9）为约束函数，式（11–7）表示库存约束，即供应商的商品库存可以担负补货的力度；式（11–8）表示成本约束，即成本不能高于收益；式（11–9）表示时间约束，即在供应商服务水平和第三方配货商的信誉度限制内的最大运输时间小于决策时刻到应补货时刻的时间。

11.5　算法分析

11.5.1　算法的选择分析

高铁场景下无人零售终端补货供应链调度优化模型实际上是带约束的多目标优化模型，属于NP难问题，求解时需要在一定约束条件下权衡补货及时性、运输准时性以及补货成本等多维优化目标。因此本研究建立的数学模型也具有NP难问题的特点。当问题规模增加时，采用精确算法要花费较长的时间，不够经济，求解此类问题多采用启发式算法，如遗传、蚁群、粒子群、禁忌搜索、模拟退火算法等（Kaveshgar and Huynh, 2015；Yao et al., 2020；王旭坪等，2016；唐亮等，2018；黄学文，2017；葛显龙和邹登波，2018；王娇，2017；İnkaya and Akansel，2017）。其中，文献（Kaveshgar and Huynh, 2015；Yao et al., 2020；葛显龙和邹登波，2018；王娇，2017；İnkaya and Akansel，2017）在进行模型求解时使用了遗传算法，均得到良好收敛，证明其具备全局搜索快速收敛的良好性质。此外，文献（葛显龙和邹登波，2018；王娇，2017）对比总结了常用算法的特点及其适用情况。其中，粒子群算法多用于连续性函数优化问题，模拟退火算法多用于已有解的优化问题，均不适合本研究模型求解，而相较于蚁群算法和禁忌搜索算法，遗传算法具有鲁棒性、并行性和搜索能力较强共存的特点，更适合于较复杂的组合优化问题求解。上述研究通过理论和实践验证了遗传算法在求解约束条件下的多目标调度优化问题的适用性及优越性。因此，针对高铁场景下补货供应链调度优化问题，本研究选取遗传算法进行求解，算法设计参考文献（Yao et al., 2020）。

11.5.2 算法设计

（1）目标函数的处理

首先，取补货及时性目标与运输准时性目标函数的倒数，将其转换为求最小值问题。将目标函数式（11-4）~式（11-5）转换为如式（11-10）~式（11-11）所示的求最小值问题：

$$\min Z_1^{'}=\sum_{k=1}^{K}\sum_{x=1}^{X}\sum_{j=1}^{J}\sum_{i=1}^{I}(1/TB_{ijx}\times\gamma_{jkx}) \tag{11-10}$$

$$\min Z_2^{'}=\sum_{k=1}^{K}\sum_{x=1}^{X}\sum_{j=1}^{J}(1/TY_{jk}\times\gamma_{jkx}) \tag{11-11}$$

然后，本研究采用线性加权的方法，将多目标优化问题转为单目标优化问题进行求解。本研究模型的补货及时性目标、运输准时性目标和成本目标存在冲突性，在不同情况下，核心企业对三个目标的侧重会有所不同，资源调度的结果也随之发生变化。模型的目标函数可变为如下形式：

$$Z=\alpha\times\frac{Z_1^{'}}{\min Z_1^{'}}+\beta\times\frac{Z_2^{'}}{\min Z_2^{'}}+\gamma\times\frac{Z_3}{\min Z_3} \tag{11-12}$$

其中，$\min Z_1^{'}$、$\min Z_2^{'}$、$\min Z_3$是分别求解单目标时模型取得的最小值。α、β、γ分别是三个目标函数的权重，并且$\alpha+\beta+\gamma=1$。

（2）约束条件的处理

采用罚函数法将模型的约束条件式（11-7）~式（11-9）加入目标函数（11-12）中，如下：

$$G_1=M\sum_{i=1}^{M}[\max(0,\sum_{i=1}^{I}G_{ix}-Q_{jx})]^2 \tag{11-13}$$

$$G_2=M\sum_{i=1}^{M}[\max(0,cost-\sum_{i=1}^{I}\sum_{x=1}^{X}p_x\times G_{ix})]^2 \tag{11-14}$$

$$G_3=M\sum_{i=1}^{M}[\max(0,T_{\max}^{j}\times G_{ix}+T_{\max}^{jk}-t^{*})]^2 \tag{11-15}$$

$$G=G_1+G_2+G_3 \tag{11-16}$$

其中，M是一个充分大的正数，也即罚因子。可见，当约束条件式（11-7）~式（11-9）均被满足时，罚函数值为0。

（3）遗传算法流程

步骤1编码方式：采用实数编码方式。染色体节点数取决于决策变量γ_{jk}^{x}的个数，即X。第x个基因的位值所表示的含义为补货决策方案编号，供应商j供货且第三方配送商k运输即为一个方案，因此方案共有$J \times K$个，分别对应一个编号。步骤2选择算子：为从当前种群中选择适应值高的个体，采用动态线性标定方法，令适应值函数为$fitness = -Z + Z_{max}^{g} + \sigma^{g}$。$Z_{max}^{g}$表示第$g$次迭代时种群中目标函数值的最大值，$\sigma^{g}$是一个较小的数，并且随$g$的增大而减小。采用轮盘赌方法来实现选择操作。步骤3交叉算子：采用模拟二进制交叉方式。步骤4变异算子：变异方式为随机选取父代染色体，然后随机选择染色体的部分基因进行重新选值。变异的基因位的个数随迭代次数增加而减少。步骤5停止准则：当程序的迭代次数达到设定的最大迭代次数时，停止运算。

11.6　算例

11.6.1　算例描述

本研究以中短途高铁为例进行模拟仿真计算，选择从北京南站开往上海虹桥的G105次高铁。本研究选择由济南西站开往滕州东站的某一时刻作为决策时刻。列车运行时刻见表11-2。

表11-2　北京南—上海虹桥G105列车时刻表

车站名	到达时间	发车时间	停留时间
济南西	—	9:11	—
滕州东	9:54	10:03	9分
徐州东	10:28	10:30	2分

补货供应链调度需要首先确定待补商品，进而决策供应商以及第三方配货商。在确定待补商品时应读取无人零售终端记录的实时数据以及经验

数据，按照待补货迫切程度评价模型计算每一台无人零售终端商品待补货迫切程度，并依照既定的筛选规则（在算例中，筛选规则为$ED(u,i)>0.50$）进行选择。示例见表11-3。

表11-3　一号无人零售终端的商品待补货迫切程度评价

评价指标	决策重视度	商品索引											
		1	2	3	4	5	6	7	8	9	10	11	12
平均净利润	0.3	0.3	0.3	0.4	0.5	1.0	0.7	0.2	0.2	0.3	0.3	0.1	0.08
缺货情况	0.4	0.7	0.3	0.2	0.4	0.6	0.6	0.4	0.5	0.2	0.5	0.3	0.1
受欢迎程度	0.2	1.0	0.5	0.4	0.4	0.7	0.6	0.6	0.5	0.4	0.5	0.6	0.5
不可替代程度	0.1	0.7	0.3	0.4	0.6	0.6	0.4	0.6	0.4	0.5	0.5	0.4	0.6
补货迫切程度		0.64	0.34	0.32	0.45	0.74	0.61	0.4	0.4	0.3	0.44	0.31	0.2.4
筛选规则	≥0.50												
是否需要补货		是	否	否	否	是	是	否	否	否	是	是	否

依照此例，本研究计算出全部终端的需补货商品，将数据汇总，得到高铁G105的需补货商品集合为：$goods=\{1;\ 5;\ 6;\ 10;\ 11\}$；重新编码后，确定待补货的商品集合为$\{x_1;x_2;\ x_3;\ x_4;\ x_5\}$。

通过市场调研与信息反馈，核心企业初选了可以提供需补货商品的供应商以及可以提供运输服务的第三方配货商，分别是位于滕州东站附近的三家商超$\{j_1;\ j_2;\ j_3\}$、两家快递公司$\{k_1;\ k_2\}$以及位于徐州东站附近的三家商超$\{j_4;\ j_5;\ j_6\}$、两家快递公司$\{k_3;\ k_4\}$。调度方案运作参数基于多维度评价体系计算得出，详见表11-4，所有参数均经过去单位化和归一化处理。

表11-4　运作参数表

商品	配送商		供应商	成本	补货及时性	运输准时性	商品	配送商		供应商	成本	补货及时性	运输准时性
x_1	滕州东	k_1	j_1	0.61	0.75	0.86	x_2	滕州东	k_1	j_1	0.46	0.71	0.85
			j_2	0.43	0.75	0.88				j_2	0.60	0.71	0.87
			j_3	0.51	0.75	0.85				j_3	0.44	0.71	0.83
		k_2	j_1	0.52	0.75	0.88			k_2	j_1	0.65	0.71	0.88
			j_2	0.53	0.75	0.89				j_2	0.52	0.71	0.89
			j_3	0.62	0.75	0.84				j_3	0.60	0.71	0.85
	徐州东站	k_3	j_4	0.60	0.63	0.84		徐州东站	k_3	j_4	0.49	0.59	0.83
			j_5	0.52	0.63	0.86				j_5	0.58	0.59	0.85
			j_6	0.55	0.63	0.85				j_6	0.48	0.59	0.84
		k_4	j_4	0.47	0.63	0.85			k_4	j_4	0.62	0.59	0.85
			j_5	0.60	0.63	0.88				j_5	0.51	0.59	0.88
			j_6	0.58	0.63	0.88				j_6	0.44	0.59	0.89
x_3	滕州东站	k_1	j_1	0.50	0.52	0.86	x_4	滕州东站	k_1	j_1	0.57	0.58	0.86
			j_2	0.49	0.52	0.86				j_2	0.58	0.58	0.88
			j_3	0.51	0.52	0.83				j_3	0.53	0.58	0.83

续表

商品	配送商		供应商	成本	补货及时性	运输准时性	商品	配送商		供应商	成本	补货及时性	运输准时性
x_3	滕州东站	k_2	j_1	0.61	0.52	0.87	x_4	滕州东站	k_2	j_1	0.50	0.58	0.86
			j_2	0.53	0.52	0.90				j_2	0.55	0.58	0.87
			j_3	0.48	0.52	0.87				j_3	0.47	0.58	0.87
	徐州东站	k_3	j_4	0.47	0.40	0.81		徐州东站	k_3	j_4	0.60	0.46	0.84
			j_5	0.58	0.40	0.85				j_5	0.49	0.46	0.84
			j_6	0.47	0.40	0.86				j_6	0.40	0.46	0.86
		k_4	j_4	0.60	0.40	0.86			k_4	j_4	0.63	0.46	0.87
			j_5	0.49	0.40	0.87				j_5	0.60	0.46	0.88
			j_6	0.42	0.40	0.89				j_6	0.43	0.46	0.87
x_5	滕州东站	k_1	j_1	0.46	0.87	0.86	x_5	滕州东站	k_3	j_4	0.42	0.75	0.83
			j_2	0.50	0.87	0.87				j_5	0.48	0.75	0.85
			j_3	0.49	0.87	0.85				j_6	0.48	0.75	0.83
		k_2	j_1	0.44	0.87	0.88			k_4	j_4	0.59	0.75	0.84
			j_2	0.42	0.87	0.87				j_5	0.39	0.75	0.88
			j_3	0.45	0.87	0.85				j_6	0.40	0.75	0.89

11.6.2　算例结果

高铁场景下无人零售终端补货供应链调度是一个系统优化的过程。本研究中一共有三个优化目标，分别为补货及时性、运输及时性以及成本，在实际中需要考虑不同目标的重要程度问题。本研究检测了三种目标重要程度相似时，核心企业的供应链调度决策优化结果，对补货及时性、运输准时性和成本三个优化目标给予的权重分别是{0.3; 0.4; 0.3}。使用MATLAB_2018a软件进行编程，经过反复试验，确定较为适合的算法参数是：种群规模100、交叉概率0.8、变异概率0.1、迭代次数100。对算例计算50次，平均计算时间为2.47s，计算效率较高；达到收敛时，最优适应度的平均值为0.33054、最大值为0.34121、最小值为0.32012，与平均值的偏差分别为3.23%和3.15%，计算结果较稳定，算法的鲁棒性较好。由运作参数计算可得，最优调度方案的三个目标函数值分别为3.19、4.38和2.34，模型适应度收敛图见图11-2，最优调度方案见表11-5。

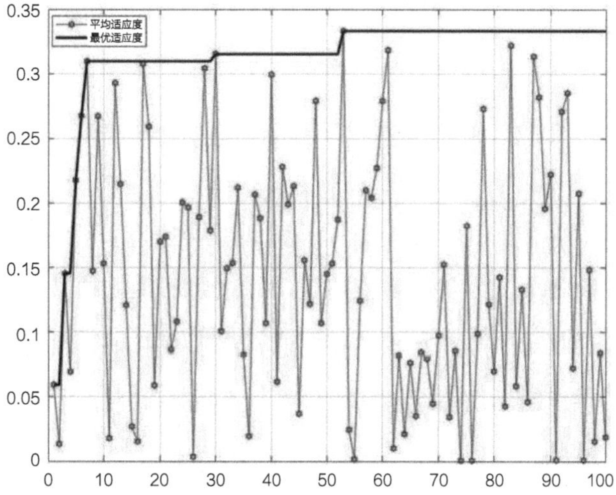

图11-2　算法收敛结果

表11-5 最优调度方案

	x_1	x_2	x_3	x_4	x_5
方案编号	2	24	25	37	60
供应商	2	6	1	1	6
第三方配货商	1	4	1	1	4

由算例结果可知，核心企业最终决策为：商品{x1; x3; x4}在滕州东站进行补货，其中商品x1由供应商j2提供，商品x3、x4由供应商j1提供，所有商品由第三方配送商k1统一运送至高铁站；商品{x2; x5}在徐州东站进行补货，均由供应商j6提供，由第三方配送商k4统一运送至高铁站。从站台决策来看，商品x2、x5在徐州东站补货，其补货及时性均大于0.5，仍处于可接受程度，同时在运输准时性保持较高水平的前提下，由供应商j6供货，第三方配货商k4统一配送的成本明显下降；从供应商的选择情况来看，同在滕州东站补货的商品x1、x3、x4中，x1由供应商j2供应，而x3、x4则由供应商j1供应，在运输准时性保持较高水平的前提下，x1由j2供应的成本相较于j1、j3，明显降低；从第三方配货商选择情况来看，同一站台补货的多种商品，均选择了同一家第三方物流进行统一运输，稳定程度提高，运输总里程降低，成本降低。

11.7 结论

本研究首次将无人零售终端应用于动态交通工具场景，从高铁场景的特殊性入手，通过分析高铁场景的特征及其需求特点，搭建了符合高铁场景要求的补货供应链调度多维度评价体系。在此基础上，构建了高铁场景下无人零售终端的补货供应链调度优化数学模型，并探讨了求解算法。

无人零售终端不应该只是办公楼一角的装饰品，而是应该存在于我们生活中衣食住行的各个环节，切实地提升顾客消费体验，发挥其优势，创造价值，为无人零售终端在各种特殊场景下的应用实践提供新的思路。

12 社区团购场景下供应链末端配送资源整合优化研究

12.1 引言

在新冠肺炎疫情期间，社区团购场景因其天然具有的规模效应，能够以社区为单位进行采购和配送，成为生鲜零售场景的重要补充（王成荣和王春娟，2020；李琪等，2020）。十荟团、兴盛优选等社区团购平台借助微信等社交流量入口，更加接近用户。区别于商超、电商等其他零售场景，社区团购兼具零售属性与社交属性，具有高效准确的信息反馈以及线上线下联动的特点（李琪等，2020），在满足社区团购服务规模效应的同时，也能够更好地满足消费者的个性化购物体验。根据艾媒咨询调研数据，47.6%的社区团购用户认为线上下单线下自提的团购模式使得购物变得更为便捷（艾媒咨询，2020）。这使得该模式成为行业的新热点（王成荣和王春娟，2020）。尽管该模式目前仍面临着一系列值得关注的社会性问题（如容易导致垄断、蚕食上下游议价权等），但从企业运营模式的角度讲，如何进一步满足消费者的购物需求，为消费者提供有价值的购物体验是该模式应该重点关注的战略焦点。

尽管社区团购模式具有上述明显优点，但就当前的社区团购实践而言，多数平台关注的焦点往往在于团购带来的规模效益方面，而在消费者真实的个性化需求满足方面则不够重视。以供应链末端的配送环节为例，社区团购平台（如兴盛优选、橙心优选等）往往在社区只安排一个配送点，或者针对一类商品安排一个团长，导致消费者取货时往往需要穿越整个社区或者辗转多处取货点才能完成取货，造成了极大的不便。与此同时，参与团购的消费者理想的取货时间和地点经常存在差异，而平台为了自身的方便，往往将商品统一运送至社区就算完成配送，而不能针对消费者的个性化需求进行单独配送。社区团购中生鲜商品占比高达48.9%（艾媒咨询，2020），对于此类商品而言，存放时间过长或者保存不当容易出现质量折损的情况，从而降低消费者的满意度。

可以看出，想要满足消费者个性化的配送服务需求，需要由社区团购平台（核心企业）构建合理的供应链末端配送体系来完成。如何基于消费者个性化的服务需求进行供应链末端配送资源的整合直接决定了核心企业是否能够提供满足消费者期待的配送服务。随着终端配送场景的不断变化，商品种类、消费者数量的不断增多，消费者对于个性化配送服务的需求不断增加。如何提高供应链末端配送资源整合的灵活性，有效地构建供应链末端配送体系已成为核心企业必须考虑的重要问题。

目前，有关社区团购的研究正在逐渐成为新的焦点（上海艾瑞市场咨询有限公司，2020；易海燕和章圳琰，2020）。在人们对社区团购模式的价值以及该模式中存在的市场监管等社会性问题进行关注的同时，社区团购场景下的具体供应链运作问题也逐步受到重视，易海燕和章圳琰（2020）调研了社区团购供应链模式并建立了考虑新鲜度损耗的混合整数选址模型；张京敏和孙晓晨（2021）以社区团购平台和团长的委托代理关系为基础，构建激励模型，并利用帕累托原理求出社区团购平台的最优激励系数、团长所付出的最优努力程度。值得注意的是，社区团购当前正处于发展过程中，其场景的特殊性以及模式发展使得服务需求和资源供给同时呈现出阶段性的动态波动特点，这将对核心企业的供应链末端配送资源整合过程带来新的挑战。因此，与相对成熟的电商模式或者线下商超模式的供应链运作相比，如何认识和处理社区团购场景下的供应链末端配送资源整合过程中的随机性和不确定性成为必然要研究的课题。当前，有关不确定需求环境下的供应链资源整合问题已经受到一定的关注。研究大致分为两个方面。一方面是通过引入模糊随机方法建立不确定环境下的供应链运作模型，并通过算法进行求解，如锁立赛等（2021）在农村末端物流场景下，引入模糊综合评价法对整合风险进行量化，构建了资源整合优化模型；陈德慧和陈东彦（2017）建立具有模糊随机变量的集成优化模型。另一方面是研究多阶段动态优化路径，从而进行系统优化，如于超等（2019）运用案例研究方法从动态匹配的理论视角探讨了在发展的不同阶段，企业服务整合机制的构建及其实现路径；Chibani et al.（2018）在电子采购场景下应用动态遗传算法完成时间优化，构建更为灵活的供应链体系；Ivanov et al.（2015）研究了多周期模式下的供应链动态规划决策问题。这两类研究对如何刻画不确定性需求环境以及资源的动态整合提供了思路和方法的支持，然而针对发展中的新兴商业模式的具体供应链资源整合问题仍需进行深入探索。社区团购场景下的配送资源供需具有怎样的特点，如何量化刻画这些特点，以及如何通过多阶段的优化实现最终系统化的资源整合优化，都是需要进一步探讨的新问题。基于此，本研究将从供需动态平衡的视角出发对社区团购场景下的供应链末端配送资源整合问题进行研究。

为此，本研究着重对社区团购场景下的末端配送服务供需特征进行分析，设计了符合场景要求的消费者满意度动态测量方法，并基于此搭建了动态多阶段供应链末端配送资源整合优化模型并通过改进的遗传算法进行求解。

12.2　社区团购场景下末端配送服务供需特征分析

不同于一般零售场景，社区团购场景是一种零售与社交的跨界融合场景。就零售层面而言，这种模式以社区为辐射单位，从商品选购环节到配送服务环节均具有天然的大规模属性。而其社交属性的产生则是由于该模式依托社区业主微信群建立，其信息的流通效率和信息的有效性都要远高于一般的零售场景。当前，社区团购场景仍然处于不断的发展进程中，消费者群体的规模以及需求仍然没有达到稳定的状态，供应链的持续建设和消费者的个性化服务需求将处于相互影响、相互促生的状态中。

社区团购场景的特殊性决定了该场景下的配送服务需求特点和供应链末端配送资源供给特征。对场景特殊性及其供需特征的准确描述是把握供需动态平衡的关键，是实现社区团购场景下的供应链末端配送资源整合优化的基础。

12.2.1　社区团购场景下配送服务需求特征分析

首先，在社区团购模式发展之初，企业大多将注意力放在社区团购的零售大规模属性上，采取成本优先的战略，忽略了消费者对于该场景下商品质量的要求和配送服务的个性化需求。当前在社区团购场景下，消费者所需商品种类多以生活场景中必要的生鲜食品为主，在商品选购及远程配送过程中的确具备大规模效应。然而，与此同时，一个社区内的消费者群体涵盖了不同年龄、不同工作的人群，这种差异性也带来了其在末端配送服务需求上的个性化特征。举例来说，家中有幼儿的宝妈，希望商品到货后可以尽快上门配送；而白天家中无人的上班族则希望商品可以被寄存在有保鲜设备的智能自提柜中，这样半夜下班可以顺手提货回家；而退休的老人更喜欢人工服务，比起多走些路，他们更抗拒使用智能手机扫码，等等。由此可知，社区团购场景下的消费者理想的配送方式、取货地点和取货时间各不相同，其需求呈现个性化特征。

其次，如前所述，社区团购场景仍处于不断发展的变化中，消费者对于末端配送的需求也呈现出一定的动态变化规律。以一般网购的发展规律为例，在发展之初，消费者对于配送服务的需求是安全送达，不丢件不送错即是满意；随着网购规模不断扩大，快递业不断发展，如今消费者对于配送服务的需求是当日达甚至半日达，家中有人时需要送货上门，家中无人时需要放置于快递柜中。可见，消费者对于末端配送服务的要求将随着模式发展逐渐严苛。这种对服务水平的期待逐渐增加的动态变化规律也同样适用于社区团购场景。在动态性较强的社区团购场景下，把握这种消费者需求的变化特点至关重要。

最后，需要注意的是，社区团购场景下的消费者满意度评价不仅取决于消费主体的满意度水平，还受到他人评价反馈的影响。如前所述，由于该场景的社交属性，消费者之间信息的传播速度和可信度都更高，导致个体评价将影响群体需求。当消费者满意的时候，其评价可以进一步激发需求，提升消费者对个性化服务的期待水平；当消费者不满意的时候，其评价则会抑制需求。这意味着，不能将消费个体的满意度进行叠加用以描述整个社区内消费群体的满意水平，而是要从整体的角度出发衡量一段时期内社区消费群体的满意程度。

12.2.2 社区团购场景下供应链末端配送资源供给特征分析

在应对消费者对社区团购场景下末端配送服务提出的要求时，需要合适的供应链资源作为支撑，建立与消费者更密切的末端连接，为消费者提供更满意的服务。核心企业为了通过自身平台提供消费者所需的个性化配送服务，应在把握消费者需求特征的基础上，针对消费者具体的服务要求，在供需动态均衡关系的引导下，进行供应链资源整合决策。这必然需要对场景所需资源特点及其供给特征进行分析。

随着社区团购场景不断完善发展，消费群体规模、个性化需求增加，为了满足消费者个性化的取货时间，在商品集中送达社区后，需要设置缓冲，提供具有保鲜设备的贮存点，降低商品的折损程度，保障商品质量。与此同时，为了满足消费者对配送地点和模式的个性化需求，缓冲点应当在社区辐射范围内具备一定的规模和数量，提供多种服务。当前，消费者日益增加的个性化配送服务需求和短缺的配送资源形成了冲突，导致了消费者满意度的降低，对于场景的长久发展影响巨大。因此，需要进一步识别和挖掘供应链末端配送资源。

值得注意的是，社区场景内，有不少资源具备潜在的服务能力。例如，小区快递自提柜、集中快递提货点、社区商超，甚至于小区门卫以及社区活动中心等，都有可能成为末端配送服务的供应商。然而，想要提供令消费者满意的个性化服务，需要核心企业对其进行改造。例如，添置保鲜设备（如冰箱、冰柜等），统一的装潢，客服人员的培训等。这些资源资质不一，对它们的改造难度不同、成本不同，改造所需的时间也有所差异。

供应链资源供给不是核心企业单方面择优的问题，而是一个长期的互动过程。资源本身的合作意愿在很大程度上影响着供应链资源整合决策以及具体的整合过程。需要注意的是，资源的合作意愿呈现动态化变化特点，资源个体会根据市场表现不断调整自身的合作意愿与配合程度。此外，随着资源的改造不断深入，其能够提供的服务容量以及服务水平也会呈现一定程度的变化。在进行供应链资源整合决策优化时，这种资源供给的动态化特征更值得关注。

12.3 社区团购场景下消费者满意度的动态测量

基于前文分析，如何在把握消费者需求特征的基础上，对消费者满意度进行定量刻画，从而对消费者服务需求进行动态测量，是指导供应链资源整合优化的基础。

12.3.1　消费者期望水平测量指标的选择

消费者对于服务是否满意，主要取决于平台提供的服务容量和服务品质是否可以满足消费者的期待。其中，服务容量是指随着模式不断发展，用户体量不断增加，末端配送体系能够提供缓冲储存空间。而服务品质则是指合理地安排商品的储存，对于一些有特殊储存要求的商品能够进行妥善保管，例如，生鲜能够在冷柜进行保存。高品质的服务还包括与顾客保持友好且及时的沟通，从而使得用户能够在其方便的时间提取货物，或者由服务人员送货上门，提供满足消费者期待的服务内容。

与此同时，消费者个性化服务需求呈现阶段性动态变化特点，消费者的满意水平也会随之发生改变。为了更好地指导供应链末端配送资源整合决策，计算消费者满意度时必须站在全局的角度，测量一段时间内的末端配送体系所能提供的服务容量以及服务品质对当前消费者总体期待水平的满足程度。服务容量水平取决于资源的数量以及规模，服务品质水平则取决于资源的硬件设施水平（许月恒等，2013）、管理水平（能够保持店内良好的服务氛围以及培训相关服务人员友好的服务态度）（张跃先等，2017）以及沟通协调能力（能够和消费者保持顺畅的沟通，从而得知其所需的服务以及对服务的反馈）（杨永清和于本海，2014）。

假设E_n表示消费者在阶段n内对社区团购终端配送服务的期待水平，则可设$E_n= V_n\times Q_n$。其中，V_n表示消费者在阶段n内对服务容量的需求程度，用户体量（U_n）越大，则消费者所需的服务容量越大；Q_n表示消费者在阶段n内对服务品质的期待程度，$Q_n=w_1 Q_e^n + w_2 Q_m^n +w_3 Q_c^n$，$Q_e^n$表示消费者在阶段$n$内对硬件设施水平的期待值，$Q_m^n$表示消费者在阶段$n$内对管理水平的期待值，$Q_c^n$表示消费者在阶段$n$内对沟通协调能力的期待值，$w_1$~$w_3$表示其各自的权重，$w\in (0,1)$，$w_1+ w_2+ w_3=1$。

12.3.2 消费者满意度的动态测量方法

根据前述分析，在社区团购场景下，由于其社交属性的影响，消费者满意度不能简单地按照线性函数的方式计算，需要考虑评价的正反馈效应。一般来讲，他人的评价会在一定程度上影响主体自己的主观评价水平（马晓冬，2016）。当他人评价好时，主体会提升自身对于服务满意程度的认知水平；反之，主体会降低自身对于服务满意程度的认知水平。因此，在考虑群体综合评价水平时，消费者之间的信息交流将会对实际的需求满足程度形成正反馈效应。例如，当消费群体对于服务的评价水平较高时，微信群内夸赞增多，消费者会觉得更加满意；反之，抱怨增加，则消费者也会觉得不满意。正反馈效应系数的大小取决于主体和他人之间日常的沟通程度以及对他人评价的可信任程度。例如，在微信团购群中，当有可信度较高的团长引领时，人们相互之间的信任程度会加深，则正反馈效应会增强。

假设S_n表示消费者在阶段n内对社区团购终端配送服务的满意度，则可设：$S_n=\left(R_n/E_n\right)^{1+\theta}\times 100\%$。其中，$E_n$表示消费者在阶段$n$内对社区团购终端配送服务的期待水平；$R_n$表示核心企业在阶段$n$内能够提供的社区团购终端配送服务水平（其取值与资源整合决策相关，后文将详述其计算方法）；θ表示正反馈效应系数。其中，θ的取值范围为[0,1]。通过上述分析可知，当正反馈导致的他人对主体的主观评价水平影响最大时，即影响程度达到100%，此时θ取值为1；反之，当他人的评价对主体的评价无影响时，θ取值为0，则该主体不会接受他人的任何评价建议，评价结果完全取决于实际需求满足程度评价。

由前文分析可知，一段时间内，消费者对于社区团购终端配送服务的期待水平由用户体量和消费水平当前对于服务品质的要求共同决定。而根据消费者需求特征分析可知，这种期待水平并非一成不变的，随着社区团购模式的不断发展，用户会根据之前的体验以及场景的成熟程度调整自身的期待。因此，要建立动态测量模型，刻画其在不同时间节点的消费者满意度水平，并基于当前水平对可预见的未来阶段进行预测。

一般来说，在模式发展过程中，用户体量取决于当前阶段的用户转换率。而由于社区团购场景的社交属性，消费者之间的消息具有更高的流通速度和效率，因此，这一阶段的消费者满意度将会从很大程度上影响模式的发展进程。具体来说，当前阶段消费者如果满意的话，将会带动模式发展，促进用户体量的增加；如果消费者不满意的话，则会妨碍模式发展，抑制用户体量的增加。假设U_n表示阶段n内的用户体量，则可设$U_n=\delta_n \times U_0$，其中，δ_n表示阶段n内的用户转换率，U_0表示一定区域范围内的潜在目标用户。那么则有：$U_{n+1}=\delta_{n+1} \times U_0 \times S_n$。

与此同时，消费者对于服务品质的期待处于动态变化的过程。根据前文分析，消费者会根据自己的实际需求变化调整对服务品质的期待水平。当平台方提供超出消费者期待的服务时会提升消费者的期待水平，并且期待一旦提升，就不会主动降低。假设Q_n表示阶段n内的用户对于服务品质的期待，则可得：$Q_{n+1}=\begin{cases} Q_n, ifE_n \leqslant 100\% \\ Q_n \times S_n, ifE_n > 100\% \end{cases}$。

12.4　社区团购场景下动态多阶段供应链末端配送资源整合优化模型

12.4.1　整合过程描述

根据前文分析，社区团购场景下的供需关系是一种相互影响的动态互动关系。核心企业延迟建设和一次性大幅超前建设都可能会引起供需不平衡，从而导致模式无法可持续健康发展。因此，核心企业应当遵循当前阶段消费者需求的指引，根据可预见的未来需求进行多阶段动态资源整合。在前述供需特征关系分析的基础上，通过引入消费者满意度的动态测量机理来建立资源整合决策优化流程时重点需要考虑如下步骤。

首先，需要识别和评价供应链末端配送资源。如前所述，社区场景下的可利用资源种类很多，资质也各有差异，将其中有价值的资源筛选出来，是整合资源的第一步。一个资源是否具有价值，需要从消费者需求的角度出发，能够满足消费者需求的（具备一定的服务容量和服务品质）且有意愿为之的资源价值更高。除此之外，改造难度越小、时间越短、配合程度越高的资源价值也越大。值得注意的是，资源的价值并非总是一成不变的。为了应对这种动态性，核心企业需要持续与有价值的资源进行沟通并不断重复评估资源价值。

其次，需要改造和整合供应链末端配送资源。末端配送资源整合是一个多方参与的多阶段流程。作为一个系统性问题，供应链资源整合不仅是一个简单的个体优选问题，平台除了需要根据资源个体的整体适宜情况对其进行选择外，更重要的是通过整合过程来改造资源个体，使得整个系统发挥协调效应，创造更大价值。在整合资源时，除了要考虑单个资源的价值，还需要考虑不同阶段内资源与需求的匹配情况、资源的总体布局以及改造资源所带来的成本，通过多轮决策，完成多阶段动态末端资源整合优化，构建完整的供应链末端配送体系，从而灵活匹配消费者不断发展的个性化需求。

基于上述分析，社区团购场景下的多阶段动态供应链末端配送资源整合决策优化流程如图12-1所示。该流程是构建社区团购场景下的动态多阶段供应链终端配送资源整合决策优化模型的逻辑引导。

12.4.2　优化目标的建立

本研究旨在解决：如何在动态变化的消费者满意度指导下，选择最优的末端资源整合方案，进行多阶段供应链末端配送资源整合。本研究已经设计了消费者满意度动态测量方法，而如何筛选及决策供应链终端配送资源的整合顺序，确定最终资源整合方案，除了要综合考虑各阶段的消费者

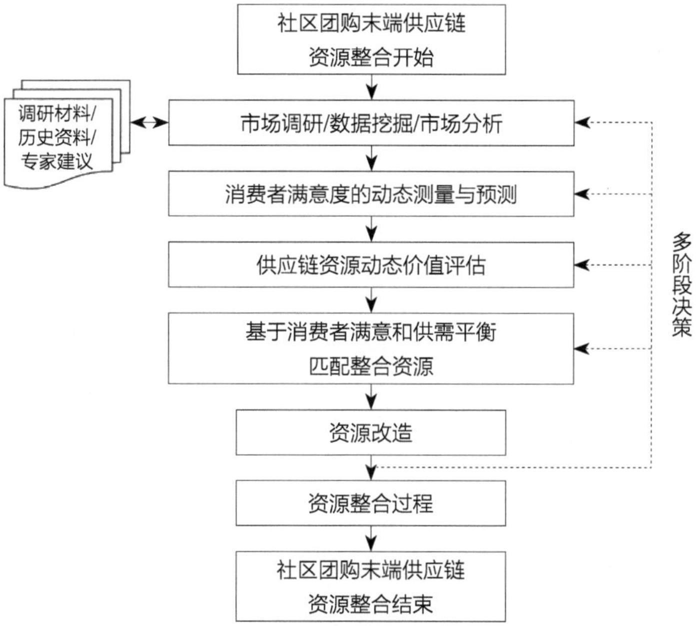

图12-1　社区团购场景下的多阶段动态供应链末端配送资源整合流程

满意度，还需要考虑资源布局的合理性以及整合成本，是一个更为复杂的多目标优化问题。因此，本节构建了社区团购场景下的动态多阶段供应链末端配送资源整合优化数学模型，其优化目标如下：（1）综合考虑各阶段情况的总体消费者满意度最大化，从而使得核心企业能够从更为长远的视角出发，合理地进行资源整合规划，获取竞争优势；（2）资源布局覆盖率最大化，从而提升平台在该社区内的影响力与掌控能力，为未来发展赢取更大的空间；（3）整合成本最小化，降低核心企业发展负担，进一步提升利润空间。

在构建优化模型之前，需要对各优化目标进行量化设立。设在面积为S_0的某社区内，共有备选资源个体I个，每个资源的索引为i（$i=1, 2, \cdots, I$）；根据企业战略规划，共设立N个整合阶段，每个整合阶段的索引为n（$n=1, 2, \cdots, N$）。γ_{in}表示决策变量，第n阶段对资源i进行改造整合，则

$\gamma_{in}=1$，否则，$\gamma_{in}=0$。

（1）多阶段消费者满意度

核心企业在阶段n内能够提供的社区团购终端配送服务水平（R_n）取决于当前阶段整合资源的总体服务水平。则有，$R_n=\sum_{i=1}^{I}(V_n^i\times Q_n^i\times\gamma_{in})$。其中，$V_n^i$表示阶段$n$内资源个体$i$的服务容量，$Q_n^i$表示阶段$n$内资源个体$i$的服务品质。前文分析了消费者满意度的动态测量机理，消费者满意度取决于供应链末端配送体系对消费者在当前阶段n的配送服务需求的满足程度，则有，$S_n=\left(\frac{\sum_{i=1}^{I}\left(V_n^i\times Q_n^i\times\gamma_{in}\right)}{V_n\times Q_n}\right)^{1+\theta}\times 100\%$。

（2）资源布局覆盖率

如图12–2所示（由随机数据生成），不同的资源个体所处的地理位置不同，其辐射半径也有所差异。设其地理坐标为（x_i，y_i）；其服务辐射半径为r_i，则其所能覆盖的范围为，以其所在位置为圆心，r_i为辐射半径的圆形区域。则有，覆盖面积为πr_i^2。则阶段n内，社区辐射范围内的资源布局覆盖率$\eta_n=\frac{\sum_{i=1}^{I}\pi r_i^2}{S_0}\times\gamma_{in}$。

（3）整合成本

社区团购场景下供应链资源整合成本包括固定成本、沟通成本以及管理费用。则有，$C=C_{固定}+C_{沟通}+C_{管理}$。其中，固定成本为购置一般设备以及装修成本，不同的资源根据自身情况的不同，在改造时所需支付的成本也有所差异；沟通成本由资源合作的意愿决定，合作意愿较强的资源沟通成本较低，反之则较高；管理费用则是指在改造过程中所必须支付的相关费用。

值得注意的是，构建优化模型时，应对上述各变量进行量化处理，同时为使用无量纲参数实现多目标的合成，还需要对模型目标函数中的参数进行规范化处理（处理方法参见姚建明等）。

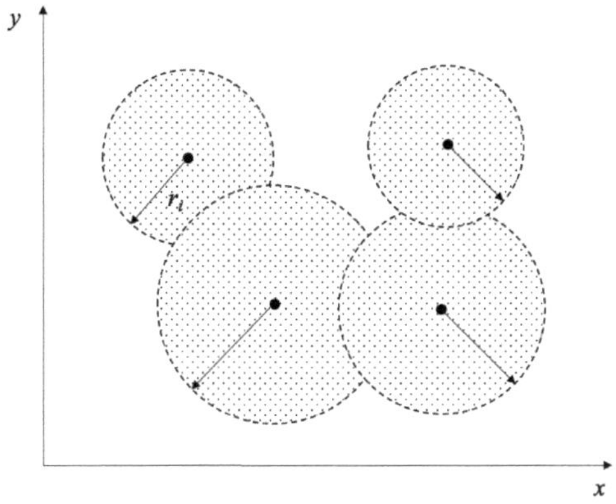

图12-2　资源覆盖面积示意图

12.4.3　优化模型

基于上述分析，构建社区团购场景下的动态多阶段供应链末端配送资源整合优化模型，如下所示。

目标函数为：

$$\mathrm{Max}Z_1=\sum_{n=1}^{N}\left(\left(\sum_{i=1}^{I}V_n^i\times Q_n^i\times\gamma_{in}\right)/\left(V_n\times Q_n\times\sum_{i=1}^{I}\gamma_{in}\right)\right)^{1+\theta}\times 100\% \quad (12\text{–}1)$$

$$\mathrm{Max}Z_2=\sum_{n=1}^{N}\sum_{i=1}^{I}\pi r_i^2\times\frac{\gamma_{in}}{S_0} \quad (12\text{–}2)$$

$$\min Z_3=\sum_{i=1}^{I}\sum_{n=1}^{N}(C_{固定}^i+C_{沟通}^i+C_{管理}^i)\times\gamma_{in} \quad (12\text{–}3)$$

约束条件为：

$$\left(\left(\sum_{i=1}^{I}V_n^i\times Q_n^i\times\gamma_{in}\right)/\left(V_n\times Q_n\times\sum_{i=1}^{I}\gamma_{in}\right)\right)^{1+\theta}\times 100\%\geqslant E^* \quad (12\text{–}4)$$

$$\sum_{n=1}^{N}\sum_{i=1}^{I}\pi r_i^2\times\frac{\gamma_{in}}{S_0}\geqslant\eta^* \quad (12\text{–}5)$$

$$\sum_{i=1}^{I}\sum_{n=1}^{N}(C_{固定}^i+C_{沟通}^i+C_{管理}^i)\times\gamma_{in}\leqslant C^* \quad (12\text{–}6)$$

模型中，式（12–1）~式（12–3）为多目标函数，式（12–1）表示综合考虑各阶段情况的总体消费者满意度最大化；式（12–2）表示资源布局覆盖率最大化；式（12–3）表示整合成本最小化。式（12–4）~式

（12-6）为约束条件，式（12-4）表示满意度约束，即各阶段综合满意度不能低于平台战略预设值 E^*；式（12-5）表示资源布局覆盖率约束，即总体资源布局覆盖率不能低于平台战略预设值 η^*；式（12-6）表示整合成本约束，即总体整合成本不能高于平台战略预设值 C^*。

12.5 算法与算例分析

12.5.1 算法的选择分析

社区团购场景下的供应链末端配送资源整合优化模型实际上是带约束的多目标优化模型，属于NP难问题，求解较为复杂，求解时需要在一定约束条件下权衡消费者满意度、资源布局覆盖率以及整合成本等多维优化目标。因此本研究建立的数学模型也具有NP难问题的特点，当问题规模增加时，采用精确算法要花费较长的时间，不够经济，求解此类问题多采用启发式算法，如遗传、蚁群、粒子群、禁忌搜索、模拟退火算法等。其中，文献（王旭坪等，2016；Yao et al., 2020）在进行模型求解时使用了遗传算法，均得到良好收敛，证明该方法具备全局搜索快速收敛的良好性质。此外，文献（唐成，2014）对常用的启发式算法进行了对比研究，总结了各算法的特点及其适用情况，其中粒子群算法多用于连续性函数优化问题，模拟退火算法多用于已有解的优化问题，均不适合本研究模型求解，而相较于蚁群算法和禁忌搜索算法，遗传算法具有鲁棒性、并行性和搜索能力较强等特点，更适合于较复杂的组合优化问题求解。既有研究通过相同算例下不同算法的求解证明了遗传算法的优越性。上述研究无论从理论上还是从实践中都验证了遗传算法在求解多目标约束条件下的调度优化问题的适用性及优越性。因此，针对社区团购场景下的供应链末端配送资源整合优化问题，选取遗传算法进行设计求解。

12.5.2　算法设计

（1）目标函数的处理

首先，取消费者满意度目标与资源覆盖率目标函数的倒数，将其转换为求最小值问题。将目标函数式（12-1）~式（12-2）转换为如式（12-7）~式（12-8）所示的求最小值问题：

$$\min Z_1^{'}=\sum_{n=1}^{N}\left(\left(V_n\times Q_n\times\sum_{i=1}^{I}\gamma_{in}\right)/\left(\sum_{i=1}^{I}V_n^i\times Q_n^i\times\gamma_{in}\right)\right)^{1+\theta}\times 100\% \tag{12-7}$$

$$\min Z_2^{'}=\sum_{n=1}^{N}\sum_{i=1}^{I}(S_0/(\pi r_i^2\times\gamma_{in})) \tag{12-8}$$

本研究采用线性加权的方法，将多目标优化问题转为单目标优化问题进行求解。本研究模型的消费者满意度目标、资源布局覆盖率目标和整合成本目标存在冲突性。在不同情况下，核心企业对三个目标的侧重会有所不同，资源调度的结果也随之发生变化。因此，模型的目标函数可变为如下形式：

$$Z=\alpha\times\frac{Z_1^{'}}{\min Z_1^{'}}+\beta\times\frac{Z_2^{'}}{\min Z_2^{'}}+\mu\times\frac{Z_3}{\min Z_3} \tag{12-9}$$

其中，$\min Z_1^{'}$、$\min Z_2^{'}$、$\min Z_3$是分别求解单目标时模型取得的最小值。α、β、μ分别是三个目标函数的权重，并且$\alpha+\beta+\mu=1$。

（2）约束条件的处理

采用罚函数法将模型的约束条件式（12-4）~式（12-6）加入目标函数式（12-9）中，罚函数形式如下：

$$G_1=M\sum_{i=1}^{M}[\max(0,E^*-\sum_{n=1}^{N}\left(\left(\sum_{i=1}^{I}V_n^i\times Q_n^i\times\gamma_{in}\right)/\left(V_n\times Q_n\times\sum_{i=1}^{I}\gamma_{in}\right)\right)^{1+\theta}\times 100\%)]^2 \tag{12-10}$$

$$G_2=M\sum_{i=1}^{M}[\max(0,\eta^*-\sum_{n=1}^{N}\sum_{i=1}^{I}\pi r_i^2\times\gamma_{in}/S_0)]^2 \tag{12-11}$$

$$G_3=M\sum_{i=1}^{M}[\max(0,\sum_{i=1}^{I}\sum_{n=1}^{N}(C_{固定}^i+C_{沟通}^i+C_{管理}^i)\times\gamma_{in}-C^*)]^2 \tag{12-12}$$

$$G=G_1+G_2+G_3 \tag{12-13}$$

其中，M 是一个充分大的正数，也即罚因子。可见，当约束条件式（12–4）~式（12–6）均被满足时，罚函数值为0。

（3）遗传算法流程

步骤1 编码方式：采用实数编码方式。染色体节点数取决于决策变量 γ_{in} 的个数，即H。第h个基因的位值所表示的含义为整合决策方案编号，在阶段n整合资源i即为一个方案，因此方案共有 $N \times I$ 个，分别对应一个编号。

步骤2 选择算子：选择算子是为了从当前种群中选择适应值高的个体。适应值采用动态线性标定方法，令适应值函数为 $fitness = -Z + Z_{\max}^{g} + \sigma^{g}$。$Z_{\max}^{g}$ 表示第 g 次迭代时种群中目标函数值的最大值，σ^{g} 是一个较小的数，并且随 g 的增大而减小。σ^{g} 的引入，一方面是为了让种群中最差的个体仍然有繁殖的机会，增加种群的多样性；另一方面能够调节选择压力：在算法开始运行的时候，σ^{g} 取值较大，因而选择压力较小，不同个体间的选择概率相差不大；到种群进化后期，σ^{g} 取值较小，选择压力较大，也就是不同个体间的选择概率相差大，种群将很快达到收敛。得到每个染色体的适应值后，采用轮盘赌方法来实现选择操作。

步骤3 交叉算子：采用模拟二进制交叉方式。首先判断每一条染色体的节点是否交叉，随机寻找一个与其交叉的节点，并对两个节点进行交叉。

步骤4 变异算子：变异方式为随机选取父代染色体，然后随机选择染色体的部分基因进行重新选值。变异的基因位的个数随迭代次数的增加而减少。

步骤5 停止准则：当程序的迭代次数达到设定的最大迭代次数时，停止运算。

12.5.3 算例描述

本研究以北京某大型社区A为例进行模拟仿真计算。该社区占地面积约为4.5平方千米，常住居民约为8万人。核心企业将根据自身的战略规划和对A社区的实际勘察，分三个阶段完成对供应链终端配送资源的整合优化，即起步阶段、发展阶段和成熟阶段。

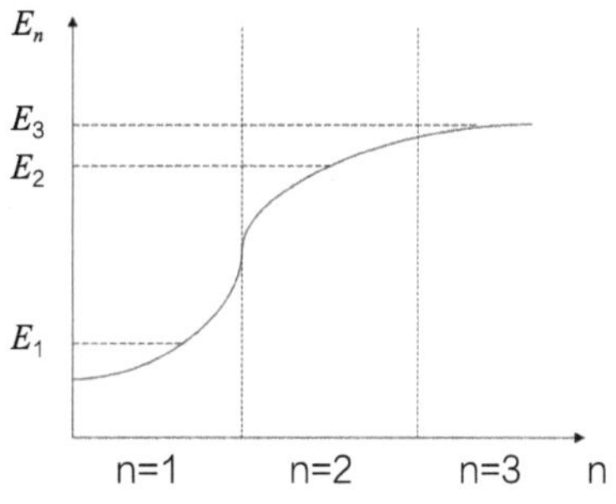

图12-3　消费者群体对于社区团购服务期待水平变化趋势

根据前文分析，消费群体在不同阶段对社区团购服务的期待水平变化趋势如图12-3所示（由随机数据生成）。经整合主体走访调查，社区A的消费群体在对社区团购配送服务的静态期待水平预测如表12-1所示。其中，所有参数均经过去单位化和归一化处理（姚建明，2015a）。

表12-1　社区A的消费者群体在对社区团购终端配送服务的静态期待水平

<table>
<tr><td rowspan="2">V_n</td><td colspan="2">起步阶段</td><td colspan="2">发展阶段</td><td colspan="2">成熟阶段</td></tr>
<tr><td colspan="2">0.6</td><td colspan="2">0.8</td><td colspan="2">0.9</td></tr>
<tr><td rowspan="4">Q_n</td><td>w_1</td><td colspan="2">0.3</td><td colspan="2">Q_e</td><td>0.6</td></tr>
<tr><td>w_2</td><td colspan="2">0.4</td><td colspan="2">Q_m</td><td>0.75</td></tr>
<tr><td>w_3</td><td colspan="2">0.3</td><td colspan="2">Q_c</td><td>0.8</td></tr>
<tr><td colspan="6">$Q_n = w_1 \times Q_e + w_2 \times Q_m + w_3 \times Q_c$</td></tr>
</table>

核心企业在经过实际调研之后，对该社区现存资源进行了分类整理，并对资源个体进行了走访，初步了解了其资源品质及其合作意愿，对其预期能够达到的服务容量和品质以及改造成本进行了评估。本研究对上述数据进行了随机模拟，经过量化及去量纲化处理后，该部分信息如表12-2所示。

表12-2 优化参数

资源种类	资源个体	服务容量	服务品质	地理坐标	辐射半径	改造成本
社区商店	1	0.2	0.8	（0.15，0.92）	0.2	0.51
	2	0.22	0.65	（0.83，0.15）	0.2	0.48
	3	0.18	0.7	（0.35，0.65）	0.2	0.64
	4	0.15	0.6	（0.60，0.25）	0.2	0.82
	5	0.16	0.75	（0.45，0.55）	0.2	0.43
	6	0.2	0.78	（0.20，0.25）	0.2	0.98
快递存放点	7	0.15	0.5	（0.1，0.9）	0.25	0.40
	8	0.25	0.4	（0.8，0.2）	0.25	0.50
	9	0.18	0.45	（0.8，0.8）	0.25	0.40
	10	0.13	0.42	（0.2，0.2）	0.25	0.50
社区服务中心	11	0.15	0.6	（0.2，0.9）	0.15	0.44
	12	0.12	0.6	（0.8，0.1）	0.15	0.64

12.5.4 算例结果与结论

当核心企业在进行社区团购场景下供应链末端配送资源整合优化时，首先需要对三个优化目标（总体消费者满意度最大化、资源布局覆盖率最大化以及整合成本最小化）的权重进行设定。一般来讲，对于资源整合多目标权重的设定，需要核心企业从整合资源的定位和目标出发，在充分考虑长远与近期、局部与整体平衡的基础上，结合资源整合需要解决的具体问题进行综合确定。在本研究的算例中，基于社区资源布局的实际情况、消费者对社区团购满意度的诉求反馈情况以及核心企业对整合成本的可接受程度，核心企业出于长远发展的战略目标考虑，需要将资源整合的重点放到社区资源布局覆盖率最大化这一目标上，以实现未来更好的发展，而相对弱化其他两个目标，因此将多目标权重设定为{0.3; 0.4; 0.3}；同时，根据前述有关正反馈效应系数θ的设定规则，核心企业通过调查发现，该社区消费主体针对他人评价对自己主观购物评价水平的影响程度大约在20%左右，因此，设定θ为20%。

使用MATLAB_2018a软件进行模拟，经过多次反复试验，确定较为适合的算法参数是：种群规模100、交叉概率0.8、变异概率0.1、迭代次数200。对算例计算50次、平均计算时间为2.47s、计算效率较高；达到收敛时，最优适应度的平均值为0.016603，最大值为0.016702，最小值为0.016201，与平均值的偏差分别为0.60%和2.42%，计算结果较稳定，算法的鲁棒性较好。由运作参数计算可得，最优调度方案的三个目标函数值分别为3.19、4.38和2.34，模型适应度收敛图如图12-4所示，最优调度方案如表12-3所示。

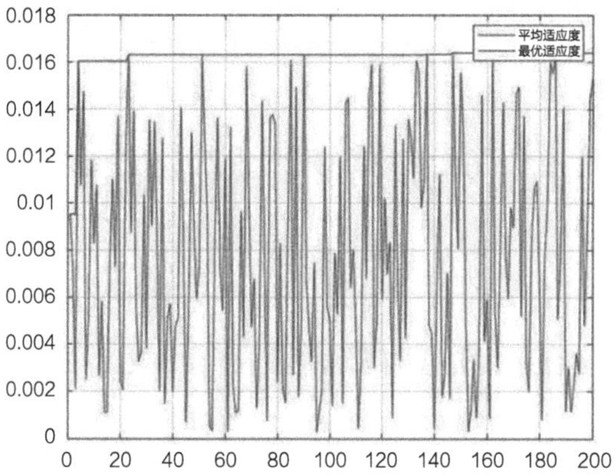

图12-4　模型适应度收敛图

表12-3　决策优化结果输出

阶段	选择资源个体			
起步阶段	4	7	9	11
发展阶段	2	3	8	10
成熟阶段	1	5	12	

由算例结果可知，核心企业根据自身战略规划，分为三个阶段分别改造整合上述资源个体，其中资源6因无法达成整合协议，沟通成本超出限制条件，故放弃。实践中，并非所有的资源个体最终都能达成合作，有些资源个体出于自身发展的考虑（例如上海糕潮面包店出于维护自身品牌的需求明确拒绝与盒马鲜生合作）或者出于竞争关系（例如开在社区附近的7-11等连锁品牌零售店）的考虑，不沟通或者明确表达了无法达成合作。在这种情况下，社区团购平台如果继续尝试沟通，则会大幅提升沟通成本，使得成本大于收益，因此应及时放弃。其余并未明确拒绝合作的资源个体，则根据其价值以及合作意愿的不同，按照核心企业的战略需求分阶段进行整合。其中，在起步阶段，价值高、合作意愿强烈的资源个体得到优先整合，实践中，一些资源个体体量大，位置好，对于新兴商业模式有尝试的兴趣（例如小区内的商超以及成熟的快递站点），此时应当快速对其进行改造整合，塑造典范，否则，此类资源将会与其他整合平台进行合作。发展阶段则优先取得摇摆资源的合作机会，这些资源的体量位置相较于优先整合的资源弱一些，或者在初期呈现明显的摇摆状态，对新兴商业模式好奇但是不敢轻易尝试，因此，不宜在初期耗费过大的整合成本对其进行改造，而是应该在优先整合资源显露出成效之后再与其进行沟通，坚定其改造的信心，提升配合度，从而得以降低整合成本。而重复性资源个体与合作意愿欠缺的资源个体将在成熟阶段被最终纳入资源体系中来，这些资源属于补充资源，保障社区团购拥有足够的资源体量用以满足消费者日益提升的配送服务需求量。这些资源初期虽未明确拒绝合作，但对整合并没有很大的兴趣，且资质较差（服务容量、服务品质、地理位置相对评分较低）。对于这些资源，应当在积累了一定的整合经验，建立起一定的末端配送体系之后，再着手进行改造整合。

12.6　结论

本研究从社区团购场景的特殊性入手，深入分析了社区团购场景下消费者个性化服务的供需特征，由此搭建了符合社区团购场景要求的消费者满意度动态模型，在此基础上，构建了社区团购场景下多阶段动态多目标供应链末端配送资源整合优化数学模型，并探讨了求解算法。最后，通过算例验证了决策方法和算法的可行性、有效性与实际可操作性。

社区团购这一商业模式不仅为我们的生活提供了另一种便利的零售可能，在空间上更为贴近我们的生活场景，在时间上更加自由灵活，更为重要的是，这一模式是依托社区微信社交平台诞生的，是新冠肺炎疫情期间在消费者的互相帮助、共同扶持下成长的。该模式在一定程度上也拉近了社区居民的情感距离。本研究对该商业模式实践创新的贡献在于，通过优化其供应链运作环节，指导平台更为精准地挖掘消费者个性化服务需求，以消费者满意度为指引，通过多阶段动态配送供应链末端资源整合，提供更符合消费者期待的服务，推动这一商业模式在后疫情时代的成熟化健康化发展。这不仅是消费者的福音，对于平台来说，借助该模式进一步打通线上、线下渠道，构筑全渠道供应网络体系亦是意义非凡。

第四篇

总结

随着新零售模式的不断发展，“以提升顾客的体验价值为核心，线上线下融合”这一概念得到越来越多的认可。新零售模式已成为零售行业新的战场，谁能满足顾客的需求，把握引领顾客的心理，谁就能在这场战役中斩获更多收益，赢得更多认可，树立更好的口碑，拥有更广阔的发展前景。然而，正如我们所看到的，当前新零售模式下的众多业态尚未成熟，其运作模式还存在着诸多挑战。例如固定的商品品类无法精准满足不同消费场景下顾客的差异化需求；商品补货效率低下，容易造成缺货断货；部分无人零售货架或终端由于无人监管而容易陷入因缺货或机器故障导致的服务中断等。

显然，任何企业的运作都离不开其背后的供应链网络以及网络中蕴藏的各类资源的支持，新零售模式下的各类业态也同样如此，能否有效地选择、配置供应链资源，构建合理、高效、灵活的新零售供应链网络决定了新零售模式的运行效率。因此，本书从系统的战略层面和运作层面综合分析新零售模式的各类业态，尤其是无人零售终端的供应链资源整合的优化问题，旨在为相关企业推广类似业务提供理论和实践上的指导。

本书探索了经济社会多领域不同的商业情景，例如养老、医疗、农业现代化、社区团购等；既有动态情景，又有静态情景；既有社交情景，又有非社交情景……从这些多样化情景中的顾客差异化需求偏好入手，通过分析需求（消费者对购物体验的不同需求类型）—供给（新零售的所能提供的服务及相应能力）的匹配性关系，探究出新零售供应链网络中各资源个体的关键因素，并以关键因素作为切入点实现供应链资源整合的量化分析。

同时，本书对于企业管理者的决策行为也进行了多个周期的动态探索，研究角度涉及供应链网络结构设计（选址）、供应链资源整合、供应链资源调度等，从新零售模式落地的前期准备阶段到实际运行阶段都有较为详细的探索和研究，并在此基础上构建整合决策优化模型，为相关企业、政府部门提供了有效的决策工具和思路框架。

第1章介绍了本书的研究背景与研究意义。随着新零售模式的不断发展，如何更好地为客户提供满意的和超值的商品零售服务成了当前零售行业的发展目标。一方面，无人零售模式效用的发挥，离不开后台商品配送和终端管理所需的供应链资源（协作成员）的支撑。如何整合不同类型的供应链资源，合理协调它们之间的关系，是核心企业进行无人零售供应链管理时必须面对的重要问题。另一方面，由于不同场景（如学校、车站、医院等）下的需求不同，核心企业如何根据不同场景下的不同需求模式整合与优化供应链资源是决定无人零售模式能否给客户带来价值的关键。本书的写作目的，就是研究不同场景下，无人零售终端的不同需求模式，并在此基础上设计与不同场景下的无人零售终端需求模式相匹配的供应链资源整合优化方案。

第2章介绍了本书的技术路线和基本研究框架，从无人零售终端的需求调研分析入手，综合运用数理统计、数据挖掘、模糊与随机规划、优化建模及仿生算法等方法进行研究，进而提炼出不同场景的不同需求模式下，面向新零售模式的供应链资源整合优化的关键因素，进而构建与供应链资源整合优化模型，并设计算法进行求解，为相关企业和政府部门提供一个有效的、准确的决策工具。

第1章和第2章共同构成了本书的第一篇绪论部分，第3章至第7章为本书的第二篇，第8章至第12章为本书的第三篇。第二篇主要探索了新零售模式下多场景供应链运作优化问题，第三篇主要探索了无人零售模式下的供应链运作优化问题。

其中，第3章探讨了社区个性化养老情景下的供应链资源整合优化问题，基于老年人的系统性服务需求以及个性化的服务便利程度需求，提出了养老服务平台应提供差异化便利程度的多服务项目组合。在对养老服务项目不同服务模式的差异化便利深度进行刻画的基础上，从顾客、养老服务平台运营商以及服务提供商三方的利益均衡角度出发，同时考虑了服务组合的效用、柔性以及服务提供商自身资源使用情况的基础上，对养老服务平台不同便利特征的服务组合资源整合过程进行分析，建立资源整合优化模型，并搭建了算法进行求解，最后通过仿真算例验证了方法的有效性和可行性。

第4章则将研究的目光放在了定制化旅游情景中的旅游资源调度优化问题上。在这一情景下，研究提出了旅游大规模定制（TMC）模式，通过对旅游供应链的调度优化处理旅游活动的“规模效应”与游客“个性化需求”之间的矛盾问题。运用经济学及模糊数学的理论方法分析并实现了TMC模式下存在的多阶段模糊规模效应量化处理。构建了引入规模效应量化的服务成本最小化，引入模糊时间窗的顾客满意度最大化及供应链协同度最大化为优化目标的TMC模式下多目标供应链调度优化模型。最后，通过蚁群算法实现TMC模式下多调度优化目标的求解并对优化效果进行对比研究。研究结果表明，TMC模式下供应链调度中旅游活动存在多阶段模糊规模效应并且可以量化处理；TMC模式中的规模效应具有合理的区间范围，旅游企业应注重规模效应与其他目标的均衡；蚂蚁算法在求解TMC模式下多目标优化问题方面不仅收敛速度快，而且通过对多调度优化目标效果的对比检验表明，性能稳健优良。

第5章研究了个性化可持续制造情景下的供应链配置优化问题。为了实现保护环境和满足消费者日益增长的个性化需求之间的平衡，企业的管理者们需要对供应链网络进行配置优化。研究提出了一种新的供应链调度方法。首先通过模糊层次分析法对供应商进行绿色等级排序，在此基础上，建立了供需匹配的供应链调度优化模型，并对遗传算法进行改进来求解模型。仿真结果表明，调度方案的最优解不仅能满足消费者对产品、服务功能和完工时间的个性化需求，而且能通过选择高绿色水平的供应商，使其实现规模经济，提高整个供应链的绿色管理绩效，从而验证了模型的可靠性和有效性。这一研究成果为可持续制造的研究做出了贡献，为管理者提供了一个有效的决策工具。

第6章探索了农业现代化情景下相关企业和政府部门如何有针对性地构建农业服务平台对各类服务供应商进行调度，以满足农户多阶段、差异化的生产需求，是打造农业社会化服务体系的重要模式。如何合理处理农户与服务供应商之间的协作关系是平台调度中的关键问题。在对农业服务平台运行特征分析的基础上，从农业服务的特殊性入手，重新界定了处理协作关系的核心问题——协调度，并对其进行了深入分析，提出了刻画方法。在此基础上，构建了综合反映服务效用和服务组合运行效率的多阶段、多目标调度优化模型，并提出改进的遗传算法进行求解。

第三篇开始对无人零售模式下的供应链运作特征进行有针对性的探讨。其中，第8章将顾客对商品类型、价格、品质和终端操作便捷性等差异化的需求偏好特征引入了无人零售终端的供应链资源整合优化之中。由于无人零售终端具有无人值守、需要灵活补货和配货等特点，这就决定了其在提供差异化服务时，离不开供应链网络的有效支撑，这就需要对供应链网络中的各类资源进行合理整合。在分析不同场景下顾客需求偏好的基础上，重点探讨了面向无人零售终端资源整合中的供应链成员筛选机理，有针对性地提出了关键因素的挖掘和分类方法。在此基础上，构建了对应的整合优化模型和求解算法，并通过算例验证了方法和算法的可行性、有效性与可操作性。

第9章在对消费者购物体验需求类型进行深入分析的基础上，探究了新零售供应链资源整合的关键因素，构建相应的数学优化模型并研究了求解算法，最后通过算例验证了优化过程的可行性与有效性。

第10章则探讨了无人零售终端在不同场景下的选址优化问题。研究指出，无人零售终端的选择需要考虑消费者的购买行为和满意度，而既有的满意度衡量方法不适用于新零售模式下的场景选择问题，构建多维满意度的动态刻画方法，根据不同场景下顾客的购买行为，对不同场景下的顾客满意度进行多维刻画，并将其纳入优化目标，从而建立了新零售模式下考虑顾客动态满意度的无人零售终端选址优化模型，利用蚁群算法求解，并通过算例验证了决策方法和算法的可行性、有效性与可操作性。

第11章将无人零售终端的应用场景从静态拓展到了动态，探讨了高铁等交通工具上的无人零售终端的补货问题。动态场景中无人零售终端的补货往往会受到时间和空间的双重制约，这对实现合理补货的供应链调度优化过程提出了新的挑战。因此，研究从高铁场景的特殊性入手，通过深入分析高铁场景的特征及其需求特点，搭建了符合高铁场景要求的补货供应链调度多维度评价体系，在此基础上构建了高铁场景下无人零售终端的补货供应链调度优化数学模型，并探讨了求解算法。最后，通过算例验证了决策方法和算法的可行性、有效性与实际可操作性。

第12章则探讨了无人零售模式在日益火爆的社区团购中的应用。随着社区团购平台竞争日趋激烈，如何通过准确刻画消费者不断变化的服务需求，进而构建出完善高效的供应链末端网络，在形成广泛灵活的消费者连接的同时，实现末端配送资源的高效整合是该模式能否成功的关键。通过分析社区团购模式下消费者的服务需求特征，在研究了消费者满意度动态测量机理的基础上，搭建了社区团购场景下的多阶段动态多目标供应链末端配送资源整合优化模型，并探讨了求解算法。最后，通过算例验证了模型和算法的可行性、有效性与可操作性。

当前，针对无人零售终端的供应链管理属于当前新零售领域研究的前沿问题，具有一定的新颖性，因此，研究成果对于企业界推广新型无人零售模式，便利消费者购物，提升消费者的体验价值等方面具有创新的意义。鉴于面向无人零售终端供应链管理问题的新颖性，在后续的研究中，还应重点探讨供应链网络中各成员的收益及风险偏好、各成员与核心企业之间的动态博弈等问题。

参考文献

[1] Ahi P, Searcy C. A comparative literature analysis of definitions for green and sustainable supply chain management[J]. Journal of cleaner production, 2013, 52: 329–341.

[2] Andy A T. Risk sensitivity in distribution channel partnerships: Implications for manufacturer return policies[J]. Journal of Retailing, 2002, 78（2）: 147–160.

[3] Arshinder K A, Deshmukh S G. Supply chain coordination: perspectives, empirical studies and research directions[J]. International Journal of Production Economics, 2008, 115（2）: 316–335.

[4] Bai, C., and J. Sarkis. Integrating sustainability into supplier selection with grey system and rough set methodologies. International Journal of Production Economics, 2010, 124（1）: 252–264.

[5] Brandenburg, M. Low carbon supply chain configuration for a new product – a goal programming approach. International Journal of Production Research, 2015, 53（21）: 6588–6610.

[6] Brundtland Commission, 1987. Our common future, report of the World Commission on Environment and Development. Annex to General Assembly document A/42/427, Development and International Co-operation: Environment. World Commission on Environment and Development.

[7] Bullinger H, Kuhner M, Van Hoof A. Analyzing supply chain performance using a balanced measurement method [J]. International Journal of Production Research, 2002, 40（15）: 3533–3543.

[8] Cao E, Wan C, Lai M Y. Coordination of a supply chain with one manufacturer and multiple competing retailers under simultaneous demand and cost disruptions[J]. International Journal of Production Economics, 2013, 141（1）: 425–433.

[9] Chen L, Lee H. Bullwhip effect measurement and its implications[J]. Operations Research, 2012, 60（4）: 771–784.

[10] Chibani A, Delorme X, Dolgui A, Pierreval H. Dynamic optimisation for highly agile supply chains in e–procurement context[J]. International Journal of Production Research, 2018, 56（17）: 5904–5929.

[11] Cho C K, Johar G V. Attaining Satisfaction[J]. Journal of Consumer Research, 2011, 38（4）: 622–631.

[12] Coello C, Pulido G T, Lechuga M S. Handling multiple objectives with particles warm optimization[J]. IEEE Transactions on Evolutionary Computation, 2004, 8（3）: 256–279.

[13] Dana J D, Spier K E. Revenue sharing and vertical control in the video rental industry[J]. Journal of industrial economics, 2001, 49（3）: 223–245.

[14] Dela A H V, Navarro N A J, Roque C J E. Fuzzy logic based replenishment system for smart paper dispensing machine[C]. International Conference on

Humanoid, Nanotechnology, Information Technology, communication and Control, Environment and Management. IEEE, 2016: 1–7.

[15] Favaretto D, Moretti E, Pellegrini P. Ant colony system for a VRP with multiple time windows and multiple visits[J]. Journal of Interdisciplinary Mathematics, 2007, 10（2）: 263–284.

[16] Francis P, Smilowitz K, Tzur M. Flexibility and complexity in periodic distribution problems[J]. Naval Research Logistics, 2007, 54（2）: 136–150.

[17] Garetti M, Taisch M. Sustainable manufacturing: trends and research challenges[J]. Production planning & control, 2012, 23（2–3）: 83–104.

[18] Gong M, Jiao L, Du H, et al. Multi–objective immune algorithm with non–dominated neighbor–based selection [J]. Evolutionary Computation, 2008, 16（2）: 225–255.

[19] Govindan K, Rajendran S, Sarkis J, et al. Multi criteria decision making approaches for green supplier evaluation and selection: a literature review[J]. Journal of cleaner production, 2015, 98: 66–83.

[20] Hariga M, As' ad R, Shamayleh A. Integrated economic and environmental models for a multi stage cold supply chain under carbon tax regulation[J]. Journal of Cleaner Production, 2017, 166: 1357–1371.

[21] İnkaya T, Akansel M. Coordinated scheduling of the transfer lots in an assembly–type supply chain: a genetic algorithm approach[J]. Journal of Intelligent Manufacturing, 2017, 28（4）: 1005–1015.

[22] Ivanov D, Hartl R, Dolgui A, Pavlov A, Sokolov B. Integration of aggregate distribution and dynamic transportation planning in a supply chain with capacity disruptions and the ripple effect consideration[J]. International Journal of Production Research, 2015, 53（23）: 6963–6979.

[23] Jindal A, Sangwan K S. Multi-objective fuzzy mathematical modelling of closed-loop supply chain considering economical and environmental factors[J]. Annals of Operations Research, 2017, 257（1）: 95–120.

[24] Kaveshgar N, Huynh N. Integrated quay crane and yard truck scheduling for unloading inbound containers[J]. International Journal of Production Economics, 2015, 159（1）: 168–177.

[25] Kleijnen J P C, SnaiLs M T. Performance metric8 in supply chain management[J]. Journal of the Operational Research Society, 2003, 54（5）: 507–514.

[26] Koomsap P. Design by customer: concept and applications[J]. Journal of Intelligent Manufacturing, 2013, 24（2）: 295–311.

[27] Kumar A. From mass customization to mass personalization: a strategic transformation[J]. International Journal of Flexible Manufacturing Systems, 2007, 19（4）: 533–547.

[28] Lai F, Zhang M, Lee D M S, et al. The impact of supply chain integration on mass customization capability: an extended resource-based view[J]. IEEE Transactions on Engineering Management, 2012, 59（3）: 443–456.

[29] Lau A K W, Yam R C M, Tang E P Y. Supply chain integration and product modularity: An empirical study of product performance for selected Hong Kong manufacturing industries[J]. International Journal of Operations & Production Management, 2010.

[30] Lee Y, Jeong C, Moon C. Advanced planning and scheduling with outsourcing in manufacturing supply chain [J]. Computers & Industrial Engineering, 2002, 43（2）: 351–374.

[31] Leiper N. The framework of tourism[J]. Annals of Tourism Research, 1979, 6（4）: 390 –407

[32] Lin F C, Yu H W, Hsu C H. Recommendation system for localized products in vending machines[J]. Expert Systems with Applications, 2011, 38（8）: 9129–9138.

[33] Liou J J H, Tamošaitienė J, Zavadskas E K, et al. New hybrid COPRAS–G MADM Model for improving and selecting suppliers in green supply chain management[J]. International Journal of Production Research, 2016, 54（1）: 114–134.

[34] Liu C, Yao J. Dynamic supply chain integration optimization in service mass customization[J]. Computers & Industrial Engineering, 2018, 120: 42–52.

[35] Liu W , Yang Y , Wang S , et al. A scheduling model of logistics service supply chain based on the time windows of the FLSP' s operation and customer requirement[J]. Annals of Operations Research, 2017, 257（1–2）:183–206.

[36] Machado C G, Winroth M P, Ribeiro da Silva E H D. Sustainable manufacturing in Industry 4.0: an emerging research agenda[J]. International Journal of Production Research, 2020, 58（5）: 1462–1484.

[37] Mani M, Madan J, Lee J H, et al. Sustainability characterisation for manufacturing processes[J]. International journal of production research, 2014, 52（20）: 5895–5912.

[38] Mardukhi F, NematBakhsh N, Zamanifar K, et al. QoS decomposition for service composition using genetic algorithm[J]. Applied Soft Computing, 2013, 13（7）: 3409–3421.

[39] May F, Monga A. When time has a will of its own, the powerless don' t have the will to wait: Anthropomorphism of time can decrease patience[J]. Journal of Consumer Research, 2014, 40（5）: 924–942.

[40] Mishra N, Kumar V, Chan F T S. A multi-agent architecture for reverse logistics in a green supply chain[J]. International Journal of Production Research, 2012, 50 (9) : 2396-2406.

[41] Miyamoto Y, Kubo M, Itoh S. Algorithms for the item assortment problem: An application to vending machine products[J]. Japan Journal of Industrial & Applied Mathematics, 2003, 20 (1) :87-100.

[42] Miyamoto Y, Kubo M, Itoh S. Algorithms for the item assortment problem: An application to vending machine products[J]. Japan Journal of Industrial & Applied Mathematics, 2003, 20 (1) : 87-100.

[43] Moon C, Lee Y, Jeong C, Yun Y. Integrated process planning and scheduling in a supply chain [J]. Computers & Industrial Engineering, 2008, 54 (4) : 1048-1061.

[44] Moon S K, Shu J, Simpson T W, et al. A module-based service model for mass customization: service family design[J]. Iie Transactions, 2010, 43 (3) : 153-163.

[45] Nurjanni K P, Carvalho M S, Costa L. Green supply chain design: A mathematical modeling approach based on a multi-objective optimization model[J]. International Journal of Production Economics, 2017, 183: 421-432.

[46] Park Y B, Yoo J S. The operation problem of smart vending machine systems[M]//LISS 2012. Springer, Berlin, Heidelberg, 2013: 1013-1017.

[47] Park Y B, Yoon S J. The operation of vending machine systems with stock-out-based, one-stage item substitution[J]. International Journal of Industrial Engineering, 2013, 19 (11): 412-427.

[48] Pasternack B. Optimal pricing and returns policies for perishable commodities[J]. Marketing Science, 1985, 4 (2) : 166-176.

[49] Paul J, Modi A, Patel J. Predicting green product consumption using theory of planned behavior and reasoned action[J]. Journal of retailing and consumer services, 2016, 29: 123–134.

[50] Piller F T. Observations on the present and future of mass customization[J]. International Journal of Flexible Manufacturing Systems, 2007, 19（4）: 630–636.

[51] Pine, B. J. I. 1993. Mass customization: The new frontier in business competition[M]. Cambridge, MA, USA: Harvard Business School Press.

[52] Poon T C, Choy K L, Cheng C K. A real–time replenishment system for vending machine industry[C]. IEEE International Conference on Industrial Informatics, 2010: 209–213.

[53] Qu T, Bin S, Huang G Q, et al. Two–stage product platform development for mass customisation[J]. International Journal of Production Research, 2011, 49（8）: 2197–2219.

[54] Rusdiansyah A, Tsao D B. An integrated model of the periodic delivery problems for vending–machine supply chains[J]. Journal of Food Engineering, 2005, 70（3）: 421–434.

[55] Sahin F, Powell R E, Gao L L. Master production scheduling policy and rolling schedules in a two–stage make–to–order supply chain[J]. International Journal of Production Economics, 2008, 115（2）: 528–541.

[56] Sakai H, Nakajima H, Higashihara M. Development of a fuzzy sales forecasting system for vending machines[J]. Computers & Industrial Engineering, 1999, 36（2）: 427–449.

[57] Salvador F, Rungtusanatham M, Forza C. Supply–chain configurations for mass customization[J]. Production Planning & Control, 2004, 15（4）: 381–397.

[58] Simpson T W, Siddique Z. Product family design and platform–based product development: a state–of–the–art review[J]. Journal of intelligent Manufacturing, 2007, 18（1）: 5–29.

[59] Srivastava S K. Green supply - chain management: a state - of - the - art literature review[J]. International journal of management reviews, 2007, 9（1）: 53–80.

[60] Stock T, Seliger G. Opportunities of sustainable manufacturing in industry 4.0[J]. procedia CIRP, 2016, 40： 536–541.

[61] Tormos P, Lova A． Tools for resource–constrained project scheduling and control: forward and backward slack analysis [J]. Journal of the Operations Research Society, 2001,52（7）: 779–788.

[62] Tsai P C, Huang J Y. Two–stage replenishment policies for deteriorating items at Taiwanese convenience stores[M]. Elsevier Science Ltd., 2012.

[63] Tseng M L, Islam M S, Karia N, et al. A literature review on green supply chain management: Trends and future challenges[J]. Resources, Conservation and Recycling, 2019, 141: 145–162.

[64] Uygun Ö, Dede A. Performance evaluation of green supply chain management using integrated fuzzy multi–criteria decision making techniques[J]. Computers & Industrial Engineering, 2016, 102: 502–511.

[65] Validi S, Bhattacharya A, Byrne P J. Integrated low–carbon distribution system for the demand side of a product distribution supply chain: a DoE–guided MOPSO optimizer–based solution approach[J]. International Journal of Production Research, 2014, 52（10）: 3074–3096.

[66] Van den Heuvel W, Wagelmans A P M. A note on "A multi–period profit maximizing model for retail supply chain management" [J]. European journal of operational research, 2017, 260（2）: 625–630.

[67] Wang F, Lai X, Shi N. A multi-objective optimization for green supply chain network design[J]. Decision support systems, 2011, 51（2）: 262-269.

[68] Wang M, Yao J. Intertwined supply network design under facility and transportation disruption from the viability perspective[J]. International Journal of Production Research, 2021（4）:1-31.

[69] Wang Y, Ma H S, Yang J H, et al. Industry 4.0: a way from mass customization to mass personalization production[J]. Advances in manufacturing, 2017, 5（4）: 311-320.

[70] Weskamp C, Koberstein A, Schwartz F, et al. A two-stage stochastic programming approach for identifying optimal postponement strategies in supply chains with uncertain demand[J]. Omega, 2019, 83: 123-138.

[71] Yao J M, Shi H Y, Liu C. Optimising the configuration of green supply chains under mass personalisation[J]. International Journal of Production Research, 2020, 58（24）: 7420-7438.

[72] Yao J M. Decision on optimization analysis on supply chain resources integration in the fourth party logistics[J]. Journal of Manufacturing Systems, 2010, 29（4）: 121-129.

[73] Yao J M. Supply chain resources integration optimisation in B2C online shopping[J]. International Journal of Production Research, 2017, 55（17）: 5079-5094.

[74] Yao J M. Supply chain scheduling optimization in mass customization based on dynamic profit preference and application case study[J]. Production Planning & Control, 2011, 22（7）: 690-707.

[75] Yao J, Liu L. Optimization analysis of supply chain scheduling in mass customization[J]. International Journal of Production Economics, 2009, 117

（1）:197–211.

[76] Yao J, Z Deng. Scheduling optimization in mass customization of global producer services. IEEE Transactions on Engineering Management, 2015, 62（4）: 591–603.

[77] Yeh W C, Chuang M C. Using multi–objective genetic algorithm for partner selection in green supply chain problems[J]. Expert Systems with Applications, 2011, 38（4）:4244–4253.

[78] Zegordi S, Abadi I, Nia M. A novel genetic algorithm for solving production and transportation scheduling in a two–stage supply chain [J]. Computers & Industrial Engineering, 2010, 58（3）: 373–381.

[79] Zeithaml V A, Berry L L , Parasuraman A . The Behavioral Consequences of Service Quality[J]. Journal of Marketing, 1996, 60（2）:31–46.

[80] Zeithaml V A, Berry L L, Parasuraman A. Communication and control processes in the delivery of service[J]. Journal of Marketing, 1988, 52（2）:35–48.

[81] Zhao R, Liu Y, Zhang N, et al. An optimization model for green supply chain management by using a big data analytic approach[J]. Journal of Cleaner Production, 2016, 142（PT.2）:1085–1097.

[82] Zheng P, Lin Y, Chen C H, et al. Smart, connected open architecture product: an IT–driven co–creation paradigm with lifecycle personalization concerns[J]. International Journal of Production Research, 2019, 57（7–8）:2571–2584.

[83] Zhou F, Ji Y. Jiao R. Affective and cognitive design for mass personalization[J]. Journal of Intelligent Manufacturing, 2013.

[84] Zhu, Q., J. Sarkis, and K. H. Lai. 2008. Confirmation of a measurement model for green supply chain management practices implementation[J]. International Journal of Production Economics, 2008, 111（2）:261–273.

[85] 艾媒咨询. 2020上半年中国社区团购行业专题研究报告[J]. 国际品牌观察，2020（32）：68–71.
[86] 艾瑞咨询研究院. 中国无人零售行业研究报告[Z]. 2018：246–310.
[87] 曹二保，赖明勇. 需求和成本同时扰动时多零售商供应链协调问题[J]. 系统工程理论与实践，2010，30（10）：1753–1760.
[88] 曹国昭，齐二石. 替代品竞争环境下损失厌恶报童问题研究[J]. 管理学报，2013，10（6）：898.
[89] 陈德慧，陈东彦. 模糊随机环境下B2C电子商务配送系统CLRIP集成优化模型[J]. 系统管理学报，2017，26（04）：744–753.
[90] 陈冬林，聂规划，李晓菲. 面向客户视角的Web服务组合优化与集成管理方法[J]. 计算机应用研究，2010，27（09）：3297–3299.
[91] 陈锡文. 构建新型农业经营体系加快发展现代农业步伐[J]. 经济研究，2013，048（002）：4–6.
[92] 陈义友，张锦，曾倩，等. 基于顾客选择的自提点选址双层规划模型[J]. 管理学报，2016，13（12）：1842–1850.
[93] 程德通. 大规模定制：旅游业服务运作新模式[J]. 哈尔滨学院学报，2011，32（11）：29.
[94] 初佃辉，王显志，王忠杰，徐晓飞. 面向个性化需求的虚拟服务资源整合方法[J]. 计算机学报，2011，34（12）：2370–2380.
[95] 邓慧，张志彬. O2O模式下生鲜电商末端配送路径优化研究[J]. 经济研究导刊，2021（19）：150–152. DOI：10.3969/j.issn.1673-291X.2021.19.046.
[96] 窦建华. 基于蚁群算法的MC供应链协调仿真系统研究[D]. 上海：同济大学，2006.
[97] 杜睿云，蒋侃. 新零售：内涵、发展动因与关键问题[J]. 价格理论与实践，2017（2）：139–141.

[98] 方颉，杨磊. 新零售背景下的生鲜供应链协调[J]. 中国流通经济，2017，31（7）：55-63.

[99] 高太光，陈培友，马诗咏，赵文梅. 多物流配送中心优化选址决策模型研究[J]. 计算机工程与应用，2013，49（04）：257-261.

[100] 葛显龙，邹登波. 供应链环境下带越库配送的车辆路径问题[J]. 计算机工程与应用，2018，54（24）：252-259.

[101] 韩珣，张锦，陈义友. 基于联合覆盖的自提点服务组合优化问题[J]. 管理学报，2018，15（06）：927-935.

[102] 洪鹏，余世明.基于时间序列分析的自动售货机销量预测[J]. 计算机科学，2015，42（S1）：122-124.

[103] 侯玉梅，贾震环，田歆，尉芳芳. 带软时间窗整车物流配送路径优化研究[J]. 系统工程学报，2015，30（02）：240-250.

[104] 胡亦琴，王洪远. 现代服务业与农业耦合发展路径选择——以浙江省为例[J]. 农业技术经济，2014.

[105] 华中生. 网络环境下的平台服务及其管理问题[J]. 管理科学学报，2013，16（12）：1-12.

[106] 黄庆华，曹祖文. 农机服务产业化的现实因应与政策匹配[J]. 重庆社会科学，2013（04）：81-86.

[107] 黄学文，张晓彤，艾亚晴. 基于模糊时间窗的带容积约束选址路径问题[J]. 计算机集成制造系统，2017，24（3）：2-16.

[108] 黄学文，张晓彤，艾亚晴. 基于蚁群算法的多加工路线柔性车间调度问题[J]. 计算机集成制造系统，2018，24（3）：558-569.

[109] 贾海彦，张红凤.基于产权约束的基层养老服务资源优化配置研究[J]. 中央财经大学学报，2016（01）：16-22.

[110] 蓝骁. 基于网络爬虫技术的生鲜宅配顾客感知服务质量影响因素研究[J]. 物流科技，2022，45（3）：68-71. DOI：10.3969/

j.issn.1002-3100.2022.03.017.

[111] 李民，锁立赛，姚建明. 基于多阶段模糊规模效应量化的TMC模式下供应链调度优化研究[J]. 运筹与管理，2019，28（08）：59-68.

[112] 李琪，李欣，魏修建. 整合SOR和承诺信任理论的消费者社区团购研究[J]. 西安交通大学学报（社会科学版），2020，40（02）：25-35.

[113] 李晓茹，江河，顾君忠. 新零售模式下的物联网智能生鲜物流终端设计[J]. 计算机应用与软件，2021，38（7）：23-28. DOI：10.3969/j.issn.1000-386x.2021.07.005.

[114] 李学斌. 我国社区养老服务研究综述[J]. 宁夏社会科学，2008（01）：42-46.

[115] 李长远. "互联网+"在社区居家养老服务中应用的问题及对策[J]. 北京邮电大学学报（社会科学版），2016，18（05）：67-73.

[116] 林强，叶飞，陈晓明. 随机弹性需求条件下基于CVAR与收益共享契约的供应链决策模型[J]. 系统工程理论与实践，2011，31（12）：2296-2307.

[117] 刘畅，姚建明. 基于供应商满意度与模糊能力的服务大规模定制供应链调度优化[J]. 系统管理学报，2020，29（02）：273-281.

[118] 刘春林. 多零售商供应链系统的契约协调问题研究[J]. 管理科学学报，2007，10（2）：2-6.

[119] 刘洪玉，李妍. 基于模糊数学的房地产批量评估[J]. 清华大学学报（自然科学版），2017，57（11）：1203-1206.

[120] 刘民坤，何华. 现代旅游业的界定与提升[J]. 管理世界，2013，8：177-178.

[121] 刘树林. 多属性决策理论方法与应用研究[D]. 北京航空航天大学，1997.

[122] 刘向华. 我国家庭农场发展的困境与农业社会化服务体系建设[J]. 毛泽东邓小平理论研究，2013（10）：31-35+90-91.

[123] 刘洋，余国新. 农业社会化服务与农业现代化耦合协调发展研究——以新疆为例[J]. 经济问题，2020，{4}（08）：99-106.

[124] 卢小丽，付帼. 红色旅游质量、满意度与游客忠诚研究——以井冈山景区为例[J]. 管理评论，2018，30（2）：1227-133.

[125] 芦千文，姜长云. 农业生产性服务业发展模式和产业属性[J]. 江淮论坛，2017（02）：44-49+77.

[126] 鲁城华，寇纪淞. 基于多目标多属性决策的大规模Web服务组合QoS优化[J]. 管理学报，2018，15（04）：586-597.

[127] 鲁城华，寇纪淞. 基于多目标多属性决策的大规模Web服务组合QoS优化[J]. 管理学报，2018，15（04）：586-597.

[128] 罗耀波，孙延明. 基于模糊时间窗的带容积约束选址路径问题[J]. 系统工程，2014，32（1）：19-24.

[129] 马良，项培军. 蚂蚁算法在组合优化中的应用[J]. 管理科学学报，2001，4（2）：32-37.

[130] 马晓冬. 羊群效应影响下的网络团购定价研究[D]. 北京理工大学，2016.

[131] 马永杰，云文霞. 遗传算法研究进展[J]. 计算机应用研究，2012，29（04）：1201-1206+1210.

[132] 莫曙利. 基于O2O的大规模定制旅游服务价值链优化研究[D]. 长沙：湖南大学，2016：17-18.

[133] 牛若峰. 农业产业化经营发展的观察和评论[J]. 农业经济问题，2006（03）：8-15+79.

[134] 彭建仿，胡霞. 农业社会化服务供应链构建：管理框架与组织模式[J]. 华南农业大学学报（社会科学版），2021，20（04）：24-32.

[135] 钱永渭，余世明．基于神经网络的自动售货机销量预测[J]．工业控制计算机，2011，24（10）：39–40+44.

[136] 乔玉霞．现代旅游业的特点[J]．财贸经济，1986，39–41.

[137] 秦固．基于蚁群优化的多物流配送中心选址算法[J]．系统工程理论与实践，2006（04）：120–124.

[138] 饶凯．大规模定制环境下供应链实施延迟生产的优化决策研究[D]．重庆：重庆大学，2010.

[139] 上海艾瑞市场咨询有限公司．中国生鲜电商行业研究报告2020年[A]．艾瑞咨询系列研究报告，2020（07）：29.

[140] 石奇，尹敬东，吕磷．消费升级对中国产业结构的影响[J]．产业经济研究，2009，2009（6）：7–12.

[141] 苏东风．“三新”视角的“新零售”内涵、支撑理论与发展趋势[J]．中国流通经济，2017（9）：16–21.

[142] 孙晓琳，金淳，马琳，王文波．云制造环境下基于本体和模糊QoS的供应商匹配方法[J]．中国管理科学，2018，26（1）：128–133.

[143] 锁立赛，姚建明，周佳辉．引入整合风险的服务集成商模式农村末端物流资源整合[J]．运筹与管理，2021，30（02）：61–67.

[144] 谭旭，薛飞，毛太田，邹凯．顾客满意度视角下的零售供应链协同绩效智能评价[J]．工业工程与管理，2015，20（3）：74–82.

[145] 唐成．运输优化问题中常见启发式算法比较与研究[D]．西南交通大学，2014.

[146] 唐亮，何杰，靖可，靳志宏．时间窗口约束下基于改进蚁群算法的协同制造调度研究[J]．中国管理科学，2018，26（04）：97–107.

[147] 仝志辉，侯宏伟．农业社会化服务体系：对象选择与构建策略[J]．改革，2015（01）：132–139.

[148] 王成荣，王春娟．“后新冠时代”加快智慧型社区商业服务体系建

设的思考[J]. 商业经济研究，2020（12）：5–9.

［149］王定祥，李虹. 新型农业社会化服务体系的构建与配套政策研究[J]. 上海经济研究，2016（06）：93–102.

［150］王帆，黄锦佳，刘作仪. 港口管理与运营：新兴研究热点及其进展[J]. 管理科学学报，2017，20（05）：111–126.

［151］王娇. 基于多目标决策的生鲜电商联合配送车辆路径优化研究[D]. 重庆大学，2017.

［152］王坤，相峰. “新零售”的理论架构与研究范式[J]. 中国流通经济，2018，32（1）：3–11.

［153］王莉莉. 基于“服务链”理论的居家养老服务需求、供给与利用研究[J]. 人口学刊，2013，35（02）：49–59.

［154］王明喜，谢海滨，胡毅. 基于简单加权法的多属性采购拍卖模型[J]. 系统工程理论与实践，2014，34（11）：2772–2782.

［155］王墨竹，姚建明. 基于顾客多维满意度刻画的无人零售终端配置优化研究[J]. 管理学报，2019，16（01）：133–141.

［156］王晓立，马士华.多级供应链服务时间窗下物流资源整合优化[J]. 系统工程，2010，28（12）：1–5.

［157］王旭坪，张珺，易彩玉. B2C电子商务环境下订单拣选与配送联合调度优化[J]. 中国管理科学，2016，24（07）：101–109.

［158］王钊，刘晗，曹峥林. 农业社会化服务需求分析——基于重庆市191户农户的样本调查[J]. 农业技术经济，2015（09）：17–26.

［159］王正沛，李国鑫. 消费体验视角下新零售演化发展逻辑研究[J]. 管理学报，2019，16（3）：333–342.

［160］吴忠和，陈宏，赵千. 两零售商竞争下多因素同时扰动的供应链协调研究[J]. 中国管理科学，2012，20（2）：62–66.

［161］夏蓓，蒋乃华. 种粮大户需要农业社会化服务吗——基于江苏省扬

州地区264个样本农户的调查[J]. 农业技术经济，2016（08）：15–24.
［162］夏亚梅，程渤，陈俊亮，孟祥武，刘栋. 基于改进蚁群算法的服务组合优化[J]. 计算机学报，2012，35（02）：2270–2281.
［163］徐广姝，张海芳. “新零售”时代连锁超市发展生鲜宅配的策略——基于供应链逆向整合视角[J]. 企业经济，2017（8）：155–162.
［164］徐扬，步一，颜杨洋. 基于大规模个性化定制模式的旅游企业管理研究[J]. 旅游经济，2016，（1）：150.
［165］徐印州，林梨奎. 新零售的产生与演进[J]. 商业经济研究，2017（15）：5–8.
［166］许月恒，张明立，唐塞丽. 基于多维视角的工业服务市场服务质量对客户行为意向的影响研究[J]. 管理学报，2013，10（08）：1214–1222.
［167］杨婷婷，王丽莉，张博. 消费升级背景下零售企业供应链模式优化[J]. 商业经济研究，2017，18：84–86.
［168］杨扬，姚建明. 基于服务模式便利深度刻画的养老服务平台资源整合优化[J]. 管理学报，2020，17（05）：725–733.
［169］杨永清，于本海. 基于物流服务的消费者在线购买后行为实证分析[J]. 管理学报，2014，11（03）：434–438+448.
［170］姚建明，张秀敏，刘丽文. 基于改进蚂蚁算法的拉动式供应链动态调度分析[J]. 中国管理科学，2006（03）：20–26.
［171］姚建明. 4PL模式下供应链资源整合的多回合博弈决策分析[J]. 运筹与管理，2012，21（4）：7–14.
［172］姚建明. 4PL模式下供应链资源整合的收益与风险决策[J]. 系统管理学报，2011，20（02）：180–187.
［173］姚建明. 基于多阶段差别规模效应的SMC供应链调度优化[J]. 管理学报，2015，12（01）：126–133.
［174］姚建明. 基于多阶段差别规模效应的SMC供应链调度优化[J]. 管理

学报，2015a，12（1）：126–133.
[175] 姚建明. 基于服务能力均衡的网购供应链资源整合决策[J]. 中国管理科学，2015c，23（10）：88–97.
[176] 姚建明. 战略供应链管理[M]. 北京：中国人民大学出版社，2014.
[177] 姚建明. 服务大规模定制模式下的供应链调度优化[J]. 运筹与管理，2015b，24（1）：10–18.
[178] 姚建明. 复杂动态供应链计划调度中的协作成员选择决策[J]. 运筹与管理，2012，21（3）：51–61.
[179] 姚建明. 引入整合风险的4PL模式下供应链资源整合优化[J]. 管理学报，2011，8（8）：1221–1229.
[180] 易海燕，章圳琰. 基于新鲜度损耗的社区团购电商配送中心选址研究[J]. 交通运输工程与信息学报，2020，18（02）：59–67.
[181] 于超，朱瑾，夏同水. 基于动态匹配视角的企业服务整合路径及机制研究——佳怡供应链集团1999—2017年纵向案例研究[J]. 管理评论，2019，31（02）：291–304.
[182] 喻小航. 旅游业与服务业的分界[J]. 西南师范大学学报，2003，29（3）：98–100.
[183] 战勇. 旅游企业大规模定制化服务运行机制与策略探讨[J]. 金融经济，2012,（8）：26–28.
[184] 张焕勇，李峰，张丹. 我国高速铁路顾客满意度研究——以沪宁高铁为例[J]. 价格理论与实践，2013（10）：88–89.
[185] 张京敏，孙晓晨. 不对称信息下社区团购供应链的激励机制[J]. 商业经济研究，2021（09）：83–86.
[186] 张立军. 旅游服务质量模糊综合评价方法研究[J]. 数量经济技术经济研究，2003（1）：85–88.
[187] 张跃先，马钦海，杨勇. 基于服务消费情境的消费者幸福感构念开

发和驱动因素研究[J]．管理学报，2017，14（04）：568–579.

[188] 张泽滈，肖瑶，雷佳.将养老服务推向高质量发展阶段—“养老服务质量理论与实践论坛”观点综述[J]．西安交通大学学报（社会科学版），2018，38（04）：84–88.

[189] 赵川，张浩．基于系统动力学的连锁零售多级库存优化与仿真[J]．中国流通经济，2017，31（10）：73–79.

[190] 赵树梅，徐晓红．“新零售”的含义、模式及发展路径[J]．中国流通经济，2017，31（5）：12–20.

[191] 赵英霞，陈佳馨．现代服务业与现代农业耦合发展路径研究[J]．经济问题，2018（05）：75–81.

[192] 中央农村工作领导小组办公室．农业农村部关于做好2019年农业农村工作的实施意见[Z]．2019–02–22

[193] 周娟．基于生产力分化的农村社会阶层重塑及其影响——农业社会化服务的视角[J]．中国农村观察，2017（05）：61–73.